The Discovery of San Francisco Bay

El Descubrimiento de la Bahía de San Francisco

The Discovery of San Francisco Bay

The Portolá Expedition of 1769-1770

El Descubrimiento de la Bahía de San Francisco

La Expedición de Portolá de 1769-1770

The Diary of
MIGUEL COSTANSÓ

In Spanish and English
En español e inglés

Edited by Peter Browning

GREAT WEST BOOKS   LAFAYETTE, CALIFORNIA

Cover design by Larry Van Dyke

Printed in the United States of America

Great West Books
PO Box 1028
Lafayette, CA 94549

Library of Congress Cataloging-in-Publication Data

Costansó, Miguel.
    [Diario del viage de tierra hecho al norte de la California.
English & Spanish]
    The discovery of San Francisco Bay : the Portolá expedition of
1769–1770 : the diary of Miguel Costansó, in Spanish and English =
El descubrimiento de la Bahía de San Francisco : la expedición de
Portolá de 1769–1770 / edited by Peter Browning.
      p.   cm.
    Originally published: The Portola expedition of 1769–1770 : diary
of Miguel Costanso / edited by Frederick J. Teggart. Berkeley,
Calif. : University of California, 1911, in series: Publications of
the Academy of Pacific Coast History ; vol. 2, no. 4. With a new
introd. and minor revisions.
    The Spanish text is that of the contemporary copy of the diary
held by the Sutro Library, San Francisco.
    Includes index.
    ISBN 0-944220-06-1
    1. Portolá's Expedition, Calif., 1769–1770. 2. California–
–Discovery and exploration—Spanish. 3. San Francisco Bay
(Calif.)—Discovery and exploration—Spanish.
4. Spaniards—California—History—18th century.
5. California—Description and travel—To 1848.
6. Costansó, Miguel Diaries. I. Browning, Peter, 1928– .
II. Title. III. Title: Descubrimiento de la Bahía de San Francisco.
F864.C7613 1992
979.4'602—dc20   92–7885
                                           CIP
                                          AC

Contenido

El diario de Miguel Costansó

Contents

The Diary of Miguel Costansó

Prefacio del redactor

Frederick J. Teggart, conservador y editor de The Academy of Pacific Coast History y profesor de la Universidad de California, fue quien tradujo inicialmente el Diario del Alférez Miguel Costansó, al inglés, en 1911. Miguel Costansó fue el ingeniero que viajó con la expedición de Portolá. El Diario fue publicado por la universidad con un formato bilingue tal y como aparece en este libro: inglés-español, en páginas opuestas. Con excepción de algunas revisiones menores, ésta es la traducción que he utilizado. El profesor Teggart, en la introducción a su libro dice lo siguiente:

> El texto en español de esta publicación se obtuvo de una copia contemporánea del diario que se conserva en la biblioteca Sutro, en San Francisco. La copia se cotejó con el manuscrito original localizado en el Archivo General y Público en la Ciudad de México (Historia. Tomo 396). Las variaciones que se encontraron, con excepción de las diferencias en la ortografía, se incluyeron en el texto, en paréntesis y designadas con la letra *M*. La impresión del manuscrito se llevó a cabo conservando la puntuación y la ortografía en su forma original; no así las mayúsculas y las abreviaturas, las cuales no se utilizaron en la forma en que las utilizó el copista. Se decidió también que era conveniente eliminar la proliferación de tildes en el texto.

Las variaciones arriba mencionadas y designadas con la letra *M* se han eliminado. Las otras palabras entre paréntesis son adiciones de Teggart con una excepción: En la *Nota* correspondiente al 11 de enero yo incluí la palabra *este*. En treinta ocasiones he cambiado una palabra o he vuelto a escribir un pasaje del texto en inglés para aclarar o expresar mejor alguna idea. Casi todas las sustituciones de palabras son cambios en el uso de los relativos. Todas las notas al margen son adiciones mías, lo mismo que el índice, la lista de campamentos y la forma de seguir la ruta de la expedición. El lector en español se va a sorprender por la ausencia de signos diacríticos y las numerosas variaciones en la ortografía y en el uso de mayúsculas en relación con

Editor's Preface

The diary of Ensign Miguel Costansó, the engineer with the Portolá Expedition, was first translated into English in 1911 by Frederick J. Teggart of the Academy of Pacific Coast History and the University of California. It was published by the university in the bilingual format of this book: Spanish and English, on facing pages. It is this translation, with minor revisions, that I have used. Professor Teggart's introduction to his book said, in part:

> The Spanish text of this publication follows the contemporary copy of the diary preserved in the Sutro Library, San Francisco. With it has been compared the original manuscript in the Archivo General y Público at the City of Mexico (Historia. Tomo 396), and such variations, other than differences in orthography, as were found have been inserted in the text within brackets and designated by the letter *M*. In printing the manuscript, the spelling and punctuation have been given as they appear; but the copyist has not been followed in his usage as regards capitals and abbreviations. It has also seemed desirable to omit a large number of indiscriminate accents.

I have deleted the *M* designations referred to above. Other words in brackets are Teggart's additions, with one exception: In the *Note* entry of 11 January, the word *east* is mine. In some thirty instances I have changed a word or reworded a passage on the English side, for the sake of clarity or for felicity of expression. Most of the substitutions of single words consist of changing *which* to *that* or *as* to *since*. All of the footnotes are my additions, as are the index, the list of campsites, and how to follow the route of the expedition. The reader of Spanish will be forcibly struck by the absence of many diacritical marks, and by the many variations in spelling and capitalization from

el español corriente. Estos no son errores; así aparecen en los documentos originales los cuales no han sido modificados.

La mitad de la introducción a este libro proviene del *Diario Histórico* de Costansó, el cual es una narración de las expediciones simultáneas al norte de California que tuvieron lugar por tierra y por mar en 1769. El *Diario* provee además el fondo histórico de las expediciones y el impulso político, económico y religioso que tuvo como resultado el que España se desplazara hacia el norte después de más de dos siglos de relativa inactividad. Teggart tradujo el *Diario*, el redactor fue Adolph van Hemert-Engert y su publicación en 1910 estuvo a cargo de The Academy of Pacific Coast History y la Universidad de California. He incluido solamente las partes del *Diario* cuya información no se encuentra en el diario de Costansó.

El otro relato de importancia sobre la expedición de Portolá fue escrito por Fray Juan Crespi. Este diario del viaje fue publicado en *Noticias de Nueva California* de Fray Francisco Palóu en 1857 por primera vez. En los años veinte, Herbert Eugene Bolton tradujo una copia original manuscrita del original del propio Palóu—el cual había desaparecido—y compiló un libro de todos los diarios sobre viajes de exploración de Crespi, lo mismo que un número de sus cartas. (*Fray Juan Crespi, Missionary Explorer on the Pacific Coast, 1769–1774.* Berkeley, University of California Press, 1927).

El diario de Crespi es parecido al de Costansó; aunque es más largo, esto no significa que provee más detalles ni es más interesante. El material original consiste, en gran parte, de pasajes religiosos. Crespi les dio el nombre a casi todos los sitios donde acampó la expedición lo mismo que a muchos ríos, lagos y valles; casi todos estos nombres fueron de santos sacados del calendario religioso. Los soldados les dieron a los campamentos nombres diferentes, en su mayoría derivados de eventos, de descripciones físicas del paraje donde se encontraban y de la apariencia y las acciones de los indios. Hasta la fecha subsisten quince de los nombres prosaicos que escogieron los soldados, lo mismo que media docena de los nombres de santos que escogió Crespi.

El diario del mismo Portolá, publicado inicialmente en 1909, en una traducción al inglés de Frederick J. Teggart y Donald Eugene Smith, y consiste en un recuento breve e inadecuado de su viaje épico. La mayoría de las anotaciones diarias contienen solamente datos muy

standard Spanish. These are not errors: they occurred this way in the original documents, and have not been altered.

Half of the introduction to this book is taken from Costansó's *Diario Histórico*, a narrative account of the simultaneous expeditions made by land and by sea to the north of California in 1769. It also provides the historical background of the expeditions and the political, economic, and religious impulse that sent the Spanish northward after more than two centuries of relative inaction. The *Diario* was translated by Teggart, and was edited by Adolph van Hemert-Engert. It was published in 1910 by the Academy of Pacific Coast History and the University of California. I have included just that portion of the *Diario* that contains information not found in Costansó's diary.

The other principal account of the Portolá Expedition was written by Fray Juan Crespi. His diary of the journey was first published in Fray Francisco Palóu's *Noticias de Nueva California*, 1857. In the 1920s Herbert Eugene Bolton translated an original manuscript copy of Palóu's own original—which had disappeared—and compiled a book of all of Crespi's diaries of journeys of exploration, as well as a number of Crespi's letters. (*Fray Juan Crespi, Missionary Explorer on the Pacific Coast, 1769–1774*. Berkeley: University of California Press, 1927.)

Crespi's diary is similar to Costansó's. It is longer, but nevertheless does not provide greater detail or interest; much of the additional length consists of religious passages. Crespi named practically every one of the expedition's campsites, as well as many other streams, lakes, and valleys. Almost without exception the names were those of saints, taken from the religious calendar. The soldiers had different names for the campsites, names derived mainly from events, physical descriptions of the landscape, and the appearance and actions of the Indians. Fifteen of the soldiers' prosaic names have survived to the present time, as have half a dozen of Crespi's names of saints.

Portolá's own diary, first published in 1909 in an English translation by Frederick J. Teggart and Donald Eugene Smith, is a brief and inadequate record of his epic journey. Most of the daily entries contain only bare information about distance traveled, Indians encountered, and the availability or lack of pasture and water.

escuetos sobre la distancia recorrida, los indios que encontraron en el
camino y la existencia o escasez de pastos y de agua.

El volumen I de *History of California*, de Bancroft al igual que
otras historias de California anteriores escritas por Hittell, Engelhardt, Chapman y Eldredge hacen un recuento supremamente detallado de la expedición de Portolá. Se conocían bastante bien tanto la
ruta aproximada que había seguido la expedición como algunos de los
sitios exactos por donde había pasado. Pero fue Bolton quien logró
hacer el trabajo más completo y preciso en relación con los campamentos y la delineación de la ruta exacta que siguieron los exploradores en
1769. Existen sin embargo dos esfuerzos posteriores para trazar dicha
ruta en los sitios más difíciles; ambos son convincentes y por ello he
incluido los resultados en mis notas al margen. A este respecto son
diferentes de la información del libro de Bolton. Me refiero a *Captain
Portolá in San Luis Obispo County, 1769–1969* de Paul Squibb y
«Route of the Portolá Expedition, 1769. From Blanco Crossing on the
Salinas River to the San Lorenzo River at Santa Cruz», un manuscrito
de Robert Morrison Reid, que se encuentra en la Bancroft Library en
Berkeley. Las distancias que recorrió la expedición aparecen en leguas;
medida terrestre que usaban los españoles. Cada legua es equivalente
a 2.63 millas.

Se podría pensar con cierta lógica que a fin de producir un libro
bilingue es necesario tener conocimiento de los dos idiomas correspondientes. Si esto fuera literalmente cierto, este libro no sería una
realidad. Como expliqué anteriormente, empecé con la traducción, de
1911, del diario de Costansó hecha por el profesor Teggart; o sea que ya
tenía a mis disposición el libro mismo. Procedí entonces a crear en
inglés las notas al margen para el diario, una lista del contenido, el
prólogo, la introducción para el comienzo del libro, una lista de los
campamentos, la ruta de la expedición y un índice al final de libro. Todo
este material con excepción de la lista de campamentos y el índice, los
cuales sirven su cometido en un solo idioma, tuvo que traducirse al
español. La traductora fue María Lucía Wait.

Así pues, he producido un libro bilingue a pesar de que *Hablo y
entiendo muy poco español.*

Bancroft's *History of California*, vol. I, covers Portolá's Expedition in considerable detail, as do other early histories of California: by Hittell, Engelhardt, Chapman, and Eldredge. The approximate route followed by the expedition was well known, as were many of the precise locations. Bolton did by far the most complete and accurate job of locating the campsites and plotting the exact course of the explorers of 1769. There are, however, two later efforts at delineating the route in the most difficult places. Both of them are convincing, and I have incorporated their findings into my footnotes—and in these respects differ from the information in Bolton's book. These two are: *Captain Portolá in San Luis Obispo County, 1769–1969*, by Paul Squibb; and "Route of the Portolá Expedition, 1769. From Blanco Crossing on the Salinas River to the San Lorenzo River at Santa Cruz," a manuscript by Robert Morrison Reid, at the Bancroft Library in Berkeley. The distances traveled by the expedition are given in terms of the Spanish land league, which equals 2.63 miles.

One might think, logically, that in order to produce a bilingual book one ought to be proficient in the two languages concerned. If that were literally true, then this book would not exist. As I have related, I started out with Professor Teggart's 1911 translation of Costansó's diary. Thus I had the heart of the book already in hand. I then created, in English, footnotes for the diary; a table of contents, preface, and introduction for the front of the book; and a list of the campsites, the route of the expedition, and an index for the back of the book. All but the campsites list and the index—which serve both languages equally well in monolingual form—needed to be translated into Spanish. This was done by María Lucía Wait.

And thus I have produced a bilingual book, even though *Hablo y entiendo muy poco español.*

Introducción del redactor

Durante más de doscientos años la Bahía de San Francisco, uno de los grandes puertos naturales del mundo, permaneció escondida a los ojos de los exploradores después de que los primeros navegantes europeos subieron por la costa de California. En 1542 el Virrey de México envió a Juan Rodríguez Cabrillo, un marino portugués, a buscar el esquivo e ilusorio Estrecho de Anián, el Paso al Noroeste. Cabrillo tocó tierra, el 28 de septiembre del mismo año, en un sitio que ahora llamamos San Diego pero que en ese entonces él bautizó San Miguel en honor del santo del mismo nombre cuya fiesta era el 29 de septiembre. Con dos pequeñas embarcaciones Cabrillo siguió su viaje hacia el norte y llegó aproximadamente hasta la desembocadura de Russian River. En la ruta visitó Catalina Island y las islas del Canal de Santa Bárbara. Mientras se encontraba en la isla que hoy se llama San Miguel, Cabrillo se fracturó un brazo en una caída, sin embargo, siguió navegando hacia el norte pero regresó a la isla San Miguel donde falleció el 3 de enero de 1543. Su piloto condujo los barcos hacia el norte cerca de la frontera actual entre los estados de Oregon y California desde donde regresó a México con una tripulación hambrienta y enferma. Nadie vio el Golden Gate, la entrada a la bahía de San Francisco. El nombre de Cabrillo se ha conservado en el Cabrillo National Monument en Point Loma, San Diego; en Point Cabrillo en la costa de Mendocino y en Point Cabrillo en Monterey.

Los navíos españoles de gran tamaño conocidos como los «galeones de Manila» iniciaron sus largas travesías entre el puerto de Acapulco en México y las Islas Filipinas, a partir de 1566. Las travesías eran difíciles y peligrosas; cada vez se hacía más aparente la necesidad de localizar un puerto seguro en la costa de California donde los galeones pudieran atracar y llevar a cabo las reparaciones necesarias. Fue Sebastián Rodríguez Cermeño, otro marino portugués, al mando del galeón de Manila en 1595, quien recibió instrucciones de explorar la costa de California con miras a localizar un puerto seguro. A principios de noviembre Cermeño llegó a un sitio que llamó la «Bahía de San Francisco», llamada actualmente Drakes Bay. El galeón naufragó en Drakes Bay durante una tormenta el 30 de noviembre y Cermeño, con

Editor's Introduction

San Francisco Bay, one of the great natural harbors of the world, lay hidden from the eyes of explorers for more than two centuries after the first Europeans sailed up the coast of California. In 1542 Juan Rodríguez Cabrillo, a Portugese-born sailor, was sent out by the Viceroy of Mexico to search for the elusive—and illusory—Strait of Anián, the Northwest Passage. On September 28 of that year he landed at what is now San Diego, which he named San Miguel (Saint Michael), whose feast day was September 29. Cabrillo, with two small ships, sailed north as far as approximately the mouth of the Russian River. On the way he visited Catalina Island and the islands of the Santa Barbara Channel. On the present San Miguel Island he broke an arm in a fall, sailed on north, but returned to the same island, where he died on January 3, 1543. His pilot took the ships north to about the present California-Oregon border, and then—with an ill and starving crew—returned to Mexico. No one saw the Golden Gate, the entrance to San Francisco Bay. Cabrillo's name has been preserved at Cabrillo National Monument at Point Loma, San Diego; at Point Cabrillo on the Mendocino coast; and another Point Cabrillo at Monterey.

Beginning in 1566, large Spanish vessels known as "Manila galleons" made lengthy voyages between Acapulco, Mexico and the Philippine Islands. The journeys were difficult and dangerous, and it was apparent that there was a need for a good port on the California coast where the galleons could put in to rest and refit. In 1595 another Portugese-born navigator, Sebastián Rodríguez Cermeño, commanding the Manila galleon of that year, had instructions to explore the California coast in an endeavor to locate a safe harbor. In early November he arrived in what he named the *Bahía de San Francisco* (San Francisco Bay)—the present Drakes Bay. His ship was wrecked there in a storm on November 30. Cermeño and his crew made it back to

su tripulación, logró regresar a México en una chalupa sin haber visto la entrada a lo que es hoy día la Bahía de San Francisco.

El siguiente explorador de renombre fue Sebastián Vizcaíno. Durante 1602 y 1603 Vizcaíno, con una modesta flotilla compuesta de dos pequeños barcos y una chalupa, exploró la costa norte hasta Cape Mendocino. Atracó en San Diego (que Cabrillo llamó San Miguel) del 10 al 14 de Noviembre de 1602 y le cambió el nombre por San Diego de Alcalá de Henares en honor de este santo cuya fiesta se celebraba el 12 del mismo mes. Llegó después a Santa Catalina Island y descubrió el «Río del Carmelo», (Carmel River) el 3 de enero de 1603; pero para el porvenir de las exploraciones de los españoles en California el hecho de mayor impacto fue su descubrimiento de la Bahía de Monterey. Cabrillo hizo una descripción de la bahía en términos tan admirativos que sirvió para confundir a sus sucesores por tres generaciones. En las mentes y para los planes de aquellos que deseaban asegurar el dominio de España sobre las costas occidentales de Norte América, la fortificación y colonización de la maravillosa Bahía de Monterey se convirtió en la meta de mayor importancia.

La descripción que hizo Vizcaíno de la Bahía de Monterey fue tan exagerada—o por lo menos así la entendieron quienes la leyeron y luego comentaron sobre ella—que, irónicamente, los primeros exploradores que llegaron hasta allí por tierra, no la reconocieron. Por este motivo siguieron avanzando hacia el norte en busca de la Bahía de Monterey y acabaron por descubrir la Bahía de San Francisco.

Fue tanto el tiempo que pasó desde el viaje de Cabrillo a lo largo de la costa de California en 1542 hasta la expedición de Portolá y el descubrimiento de la Bahía de San Francisco en 1769, que uno se pregunta si es que los españoles carecían de pericia, de curiosidad de *algo*... ¿Cómo fue que no encontraron lo que para nosotros hoy día es una entrada obvia a este maravilloso mar interior? Son varias las respuestas. Una de ellas es que durante gran parte del año, la Bahía de San Francisco permanece tapada por la neblina. Otra es que en los tiempos de las embarcaciones pequeñas que dependían del viento para navegar, quien estuviera al mando tenía la necesidad y el deber de permanecer a distancia de la costa no fuera que un viento desfavorable empujara los navíos contra las rocas o hacia las aguas poco profundas con peligro de un naufragio. La otra razón que dificulta la localización de la entrada es de carácter geográfico—la configuración del terreno.

Mexico in an open launch, and of course did not see the opening to the present San Francisco Bay.

The next Spanish explorer of note was Sebastián Vizcaíno. With a modest fleet of two small ships and a launch he explored the coast as far north as Cape Mendocino during 1602 and 1603. He stopped at San Diego (Cabrillo's San Miguel), from November 10 to 14, 1602, and renamed it for San Diego de Alcalá de Henares, whose feast day was November 12. He touched at Santa Catalina Island, and discovered the *Río del Carmelo* (the Carmel River) on January 3, 1603. But his greatest discovery, in terms of what it meant for the future of Spanish exploration in California, was Monterey Bay. He described the bay in such glowing terms as to mislead the next three generations of his successors. The wonderful bay of Monterey became, in the minds and plans of those whose desire it was to secure Spain's hold on the west coast of North America, the foremost goal: the first place to be fortified and colonized.

Ironically, Vizcaíno's description of Monterey Bay was so over-done—or so misunderstood by those read it, or later elaborated upon it—that the first explorers to reach it by land could not recognize it. And thus they went on to the north, still in search of Monterey Bay—and discovered San Francisco Bay instead.

From Cabrillo's voyage along the California coast in 1542 to the Portolá Expedition's discovery of San Francisco Bay in 1769 is such a terribly long time that one might well think the Spanish lacking in skill, curiosity, *something*. Why didn't they find what is now to us an obvious entry to this wonderful inland sea? There are several answers. One is that during a considerable part of the year the Golden Gate is hidden by fog. Another is that, in the days of small sailing ships, dependent entirely upon the wind for propulsion, sea captains had a need and a duty to stay well away from the coast, lest an adverse wind blow them onto rocks and shallows and wreck their ships. A third reason is the peculiarities of geography—of the lay of the land. From outside the

Desde afuera, la entrada al Golden Gate es prácticamente invisible. Casi desde cualquier ángulo, Angel Island o Alcatraz Island aparecen alineadas de tal manera que dan la apariencia de que la costa es una línea sólida. Y aun si las islas no aparecen alineadas con la costa de tal manera que tapan la vista de la bahía, la cima de las colinas de Berkeley se enfila de tal manera con las dos puntas del Golden Gate que da la impresión de que la costa es una masa de tierra continua.

A mediados del siglo dieciocho, España empezaba a preocuparse por la intrusión de los rusos en la costa oeste de Norte América. Después de una demora de más de ciento cincuenta años, o sea desde la época de Vizcaíno, las exigencias políticas del momento obligaban a España a actuar. El Marqués de Croix, Virrey, Gobernador y Capitán General de Nueva España le dio órdenes al Visitador General, Don Joseph de Gálvez, para que enviara expediciones por tierra y por mar para colonizar San Diego y Monterey y fundar misiones y presidios en ambos lugares. Don Gaspar de Portolá, Gobernador de la Península de California (Baja California), fue nombrado para dirigir la expedición por tierra.

La expedición partió en dos grupos separados desde Velicatá, una misión nueva localizada a ciento cincuenta millas al sur de la frontera actual entre México y los Estados Unidos. El primer grupo salió el 24 de marzo de 1769; el segundo grupo con Portolá a la cabeza y en compañía del Padre Junípero Serra, quien tenía a su cargo las misiones en California, dejó Velicatá el quince de mayo. Miguel Costansó, Pedro Fages y un contingente de soldados partieron a la vela desde La Paz a bordo del paquebote *San Carlos* el 10 de enero de 1769 y atracaron en San Diego el veintinueve de abril. Para ese tiempo, dos de los marineros habían caído víctimas del escorbuto, la mayoría de la tripulación y la mitad de los soldados estaban sufriendo de la misma enfermedad y solamente cuatro marineros estaban en condiciones de tripular el barco. Un mes después de haber zarpado el *San Carlos*, partió otro paquebote, el *San Antonio*, éste sí, acompañado por vientos favorables, logró llegar a San Diego el 11 de abril. Sin embargo el *San Antonio* también perdió dos miembros de su tripulación y llegó con la mitad de sus hombres incapacitados a causa del escorbuto.

El primer grupo que viajó por tierra llegó el catorce de mayo; el grupo de Portolá apareció el catorce de junio. Un mes después los dos grupos juntos partieron por tierra hacia la Bahía de Monterey. Este

Golden Gate the entrance is practically invisible. From most angles, either Angel Island or Alcatraz Island is in the direct line of view, and thus make the opening appear to be a solid coast line. Even when the islands do not conspire to obscure the view into the bay, the crest of the Berkeley hills lines up so well with the sides of the Golden Gate as to create the impression of nothing but land.

By the middle of the eighteenth century, Spain had become concerned about Russian encroachment upon the western coast of North America. After a delay of more than 150 years—since the time of Vizcaíno—the political exigencies of the day forced the Spanish government to take action. The Marquis de Croix, Viceroy, Governor, and Captain-General of New Spain ordered Don Joseph de Gálvez, the Visitador General (Inspector-General), to send sea and land expeditions to colonize San Diego and Monterey and to establish missions and presidios at both places. Don Gaspar de Portolá, Governor of the Peninsula of California (Baja California), was appointed to lead the land expedition.

The expedition, in two separate divisions, started from Velicatá, a new mission about 150 miles south of the present United States-Mexico border. The first division departed on March 24, 1769; the second division, led by Portolá and having with it Father Junípero Serra, president of the California missions, started out on May 15. Miguel Costansó, Pedro Fages, and a contingent of soldiers sailed from La Paz aboard the packet *San Carlos* on January 10, 1769, and arrived at San Diego on April 29. By that time two of the sailors had died from scurvy, the majority of the crew and half the soldiers were ill from the same disease, and only four seamen were available to work the ship. Another packet, the *San Antonio*, sailed one month after the *San Carlos*, but due to favorable winds was enabled to reach San Diego on April 11. That ship also had two deaths from scurvy, and half the crewmen were incapacitated.

The first land division arrived on May 14; Portolá's division showed up on June 14. One month later, the combined land forces set out for Monterey Bay. Miguel Costansó, whose diary account of the expedition

libro consiste en el diario de la expedición que escribió Miguel
Costansó, pero Costansó escribió también una narración llamada el
Diario Histórico. En ella Costansó hace un recuento de los antece-
dentes históricos y de la situación política del momento, los cuales
dieron lugar a que se llevara a cabo con tremendo esfuerzo el intento de
localizar la Bahía de Monterey. Pero para interés del lector, Costansó
escribió cómo se realizó el viaje, cómo era la vestimenta y el equipo de
los soldados y explicó, en gran detalle, la apariencia y forma de vida de
los indios que la expedición encontró durante su viaje épico a la Bahía
de San Francisco.

Del *Diario Histórico*

Observabase en las marchas el Orden siguiente: iba en la
cabeza el Comandante con los Oficiales, los seis Hombres de los
voluntarios de Cataluña, que se agregaron en San Diego, y
algunos Indios Amigos, con palas, azadones, barras, hachas,
y otros instrumentos de Gastadores, para desmontar, y abrir
paso siempre que se ofrecia: seguiase despues la Requa dividida
en quatro Atajos, con sus Harrieros, y competente numero de
Soldados de Presidio para su Escolta en cada uno: venia en la
Retaguardia con el resto de la Tropa, é Indios Amigos el Capitan
Don Fernando Rivera, comboyando la Caballada, y Mulada de
remuda.

Los Soldados del Presidio de Californias, de quienes la jus-
ticia, y la equidad nos obligan á decir, que trabajaron infinito
en esta Expedicion, usan de dos generos de armas, ofensivas, y
defensivas: las defensivas son la Cuera[1] y la Adarga; la primera
cuya hechura es semejante á la de una Casaca sin mangas, se
compone de seis ó siete azes de pieles blancas de Venado
agamuzadas, impenetrable á las flechas de los Indios como no
esten disparadas de muy cerca. La Adarga es de dos hazes de
cuero de Toro crudo, se maneja con el brazo izquierdo, y desvian

---

1. A estos hombres se los llamaba *Soldados de Cuera* para diferenciarlos de los
soldados del ejército regular.

constitutes this book, also wrote a narrative account, the *Diario Histórico*. Therein he provided the historical background and a recital of the political conditions that led to this strenuous effort to locate Monterey Bay. But of immediate interest to the readers of this book, he recounted how they traveled, how the soldiers were clothed and equipped, and provided detailed descriptions of the appearance and lives of the Indians they met during their epic journey to San Francisco Bay.

From the *Diario Histórico*

The following order was observed on the marches: at the head rode the commander with the officers, the six men of the Catalan volunteers, who had joined the expedition at San Diego, and some friendly Indians with spades, pick-axes, crow-bars, axes, and other implements used by sappers, to cut the brush and to open a passage wherever necessary. Next followed the pack train, which was separated into four divisions, each one with its muleteers and an adequate number of soldiers of the garrison as an escort. In the rear guard came Captain Fernando de Rivera, with the rest of the soldiers and friendly Indians, convoying the spare horses and mules.

The soldiers of the presidio in California, of whom justness and fairness oblige us to say that they worked incessantly on this expedition, use two sorts of arms—offensive and defensive. The defensive arms are the leather jacket and the shield. The first, whose shape is like that of a coat without sleeves, is made of six or seven plies of white tanned deerskin,[1] proof against the arrows of the Indians, except at very short range. The shield (*Adarga*) is made of two plies of raw bull's hide; it is carried on the left arm, and with it they turn aside spears and

---

1. The *Cuera*. These men were called *Soldados de Cuera*, to distinguish them from soldiers of the regular army.

con ella las jaras, ó flechas, defendiendose el Ginete á sí, y á su
Caballo: usan ademas de las dichas una especie de delantal de
baqueta prendido á la cabeza de la silla, con cayda á uno, y otro
lado, que llaman armas, ó defensas, que les cubren los muslos, y
piernas para no lastimarse, corriendo en el Monte: sus armas
ofensivas son la lanza, que manejan diestramente á Caballo, la
espada ancha, y una Escopeta corta que llevan metida, y afian-
zada en su funda. Son Hombres de mucho aguante, y sufrimiento
en la fatiga; obedientes, resueltos, agiles, y no dificultamos decir,
que son los mayores Ginetes del Mundo, y de aquellos Soldados
que mejor ganan en Pan al Augusto Monarca á quien sirven.

Bien se considera que las marchas de esta Tropa con tanto
Trén, y embarazos por Tierras desconocidas, y caminos
desusados, no podian ser largas; prescindiendo de otra causa que
obligaba á hacer alto, y campar temprano: es á decir la necesidad
de explorar el terreno de un dia para otro, á fin de regularlas
sobre la distancia de los aguajes, y tomar á consequencia las
precauciones convenientes, saliendo en ocasiones de parte de
tarde despues de dar agua á las Bestias en aquella misma hora
con el informe seguro de que en el transito siguiente, no lo havia,
ó era corto el aguaje, ó escaso el Pasto.

Los descansos se median con la necesidad de quatro en quatro
dias mas, ó menos, segun la fatiga extraordinaria, ocasionada por
mayor aspereza del camino, trabajo de los Gastadores, ó extravio
de las Bestias, que se echaban menos en la Caballada, y era
forzoso buscar por su rastro: otras vezes por la necesidad de
contemporizar con los Enfermos, quando los huvo que con el
tiempo fueron muchos, que á la continuada fatiga, á los excesivos
calores, y frios crueles rindieron sus fuerzas.

Pero el mayor riesgo de estos Viages, y el enemigo mas
temible, es la misma Caballada, sin la qual no pueden tampoco
lograrse: asombranse de noche estos Animales en Pais que no
conocen con increible facilidad: bastales para dar estampida
(segun terminos de esta Tierra) el descubrir á un Coyote, ó

arrows, the rider not only defending himself, but also his horse. In addition to the above they use a sort of leather apron, called *armas* or *defensas*, which, fastened to the pommel of the saddle, hangs down on both sides, covering their thighs and legs, that they may not hurt themselves when riding through the woods. Their offensive arms are the lance—which they handle adroitly on horseback—the broadsword, and a short musket, which they carry securely fastened in its case. They are men of great fortitude and patience in fatigue; obedient, resolute, and active, and we do not hesitate to say that they are the best horsemen in the world, and among those soldiers who best earn their bread for the august monarch whom they serve.

It must be borne in mind that the marches of this body with so great a train and [so many] obstacles, through unknown lands and on unused roads, could not be long. Not to mention other reasons that made it necessary to halt and camp early— the necessity of reconnoitering the country from day to day in order to regulate the marches according to the distance between the watering-places, and consequently to take the proper precautions. Sometimes they resumed their journey in the afternoon immediately after watering the animals, upon the reliable information that on the next stage there was little or no water, or a scarcity of pasture.

Stops were made, as the necessity demanded, at intervals of four days, more or less, according to the extraordinary hardships occasioned by the greater roughness of the road, the labor of the sappers, and the straying of the animals—which happened less frequently with the horses—that had to be sought by their tracks. At other times, because it was necessary to accommodate the sick when there were any—and in course of time there were many—whose strength gave way under the continuous fatigue, and the excessive heat and intense cold.

But the pack animals themselves constitute the greatest danger on these journeys, and are the most dreaded enemy— though without them nothing could be accomplished. At night, and in a country they do not know, these animals are very easily frightened. The sight of a coyote or a fox is sufficient

Zorra: un Pajaro que pasa volando, el polvo que el viento arroja son capaces de espantarlos, y hacerlos correr muchas leguas, precipitandose por Barrancas, y Despeñaderos, sin que valga humana diligencia para contenerlos: cuesta despues inmenso trabajo el recogerlos, lo que no es azequible siempre; y los que no murieron despeñados, ó se estropearon en su impetuosa carrera, quedan de ningun servicio en mucho tiempo; pero no experimentó atrazo considerable esta Expedicion, por semejante acaso, mediante el cuidado, y la vigilancia que se observó siempre; pues aunque en algunas ocasiones dieron los Animales estampida, no se siguió desgracia, ó perjuicio alguno porque fue de corta duracion.

En la forma, y segun el metodo referidos, executaron los Españoles sus marchas, atravesando Tierras immensas, mas fertiles y mas alegres á medida que internaban mas para el Norte: todas en general son pobladas de multitud de Indios, que salian á recibirlos, y en parte los acompañaban de un transito á otro; Gente muy docil, y mansa, mayormente de San Diego en adelante.

Los Indios en quienes se reconoció mas viveza, é industria, son los que habitan las Islas, y la Costa de la Canal de Santa Barbara: viven en Pueblos, cuyas Casas de forma esferica á modo de una media Naranja, cubiertas de Enea, tienen hasta veinte varas de diametro: contiene cada Casa tres, ó quatro Familias: el Hogar está en medio: y en la parte superior de la Casa dejan respiradero, ó chimenea para dar salida al humo. En nada desmintieron estos Gentiles la afabilidad, y buen trato que experimentaron en otro tiempo los Españoles que abordaron á estas Costas con el General Sebastian Vizcayno. Son de buen talle, y aspecto Hombres y Mugeres, muy amigos de pintarse, y embijarse la cara, y el cuerpo: usan grandes penachos de plumas, y unas banderillas que sujetan entre los cabellos, con diferentes dijes, y avalorios de Coral de varios colores. Los Hombres van enteramente desnudos, pero gastan en tiempo de frio unas capas largas de pieles de Nutria curtidas, y unos mantos hechos de las

to stampede them, as they say in this country. A bird flying past, or dust raised by the wind, is likely to frighten them and to make them run many leagues, throwing themselves over precipices and cliffs, defying human effort to restrain them, and it afterwards costs infinite pains to recover them, nor is this always possible; and those that were not killed by falling over a precipice, or lamed in their headlong race, are of no service for a long time. This expedition, however, suffered no serious detriment on this account, owing to the care and watchfulness that were always observed; and although, on some occasions, the animals were stampeded, no accident or injury whatever followed, because the stampede was of short duration.

In the order and manner described, the Spaniards made their way over vast territories, which became more fertile and more pleasant the farther they penetrated to the north. The whole country, in general, is inhabited by a large number of Indians, who came forth to receive the Spaniards, and some accompanied them from one place to another. They are very docile and tractable, especially from San Diego onward.

The Indians observed to have the greatest energy and industry are those who inhabit the islands and the coast of the Santa Barbara Channel. They live in towns, the houses of which are spherical in form, like the half of an orange, are covered with reeds, and are as much as twenty yards in diameter. Each house contains three or four families. The fireplace is in the middle, and in the upper part of the house they leave an air passage or chimney for the escape of the smoke. These Indians confirmed in every respect the affability and friendly treatment experienced in former times by the Spaniards who landed on this coast with General Sebastián Vizcaíno. Both the men and the women are of good figure and appearance, and are fond of painting and staining their faces and bodies. They use large tufts of feathers, and hairpins that they put through their hair with various ornaments and coral beads of different colors. The men go entirely naked, but when it is cold they wear long capes of tanned otter skins, and cloaks made of the same skins cut in long strips, and turned in such a

proprias pieles, cortadas en tiras largas, que tuercen de manera, que todo el pelo queda por defuera: tejen luego estos hilos unos con otros, formando trama, y les dan el corte referido.

Las Mugeres van con mas honestidad, ceñida la cintura con pieles de Venado curtido, que las cubren por delante, y por detras hasta mas de media pierna, con un capotillo de Nutria sobre el cuerpo: las hay de buenas facciones; ellas son las que tejen las batéas, y vasijas de junco, á las quales dan mil formas diferentes, y figuras graciosas, segun los usos á que las destinan, ya sea para comer, beber, guardar sus Semillas, ú otros fines, porque no conocen estas Gentes el uso del barro, como lo usan las de San Diego.

Los Hombres labran hermosas batéas de madera, con embutidos firmes de coral, ó de hueso, y unos vasos de mucha capacidad cerrados de boca, que parecen hechos al torno, y que con esta maquina no saldrian mas bien vaciados, ni de forma mas perfecta: dan al todo un lustre, que parece obra acabada de mano de Artifice havil. Las vasijas grandes que contienen el Agua son de un tejido muy robusto de juncos embreados por dentro, y les dan la misma figura que á nuestras tinajas.

Para comer las Semillas, que gastan en lugar de Pan las tuestan primero en grandes batéas, echando entre las Semillas algunos guijarros, ó chinas, caldeadas hasta quedar rojas: mueven entonces, y menean la batéa para no quemarla, y dejando la Semilla suficientemente tostada, la muelen en morteros, ó almirezes de piedra: hay de estos almirezes de tamaño extraordinario, tan bien labrados como si para el efecto tuviesen las mejores herramientas; y son bien dignas de admiracion la constancia, projilidad, y trabajo que emplean en acabar estas piezas, tan apreciables entre ellos mismos, que á los que dejan semejantes obras, para que no se pierda la memoria de su habilidad, y aplicacion, suelen colocarlas despues de su muerte encima del paraje donde fueron sepultados.

Entierran á los muertos, tienen sus Cementerios dentro del mismo Pueblo: los funerales de sus Capitanes se hazen con mucha pompa, y colocan sobre sus cuerpos unas varas, ó perchas sumamente altas de que cuelgan variedad de utiles, y muebles,

manner that all of the fur is on the outside. They then weave these strips together, making a fabric, and give it the form mentioned above.

The women are dressed with more modesty, wearing around the waist tanned deerskins, which cover them in front and back more than halfway down the leg, and a little cape of otter skin over the body. Some of them have attractive features. It is they who weave the baskets and vessels of reeds, to which they give a thousand different forms and graceful patterns, according to the use for which they intend them—eating, drinking, holding seeds, or other purposes, since these people do not understand the use of clay as it is used by the Indians of San Diego.

The men make beautiful bowls of wood with strong inlays of coral or bone, and some vessels of great capacity, contracted at the mouth, which appear as if turned in a lathe; in fact, with this machine they could not be turned out better hollowed or more perfectly formed. To the whole they give a polish that seems the finished handiwork of a skilled artisan. The large vessels that contain water are made of a very strong texture of rushes, coated inside with pitch, and they give them the same shape as our jars.

In order to eat the seeds that they use instead of bread, they first of all roast them in large bowls, putting among the seeds red-hot pebbles or small stones; then they stir and shake the bowl so as not to burn it, and after the seeds are sufficiently roasted, they grind them in mills or stone mortars. Some of these mortars are of extraordinary size, and as well formed as if the best tools had been used in making them. The patience, exactness, and energy that they exercise in making these articles are well worthy of admiration. They are so highly valued among the Indians themselves that they have a custom to place them over the grave of those who did that kind of work, in order to preserve the memory of their skill and diligence.

They bury the dead, and their burying-grounds are within the town itself. The funerals of their chiefs are conducted with much pomp, and they erect over their bodies some very high rods or poles, on which they hang a variety of articles and

que eran de su uso: ponen tambien en el mismo parage unas
grandes tablas de Pino con diferentes pinturas, y figuras en que
explicarán sin duda las hazañas, y proezas del Personage.

No es licita la pluralidad de Mugeres entre estas Gentes, solo
los Capitanes tienen derecho de casar con dos. En todos sus
Pueblos se puso reparo en una especie de Hombres, que vivian
como las Mugeres, se acompañaban con ellas, vestian el mismo
traje, se adornaban con avalorios, pendientes, gargantillas, y
otros adornas Mugeriles, y lograban de grande consideracion
entre ellos. La falta de Interprete, no permitió averiguar que
clase de Hombres eran, ni á que Ministerio se destinaban, aunque todos recelaron defecto en el sexo, ó algun abuso entre
aquellos Gentiles.

En sus casas tienen los Matrimonios sus camas separadas en
tarimas levantadas del suelo: sus colchones son unos simples
Petates, ó Esteras de Enea, y sus almohadas son de lo mismo,
arrollados los Petates en la cabezera: todas estas camas estan
colgadas con iguales Esteras, que sirven á la decencia, y defien-
den del frio.

Sobresale la destreza, y havilidad de estos Indios en la con-
struccion de sus Lanchas hechas de tablazon de Pino: tienen de
ocho á diez varas de largo comprehendido su lanzamiento, y vara,
y media de manga: no entra en su fabrica hierro alguno, cuyo uso
conocen poco; pero sujetan las tablas con firmeza unas con otras,
labrando de trecho á trecho sus barrenos, á distancia de una
pulgada del canto, correspondientes unos á otros en las tablas
superiores, y en las inferiores, y por estos barrenos pasan fuer-
tes ligaduras de nervios de Venado: embrean, y calafatean las
costuras, y pintan el todo de vistosas colores; manejanlas con
igual maña, y salen Mar afuera á pescar en ellas, tres, ó quatro
Hombres, siendo capazes de cargar hasta ocho, ó diez: usan
remos largos de dos palas, y vogan con indecible lijereza, y
velocidad: conocen todas las artes de pescar, y abunda el pescado
sobre sus Costas, como se dixo de San Diego. Tienen comuni-
cacion, y Comercio con los Naturales de las Islas, de donde sacan
los avalorios de coral, que corren en vez de moneda por todas
estas Tierras; aunque tienen en mas estimacion los avalorios de
vidrio, que les daban los Españoles, ofreciendoles quanto poseen

utensils that they used. They also place on the same spot some large pine boards with various pictures and figures, representing, no doubt, the achievements and the valor of the individual.

Polygamy is not permitted among these people; the chiefs alone possess the right to take two wives. In all of their towns there was noticed a class of men who lived like women, associated with them, wore the same dress, adorned themselves with beads, earrings, necklaces, and other feminine ornaments, and enjoyed great consideration among their companions. The want of an interpreter prevented us from ascertaining what kind of men they were, or to what office they were designed; all suspected, however, a sexual defect or some abuse among those Indians.

In their houses the married people have their beds set apart on platforms raised above the ground. Their mattresses are some plain *petates*, or mats of rushes, and their pillows are the same kind of mats rolled up at the head of the bed. All these beds are hung with similar mats, which serve for decency and as a protection from the cold.

The expertness and skill of these Indians is unsurpassed in the construction of their canoes of pine boards. They are from eight to ten yards in length from stem to sternpost, and one yard and a half in breadth. No iron whatever enters into their construction, and they know little of its use. But they fasten the boards firmly together, making holes at equal distances apart, one inch from the edge, matching each other in the upper and lower boards, and through these holes they pass stout thongs of deer sinews. They pitch and calk the seams, and paint the whole with bright colors. They handle them with equal skill, and three or four men go out to sea to fish in them, although they will hold eight or ten. They use long double-bladed oars, and row with indescribable agility and swiftness. They know all the arts of fishing, and fish abound along their coast, as was said of San Diego. They hold intercourse and commerce with the natives of the islands, from whom they obtain the coral beads, which in all these parts take the place of money. They value, however, more highly the glass beads that

Muchos de estos personajes, por haber sido los primeros en llegar a esas tierras, se cuentan entre los nombres más famosos de la historia de California. Portolá (1718–1786) fue el primer gobernador español de Las Californias. Portola Valley, Portola State Park y numerosas escuelas y caminos llevan su nombre. Rivera (1711–1782) fue el comandante militar de California desde 1774 hasta 1777; los indios Yuma lo mataron en el río Colorado. Pedro Fages (1730–1794) fue el primer comandante militar de California desde 1770 hasta 1774 y luego, desde 1782 hasta 1791, fue gobernador. Fages estuvo a cargo de una expedición a los valles de Salinas y Santa Clara en 1770; también formó parte de la expedición punitiva contra los indios Yuma que tuvo lugar en 1781 y 1782. Sus diarios sobre estas dos arriesgadas empresas fueron traducidos al inglés a principios de este siglo. Herbert I. Priestley tradujo al inglés su manuscrito llamado «Breve descripción histórica, política y natural de la Alta California, 1770–1774», dicha traducción fue publicada en 1937. Ortega fundó el presidio de San Francisco en 1776 y participó en la fundación de la Misión Santa Barbara; también se le considera el descubridor del Golden Gate y del estrecho de Carquinez. La ciudad de Gilroy lleva el nombre de su yerno John Gilroy quien se cree fue el primer colono no hispano, de raza blanca, que se estableció en California. Algunos de los soldados se convirtieron en personajes ilustres, de renombre y dueños de grandes fortunas. Pedro Amador (1739–1824) cuyo hijo, José María Amador, le dio el nombre al condado de Amador. Juan Bautista Alvarado, abuelo de quien fuera posteriormente uno de los gobernadores mexicanos de California. José Raimundo Carrillo quien, en diferentes épocas, fue el comandante de los presidios de Monterey, Santa Barbara y San Diego y a quien se le conoce también como la cabeza de la muy prominente familia Carrillo. José Antonio Yorba (1743–1825) quien fuera sargento de los voluntarios catalanes y a quien se le concedieron las tierras del Rancho Santiago de Santa Ana.

El diario de Miguel Costansó al igual que el diario del Padre Juan Crespi, contienen las primeras descripciones y observaciones sobre California como una tierra silvestre y primitiva. Fue un viaje de descubrimiento, por parte de unos europeos, de una tierra que no estaba perdida, donde sus gentes vivían tranquilas y seguras y no tenían la necesidad ni el deseo de que una cultura más dinámica los «salvaran» o los transformara.

utensils that they used. They also place on the same spot some large pine boards with various pictures and figures, representing, no doubt, the achievements and the valor of the individual.

Polygamy is not permitted among these people; the chiefs alone possess the right to take two wives. In all of their towns there was noticed a class of men who lived like women, associated with them, wore the same dress, adorned themselves with beads, earrings, necklaces, and other feminine ornaments, and enjoyed great consideration among their companions. The want of an interpreter prevented us from ascertaining what kind of men they were, or to what office they were designed; all suspected, however, a sexual defect or some abuse among those Indians.

In their houses the married people have their beds set apart on platforms raised above the ground. Their mattresses are some plain *petates*, or mats of rushes, and their pillows are the same kind of mats rolled up at the head of the bed. All these beds are hung with similar mats, which serve for decency and as a protection from the cold.

The expertness and skill of these Indians is unsurpassed in the construction of their canoes of pine boards. They are from eight to ten yards in length from stem to sternpost, and one yard and a half in breadth. No iron whatever enters into their construction, and they know little of its use. But they fasten the boards firmly together, making holes at equal distances apart, one inch from the edge, matching each other in the upper and lower boards, and through these holes they pass stout thongs of deer sinews. They pitch and calk the seams, and paint the whole with bright colors. They handle them with equal skill, and three or four men go out to sea to fish in them, although they will hold eight or ten. They use long double-bladed oars, and row with indescribable agility and swiftness. They know all the arts of fishing, and fish abound along their coast, as was said of San Diego. They hold intercourse and commerce with the natives of the islands, from whom they obtain the coral beads, which in all these parts take the place of money. They value, however, more highly the glass beads that

en cambio de ellos, como son batéas, pieles de Nutria, xicaras, y
platos de madera; aprecian mas que todo qualesquiera navaja, é
instrumento cortante, cuyas ventajas, sobre los de pedernal,
admiran: causandoles mucha satisfaccion el vér hacer uso de las
hachas, y machetes, y la facilidad con que los Soldados para
hacer leña derivan un Arbol con dichos Instrumentos.

Son asimismo grandes Cazadores: para matar á los Venados,
y Verrendos, se valen de una industria admirable: conservan el
cuero de la cabeza, y parte del pescuezo de alguno de estos
Animales, desollado con cuidado, dejandole sus llaves pegadas al
mismo cuero, que relleñaron de sacáte, ó paja para conservarle
su forma: aplicanse dicha armazon como gorro sobre la cabeza, y
salen al Monte con este raro equipaje: en avistando al Venado, ó
Verrendo van arrastrandose poco á poco con la mano izquierda
en Tierra: en la derecha llevan el arco con quatro flechas: bajan,
y levantan la cabeza, moviendola á un lado, y otro, y haciendo
otras demonstraciones tan proprias de estos Animales, que los
atraen sin dificultad al lazo, y al tenerlos á corta distancia, les
disparan sus flechas á golpe seguro.

Vieronse entre ellos algunos pedazos de Espada ancha, fierro,
y fragmentos de plata labrada, que siendo de poca monta,
hicieron novedad á nuestra Gente; y preguntados por señas,
como adquirian aquellas cosas, señalaban que de la Tierra
adentro azia Levante; y aunque el Nuevo Mexico se halla muy
distante por aquel Rumbo, es factible, que de mano en mano, con
el tiempo hayan llegado á su poder dichas alhajas.

El 14 de julio de 1769 la expedición de Portolá salió hacia una tierra
desconocida; éste fue el primer grupo de europeos que exploraron
por tierra lo que es hoy día California. Eran sesenta y cuatro hombres
en total. Portolá, Don Fernando de Rivera y Moncado, capitán del
presidio de Loreto y segundo al mando; el lugarteniente Don Pedro
Fages, el alférez Miguel Costansó, los sacerdotes Juan Crespi y Francisco Gómez, el sargento José Francisco de Ortega y Rivera al mando
de veintisiete *soldados de cuera*. Seis voluntarios catalanes bajo las
órdenes de Fages, siete arrieros, quince indios convertidos al cris-
tianismo y provenientes de las misiones de Baja California, dos sirvien-
tes y aproximadamente 200 caballos y mulas.

the Spaniards gave them, offering in exchange for them all they possess, such as baskets, otter skins, bowls, and wooden dishes. But above everything else, they esteem any kind of knife or sharp tool, admiring its superiority over those of flint; and it gives them much pleasure to see use made of axes and cutlasses, and the ease with which the soldiers felled a tree to make firewood by means of these tools.

They are also great hunters. In killing deer and antelope, they employ an admirable device. They preserve the skin of the head and of part of the neck of one of these animals, removing it with care—with the horns left attached to the skin—and filling it with grass or straw to keep its form. This mask they put on the head like a cap, and with this odd equipment they set out for the woods. On seeing a deer or antelope, they crawl slowly, with the left hand on the ground, carrying the bow and four arrows in the right. They lower and raise the head, turning it from one side to the other, and make other motions so characteristic of these animals that they attract them without difficulty to the decoy; and, having them at short range, they discharge their arrows with sure effect.

Among them were seen some pieces of broadsword, iron, and fragments of wrought silver, which, being of small value, surprised our men. Being questioned by signs how they obtained those things, they pointed inland, toward the east. Although New Mexico lies very distant in that direction, it is possible that [passing] from hand to hand, in the course of time, these treasures had come into their possession.

On July 14, 1769 the Portolá Expedition started off into an unknown country; they were the first Europeans to explore by land in what is now California. There were sixty-four men in all: Portolá; Don Fernando de Rivera y Moncado, captain of the presidio of Loreto, second in command; Lieutenant Don Pedro Fages; Ensign Miguel Costansó; the priests Juan Crespi and Francisco Gómez; Sergeant Jose Francisco de Ortega and twenty-seven *soldados de cuera* under Rivera; six Catalan volunteers under Fages; seven muleteers; fifteen Christianized Indians from the missions of Baja California; two servants—and approximately 200 horses and mules.

Muchos de estos personajes, por haber sido los primeros en llegar a esas tierras, se cuentan entre los nombres más famosos de la historia de California. Portolá (1718–1786) fue el primer gobernador español de Las Californias. Portola Valley, Portola State Park y numerosas escuelas y caminos llevan su nombre. Rivera (1711–1782) fue el comandante militar de California desde 1774 hasta 1777; los indios Yuma lo mataron en el río Colorado. Pedro Fages (1730–1794) fue el primer comandante militar de California desde 1770 hasta 1774 y luego, desde 1782 hasta 1791, fue gobernador. Fages estuvo a cargo de una expedición a los valles de Salinas y Santa Clara en 1770; también formó parte de la expedición punitiva contra los indios Yuma que tuvo lugar en 1781 y 1782. Sus diarios sobre estas dos arriesgadas empresas fueron traducidos al inglés a principios de este siglo. Herbert I. Priestley tradujo al inglés su manuscrito llamado «Breve descripción histórica, política y natural de la Alta California, 1770–1774», dicha traducción fue publicada en 1937. Ortega fundó el presidio de San Francisco en 1776 y participó en la fundación de la Misión Santa Barbara; también se le considera el descubridor del Golden Gate y del estrecho de Carquinez. La ciudad de Gilroy lleva el nombre de su yerno John Gilroy quien se cree fue el primer colono no hispano, de raza blanca, que se estableció en California. Algunos de los soldados se convirtieron en personajes ilustres, de renombre y dueños de grandes fortunas. Pedro Amador (1739–1824) cuyo hijo, José María Amador, le dio el nombre al condado de Amador. Juan Bautista Alvarado, abuelo de quien fuera posteriormente uno de los gobernadores mexicanos de California. José Raimundo Carrillo quien, en diferentes épocas, fue el comandante de los presidios de Monterey, Santa Barbara y San Diego y a quien se le conoce también como la cabeza de la muy prominente familia Carrillo. José Antonio Yorba (1743–1825) quien fuera sargento de los voluntarios catalanes y a quien se le concedieron las tierras del Rancho Santiago de Santa Ana.

El diario de Miguel Costansó al igual que el diario del Padre Juan Crespi, contienen las primeras descripciones y observaciones sobre California como una tierra silvestre y primitiva. Fue un viaje de descubrimiento, por parte de unos europeos, de una tierra que no estaba perdida, donde sus gentes vivían tranquilas y seguras y no tenían la necesidad ni el deseo de que una cultura más dinámica los «salvaran» o los transformara.

By virtue of being first on the scene, many of these are now among the best known names in California's early history. Portolá (1718–1786) was the first Spanish governor of the Californias. His name has been applied to Portola Valley, Portola State Park, and numerous schools and roads. Rivera (1711–1782) was the military *comandante* of California from 1774 to 1777; he was killed by Yuma Indians at the Colorado River. Pedro Fages (1730–1794) was the first military *comandante* of California, from 1770 to 1774, and governor from 1782 to 1791. He led an expedition in the Salinas and Santa Clara valleys in 1770, and was in the punitive expedition against the Yuma Indians in 1781 and 1782; his diaries of both those ventures were translated into English early in this century. His manuscript entitled *A Historical, Political, and Natural Description of California* was published in 1937 in an English translation by Herbert I. Priestley. Ortega founded the San Francisco presidio, in 1776, is usually considered to be the discoverer of the Golden Gate and of Carquinez Strait, and was involved in the founding of Mission Santa Barbara. His son-in-law was John Gilroy, the namesake of the city of Gilroy and thought to have been the first non-Hispanic white settler in California.

Some of the soldiers in the ranks also became illustrious, or noted, or wealthy. Pedro Amador (1739–1824); Amador County was named for his son José María Amador. Juan Bautista Alvarado, grandfather of a later Mexican governor of California. José Raimundo Carrillo, later— at different times—*comandante* of the presidios of Monterey, Santa Barbara, and San Diego, and founder of the prominent Carrillo family. José Antonio Yorba (1743–1825), a sergeant of the Catalan volunteers, became the grantee of the Rancho Santiago de Santa Ana.

The diary of Miguel Costansó, as well as the similar diary of Padre Juan Crespi, contain the first descriptions and observations of a 'natural' and pristine California. Theirs was a journey of European 'discovery' of a place that had never been lost, and of peoples who were content and secure in their lives and had neither the need nor the desire to be 'saved' or to be transformed by a more dynamic culture.

En términos de la historia del hombre, es muy poco el tiempo que ha pasado desde la expedición de Portolá hasta la fecha—223 años desde la primera exploración de California por tierra hasta la fecha de la publicación de este libro—o sea de ocho a diez generaciones. El año de 1769 marca la última etapa en la culminación del desarrollo de la Nueva España y el comienzo de la destrucción de los indios de California. La primera de las misiones de California, la misión San Diego de Alcalá, fue fundada por el padre Junípero Serra el 16 de julio de 1769, o sea dos días después de que la expedición de Portolá salió rumbo al norte. La misión San Francisco Solano, en Sonoma, fue fundada en 1823; ésta fue la última de las veintiún misiones de California y la que está localizada en el punto más septentrional. Las misiones fueron secularizadas a mediados de 1830 y el sistema de las misiones al igual que las misiones mismas se desplomaron víctimas del abandono, del deterioro de sus paredes de adobe y de los terremotos.

El imperio español estaba en decadencia y carecía de la capacidad para frenar la expansión hacia el oeste del imperio americano. Los americanos conquistaron California en 1846. El antiguo régimen sucumbió ante la avalancha de inmigrantes y el descubrimiento de oro en Coloma en 1848.

Casi todo lo que vio Costansó ha sufrido una transformación increíble e inimaginable. Sin embargo, todavía existen algunos lugares donde se puede ir hoy en día a ver lo que Costansó vio. A lo largo de la costa del canal de Santa Barbara, en un día despejado, se puede mirar hacia Anacapa Island y conformar que es una «Falsa Vela». Hay tramos muy largos de playas en la costa de California que no han cambiado, siempre y cuando se los mire de espaldas a la carretera. Desde el sitio donde se descubrió la bahía en Sweeney Ridge, a fines de octubre o principios de noviembre cuando ya no hay neblina, puede contemplarse Point Reyes y los acantilados blancos de Drakes Bay hacia el norte y noroeste y Farallon Islands hacia el oeste. Y entonces, al dar la vuelta, se puede divisar el «grandioso estero» o sea la bahía de San Francisco la cual se extiende hacia el sudeste.

PETER BROWNING

In human history it is quite a short time from the Portolá Expedition to the present day—223 years from the first land exploration of California to the time this book is published—some eight to ten generations. The year 1769 marks the beginning of the final development of New Spain, and the beginning of the destruction of the California Indians. The first of the California missions—Mission San Diego de Alcalá—was founded by Padre Junípero Serra on July 16, 1769, two days after the Portolá Expedition headed north. The last and northernmost of the twenty-one California missions—Mission San Francisco Solano, at Sonoma—was founded in 1823. By the middle 1830s the missions were secularized and the mission system collapsed, as did the missions themselves—from neglect, from crumbling adobe walls, from earthquakes.

The Spanish Empire was on the wane, and lacked the ability to resist the westward drive of the coming American Empire. The Americans conquered California in 1846. Gold was discovered at Coloma in January 1848, the immigrants rushed in, and the old order was overwhelmed.

Most of what Miguel Costansó saw has been transformed beyond belief and beyond imagining. Yet there are still a few places where one might go at the present day and see what Costansó saw. Along the coast of the Santa Barbara Channel, when the air is clear, you can look in the direction of Anacapa Island and see at once that it is indeed a *Falsa Vela*—a false sail. Long stretches of California's beaches are virtually unchanged in appearance—as long as you keep your back to the highway. From the discovery site on Sweeney Ridge, perhaps in late October or early November when the fog is gone, you can see Point Reyes and the white cliffs of Drakes Bay to the north-northwest, and the Farallon Islands to the west. And when you turn around you will behold the full sweep of the "magnificent estuary" that is San Francisco Bay, stretching toward the southeast.

PETER BROWNING

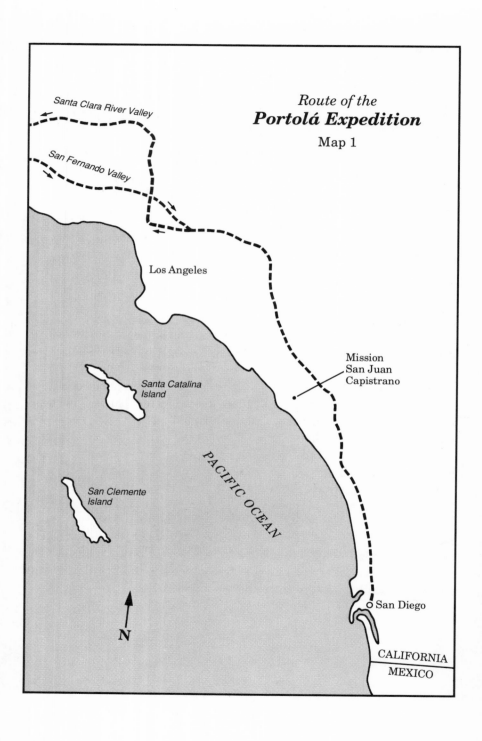

Santa Clara River Valley

San Fernando Valley

Route of the
Portolá Expedition
Map 1

Los Angeles

Mission
San Juan
Capistrano

Santa Catalina
Island

PACIFIC OCEAN

San Clemente
Island

N

San Diego

CALIFORNIA

MEXICO

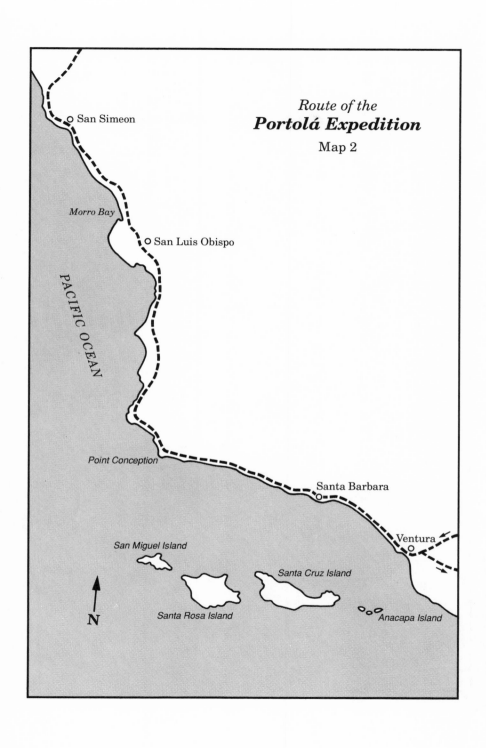

Route of the
Portolá Expedition
Map 2

San Simeon

Morro Bay

San Luis Obispo

PACIFIC OCEAN

Point Conception

Santa Barbara

Ventura

San Miguel Island

Santa Cruz Island

N

Santa Rosa Island

Anacapa Island

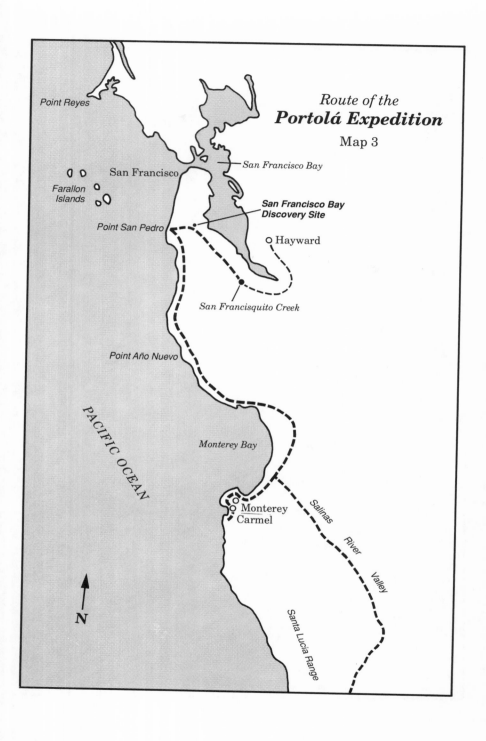

Route of the
Portolá Expedition
Map 3

Point Reyes

San Francisco Bay

San Francisco

Farallon
Islands

**San Francisco Bay
Discovery Site**

Point San Pedro

○ Hayward

San Francisquito Creek

Point Año Nuevo

PACIFIC OCEAN

Monterey Bay

○ Monterey
Carmel

Salinas River Valley

N

Santa Lucia Range

DIARIO DEL VIAGE DE TIERRA HECHO AL NORTE
DE LA CALIFORNIA DE ORDEN DEL EXCELEN-
TISIMO SEÑOR MARQUES DE CROIX, VIRREY,
GOVERNADOR Y CAPITAN GENERAL DE LA
NUEVA ESPAÑA, &., &.; POR DIRECCION DEL
ILUSTRISIMO SEÑOR DON JOSEPH DE GALVEZ,
DEL CONSEJO Y CAMARA DE SU MAJESTAD EN
EL SUPREMO DE LAS INDIAS, VISITADOR
GENERAL DE TODOS LOS TRIBUNALES, CAXAS
REALES Y RAMOS DE HAZIENDA DE SU MAJES-
TAD EN EL PROPRIO REYNO, E INTENDENTE DE
SU EXERCITO, &., &.; EXECUTADO POR LA TROPA
DESTINADA A ESTE OBJETO AL MANDO DEL
GOVERNADOR DE LA REFERIDA PENINSULA,
DON GASPAR DE PORTOLA, CAPITAN DE
DRAGONES EN EL REXIMIENTO DE ESPAÑA.

Diary of the journey by land made to the north of California by order of His Excellency the Marques de Croix,
Viceroy, Governor and Captain-General of New Spain,
etc., etc.; by instruction of the Most Illustrious Don Joseph
de Galvez, of the Council and Court of His Majesty in the
Supreme Council of the Indies, Inspector-General of all the
Tribunals, Royal Exchequers, and Departments of
Finance of his Majesty in the same kingdom, and Inten-
dant of the King's Army, etc., etc.; performed by the
troops detailed for this purpose under the command of the
Governor of the peninsula of California, Don Gaspar de
Portolá, Captain of the Spanish Dragoons Regiment.

Resuelta ya la salida para el dia 14 de Julio, mando el Governador
fueran seis soldados y un cabo, á explorar el terreno para las dos
primeras jornadas: salieron estos el día 12 en la manaña y bolvieron el
día siguiente en la tarde con noticia de haver encontrado un aguage á
distancia de seis o siete leguas, suficiente para la gente, y cavallada.

Viernes 14 de Julio, de 1769.—Despues de dar agua a las bestias, por
saver que no la havía en el parage en que haviamos de dormir salimos
en la tarde, y anduvimos dos leguas parámos dentro de una cañada
abundante de pastos á la que pusimos nombre de San Diego.[1]

De San Diego á la cañada del mîsmo nombre 2 leguas. Distancia de
San Diego 2 leguas.

Savado 15 de Julio.—Levantamos el campo en la mañana del parage
dicho, y llegámos al sitio reconocido antecedentemente por los exploradores que recibió de la Poza de Osuna,[2] y tambien de San Jacome
de la Marca, el primero se lo pusieron los soldados, el segundo los
padres misioneros. Es este parage una cañada mui vistosa y amena:[3] en
partes tendrá mas de dos mil varas de ancho, toda cubierta de pastos
con alguna arboleda, y mucha agua rebalsada en pozas. A la parte del
occidente junto á una de ellas sentamos nuestro real a la una de la
tarde, encontramos sobre nuestro camino dos rancherias de gentiles: la
primera en la medianía de él poco mas ó menos: la otra dentro de la
propria cañada de nuestro campamento: todo el pais que transitamos
era abundante de pastos, y nada aspero; dirigidos siempre al noroeste,
y nornoroestre conforme lo permitía el terreno, formado de lomas
de mediana altura compendiente a varias cañadas que todas iban á
terminarse al mar, introduciendose sus aguas en ellas por diferentes
esteros en que se cuaja cantidad de sal.

Los indios de la cañada vinieron luego á vernos arrimandose poco á
poco con arto recelo hasta que agasajados, y regalados de algunas

---

1. Rose Canyon, un poco al norte de University City.
2. "Osuna's Pool." El actual Osuna Valley queda un poco al sur de Rancho Santa
   Fe.
3. San Dieguito Creek y Valley, al este de Del Mar.

The departure having been fixed for the 14th of July, the governor ordered out six soldiers and a corporal to explore the country for the distance of the first two days' march. These soldiers left on the morning of the 12th, and returned on the afternoon of the following day with the information that they had found a watering-place sufficient for the men and horses at a distance of six or seven leagues.

Friday, 14 July, 1769.—After giving water to the animals, since we knew there was none in the place where we were to sleep, we started in the afternoon and proceeded for two leagues. We halted in a canyon, to which we gave the name of San Diego,[1] where there was an abundance of pasture.

From San Diego to the canyon of the same name, 2 leagues. Distance from San Diego, 2 leagues.

Saturday, 15 July.—In the morning we broke camp at the place mentioned, and arrived at the spot previously reconnoitered by the scouts; it was given the name of La Poza de Osuna,[2] and also of San Jacome de la Marca—the former by the soldiers, the latter by the missionary fathers. This place is a very picturesque and attractive canyon.[3] In parts it is probably more than two thousand yards wide; it is entirely covered with pasture, with some groves of trees, and has much water collected in pools. Towards the west, and beside one of these, we pitched our camp at one o'clock in the afternoon. On our way we came upon two Indian villages—one about midway, the other in the very canyon where we encamped. All the country through which we passed was rich in pasture and not at all rough. We headed constantly to the northwest and north-northwest as the lay of the land permitted; [the country] was composed of hills of moderate height sloping into various canyons, all of which ran down to the sea, and the waters found their way into them by various creeks in which a quantity of salt accumulates.

The Indians of the canyon immediately came to see us; they approached little by little, full of suspicion, and as they were greeted and

---

1. Rose Canyon, just north of University City.
2. "Osuna's Pool." The present Osuna Valley is just south of Rancho Santa Fe.
3. San Dieguito Creek and Valley, east of Del Mar.

sartas de vidrio se allanaron, y familiarisaron con nosotros, que nos causaron molestia.

Despacharonse en la tarde los exploradores, y al siguiente día en la mañana bolvieron con noticia de haver hallado aguage á proporcionada distancia.

A la Poza de Osuna 4 leguas. De San Diego 6 leguas.

Domingo 16 de Julio.—Movimos el real en la tarde, y dirigiendo nuestro camino al norte, y al nornoroeste por tierra alta de lomas como las pasadas, atravesamos dos cañadas mui alegres. En la primera vimos una ranchería de gentiles que salió á recibirnos al paso: uno de ellos hizo su arenga, y cumplido, á la que solo respondimos con demostraciones, y señas de agradecidos, pero sin detenernos: acompañaronns largo trecho y nos indicaron algunos aguages cortos á un lado del camino, paramos en la segunda cañada inmediatos a una ranchería corta de gentiles, y cerca del aguage reconocido. Era este un manantial de buen agua situado sobre la ladera oriental de la cañada; y por ser algo escaso fué necessario abrir una poza delante que recibiera su corto caudal, y aguardar a que se llenara para dar agua a las bestias.

El pais se manifestaba alegre sembrado de matas y de algunos arboles llamados alisos y sobre manera abundante de pastos. Tubo nombre esta cañada de San Alexos.[4]

A San Alexos 3 leguas. De San Diego 9 leguas.

Lunes 17 de Julio.—Salimos del expresado sitio en la tarde rexistrado ya el terreno por los exploradores. Caminamos tres leguas el terreno de la misma calidad que el pasado, esto es de lomas de tierra negra mui transitables, y accesibles cubiertas de pastos llegamos á el aguage situado dentro de una cañada medianamente ancha el agua estaba recogida en pozas y manaba de dos ojos distintos, formando al rededor unas cienegas ó pantanos cubiertos de juncos, y pastos. Sentamos el real sobre una ladera de la cañada á la parte de poniente dimosle nombre de Santa Sinforosa.[5] Divisabase desde nuestro campa-

---

4. El valle de San Marcos Creek, al este de Batiquitos Lagoon.
5. Buena Vista Creek, al nordeste de Carlsbad.

presented with some strings of glass beads they quieted down and became so familiar with us that they occasioned annoyance.

The scouts were sent out during the afternoon, and returned on the following morning with news that they had found a watering-place at a suitable distance.

To La Poza de Osuna, 4 leagues. From San Diego, 6 leagues.

Sunday, 16 July.—We broke camp in the afternoon, and, directing our course to the north and north-northwest over high, hilly country like that just covered, we went through two very pleasant canyons. In the first we saw an Indian village, [and the inhabitants] came out to receive us as we passed. One of these made a speech and welcomed us, to which we replied only by gestures and signs of appreciation, but without stopping. They accompanied us for a long distance and showed us some small watering-places to one side of the road. We halted in the second canyon near a small Indian village, and close by the watering-place selected. This was a spring of good water situated on the eastern side of the canyon, and since it was somewhat scanty it was necessary to dig a pool in front of it to receive its small supply, and to wait until it filled in order to water the animals.

The country was pleasant, covered with undergrowth and some trees called *alisos*, and exceedingly abundant in pasture. This canyon was given the name of San Alejo.[4]

To San Alejo, 3 leagues. From San Diego, 9 leagues.

Monday, 17 July.—In the afternoon we left the place just mentioned, the country having already been examined by the scouts. We traveled for three leagues. The country was of the same character as that just covered; that is, composed of low hills of black earth, readily traversable and easy of approach, and covered with pasture. We came to the watering-place, situated in a moderately wide canyon. The water issued from two different springs and stood in pools, about which it formed some miry places or marshes covered with reeds and pasture. We pitched our camp upon a slope on the western side of the canyon, and gave the place the name of Santa Sinforosa.[5] From our camp one

4. The valley of San Marcos Creek, east of Batiquitos Lagoon.
5. Buena Vista Creek, northeast of Carlsbad.

mento una ranchería de gentiles en lo alto de una loma que prevenidos por sus vecinos los de San Alexos de nuestra venida diputaron á dos de ellos para pedirnos licencia de pasar á visitarnos dimosles á entender por señas que lo difiriesen para el dia siguente; pero tomando luego la buelta de su ranchería a breve rato vinieron todos sus moradores; serian hasta quarenta hombres de buen talle, y aspecto su principal ó gefe empezó su arenga desde luego con grandes vozes y raros gestos; mas sin darle lugar á que acabara regalamos á el y a su gente algunos abalorios y los despedimos.

En la mañana bolvieron y se estuvieron quietamente entre nosotros hasta que nos fuimos.

A Santa Sinforosa 2 leguas. De San Diego 11 leguas.

Martes 18 de Julio.—El aguage reconocido por los exploradores distaba de Santa Sinforosa poco mas de dos leguas; jornada que hizimos en la tarde: el terreno que transitamos fué tambien de lomería. El sitio donde paramos era sumamente alegre y ameno; un valle admirable por su capacidad, matizado de arboleda, y cubierto de hermosisimos pastos: tendría cerca de una legua de ancho, y á él venian á terminarse, diferentes cañadas por la vanda del norte, y del nordeste. El aguage consistia en una poza, ó cienaga de mucha extencion: campamos sobre una loma pequeña situada dentro del mismo valle hacia el occidente y recibió nombre de San Juan Capistrano.[6]

Los gentiles de sus immediaciones avisados de nuestra venida salieron a recibirnos, tan aseguardos al parecer, y ciertos de nuestra amistad, que trageron á todas sus mujeres: hicieronnos los capitanes, ó caziques sus acostumbradas arengas.

A San Juan Capistrano 2 leguas. De San Diego 13 leguas.

Miercoles 19 de Julio.—Descansamos en este parage, y de mañana se despacharon los exploradores con orden de reconocer la tierra a toda la distancia que pudieran alargarse pero de manera que bolviesen al real, antes que cerrara la noche. Salieron con este objeto siete hombres

---

6. Este no es el pueblo que hoy día se llama San Juan Capistrano, el cual está más al norte. Este sitio queda a unas cuatro millas al este de Oceanside. La Misión de San Luis Rey de Francia fue fundada cerca de este lugar en 1789.

could see, on the top of a low hill, an Indian village. [The inhabitants], warned of our coming by their neighbors of San Alejo, sent two of their number to beg leave to come and visit us. We gave them to understand by signs that they should defer the visit until the following day; but forthwith they went back to their village, and in a short time all the inhabitants came [to our camp]—there must have been as many as forty men, well-built and good-looking. The leader or chief soon afterwards began his harangue with loud cries and odd grimaces, but, without giving him time to finish, we made presents to him and his people of some glass beads and sent them away.

In the morning they returned and remained quietly amongst us until our departure.

To Santa Sinforosa, 2 leagues. From San Diego, 11 leagues.

Tuesday, 18 July.—The watering-place found by the scouts was a little more than two leagues from Santa Sinforosa, a distance that we covered in the afternoon. The country over which we passed was also hilly. The place where we halted was exceedingly beautiful and pleasant, a valley remarkable for its size, adorned with groves of trees and covered with the finest pasture. It must have been nearly a league wide, and different canyons opened into it on the north and northeast. The watering-place consisted of a pool or marsh of considerable extent. We camped on rising ground within the same valley, towards the west. [To the valley] we gave the name of San Ju an Capistrano.[6]

The Indians in the neighborhood, warned of our coming, came out to meet us, so confident, it seemed, and certain of our friendship that they brought all their women. The captains or caciques made their usual speeches to us.

To San Juan Capistrano, 2 leagues. From San Diego, 13 leagues.

Wednesday, 19 July.—We rested at this place, and in the early morning sent out the scouts to reconnoiter the country as far as they could go, but so as to return to camp before nightfall. Seven men with the sergeant of the presidio of the Californias set out for this purpose.

---

6. Not the present San Juan Capistrano, which is farther north. This location is about four miles east of Oceanside. The Mission of San Luis Rey was founded near here in 1789.

con el Sargento del Presidio de Californias. Los gentiles acudieron mui temprano al alojamiento en maior numero que el dia antecedente; pasarian de doscientas almas de ambos sexos: tratavan con nosotros tan familiarmente como pudieran con sus paysanos y amigos: los agasajamos, y regalamos, pero la novedad hizo en ellos tal impresion que no quisieron apartarse de nosotros por mas que quisimos despedirlos, y se estuvieron hasta mui tarde mirando y observandonos.

Jueves 20 de Julio.—Nos pusimos en marcha mui de mañana siguendo una cañada de las que venían a caer al Valle de San Juan Capistrano por la vanda del norte: torcía despues al nordeste, por lo que la dejamos, para no desviarnos de nuestro rumbo, y al transponer unas lomas, cahímos á otra cañada espaciosa y alegre matizada de arboleda, y cubierta de pastos la jornada fué de dos leguas pusimosle nombre de Santa Margarita a este sitio.[7]

El aguage era abundante: la agua dulce y buena, recogida en varias pozas; si bien dentro de la propria cañada, havía una laguna grande de agua salobre, vinieron luego á saludarnos los gentiles de las immediatas rancherias en numero de unas setenta personas de ambos sexos, regalamos á las mugeres algunos abalorios y los despedimos.

[A] Santa Margarita 2 leguas. De San Diego 15 leguas.

Viernes 21 de Julio.—Movimos nuestro real en la mañana, y tomando el rumbo del noroeste salimos de la cañada de Santa Margarita: el camino fué de lomas de mediana altura, y á las dos leguas parámos sobre la ladera occidental de la cañada: el aguage consistió en unas pozas, y havía suficiente pasto. Vimos algunas mugeres de gentiles en este sitio pero dejaronse ver mui pocos indios dimos nombre a este parage de Cañada de los Rosales[8] por la suma abundancia que de ellos bimos.

A Los Rosales 2 leguas. De San Diego 17 leguas.

---

7. El río tiene todavía el mismo nombre. Acamparon cerca de Home Ranch.
8. "Rose Bush Canyon," que ahora se llama Las Pulgas Canyon.

The natives came to our quarters very early and in greater number than on the preceding day—there must have been more than two hundred souls of both sexes. They mingled with us with as much familiarity as they could have done with their own countrymen and friends. We greeted them and made them presents, but the novelty made such an impression on them that they did not want to leave us, however much we tried to get rid of them, and they remained until very late watching and observing us.

Thursday, 20 July.—We set out very early in the morning, following one of the canyons that terminated on the northern side of the valley of San Juan Capistrano. This canyon afterwards turned to the northeast, and, for this reason, we left it so as not to go out of our course. After passing some hills, we came into another spacious and pleasant canyon adorned with groves of trees and covered with pasture. The day's journey was two leagues. To this place we gave the name of Santa Margarita.[7]

The watering-place was ample; the water, fresh and good, stood in several pools; nevertheless within this same canyon there was a large pond of brackish water. The natives of the nearby villages, numbering about seventy persons of both sexes, immediately came to welcome us; we gave the women some glass beads and sent them away.

To Santa Margarita, 2 leagues. From San Diego, 15 leagues.

Friday, 21 July.—We broke camp in the morning, and, taking the course to the northwest, we left the Canyon of Santa Margarita. The road was over low hills, and after [traveling] for two leagues, we halted on the western side of the canyon. The watering-place consisted of some pools, and there was sufficient pasture. In this place we saw some native women, but very few Indians could be seen. We gave it the name of Cañada de los Rosales,[8] on account of the great number of rose bushes we saw.

To Los Rosales, 2 leagues. From San Diego, 17 leagues.

---

7. The river still has the same name. They camped near Home Ranch.
8. "Rose Bush Canyon." Now Las Pulgas ("The Fleas") Canyon.

Savado 22 de Julio.—Salimos de Los Rosales, y siguiendo el rumbo del noroeste por camino de lomas, y arroios llegamos al aguage distante como tres leguas del sitio que dexamos. Estaba el agua rebalsada en una poza de poco ambito pero de bastante profundidad dentro de una cañada sobre cuia ladera á la parte de levante sentamos nuestro real, en terreno llano y abundante de pastos.

Junto al real havía una ranchería corta de gentiles, cuia gente estuvo con nosotros lo más del día, mui alegre y apasible. Los reverendos padres misioneros bautisaron en este parage á dos parbulos de estos gentiles que se estaban muriendo, por cuio motibo se le puso el nombre de la Cañada del Bautismo.[9]

A la Cañada del Bautismo 3 leguas. De San Diego 20 leguas.

Domingo 23 de Julio.—De la Cañada del Bautismo pasamos á otra que recibió nombre de Santa Maria Magdalena[10] situada al nornoroeste de la primera el camino aunque de lomeria y tierra algo doblada no fué mui penoso. El parage era abundante de pastos, frondoso de sauces, y otra arboleda. El aguage fué abundante y copioso, el agua rebalzada en pozas entre juncos y enea.

[A] Santa Maria Magdalena 3 leguas. De San Diego 23 leguas.

Lunes 24 de Julio.—Nos pusimos en marcha y tomando el rumbo nornoroeste, por dentro de otra cañada que termina en la de Santa María Magdalena torcimos al fin de ella á poniente encumbrando unas lomas; y atravesando despues un buen trecho de tierra llana cahimos á otra cañada mui vistosa, que corría al pié de una sierra alta, con un arroio de agua y mucha arboleda. Sentamos nuestro real a la parte del oriente en tierra llana;[11] y al punto vinieron a visitarnos los indios de una ranchería que havitaban la propria cañada: vinieron sin armas con una afabilidad y mansedumbre sin igual regalaronnos de sus pobres semillas, y los agasajamos con sintas y bugerias.

---

9. "Baptism Canyon." Crespi: «Por lo dicho es conocido este paraje de los soldados, *Los Christianos*». El nombre aun existe hoy día como Cristianitos Canyon, al norte de San Onofre.

10. Que ahora se llama San Juan Canyon. La Misión de San Juan Capistrano fue fundada aquí el 1⁰ de noviembre de 1776, a unos cien metros del campamento.

11. En Aliso Creek, cerca del pueblo de El Toro.

Saturday, 22 July.—We left Los Rosales, and, following the course to the northwest over a road of low hills and gullies, we arrived at the watering-place, distant about three leagues from our starting point. The water was held in a pool of small size but of considerable depth, in a canyon on the eastern side of which we pitched our camp on level ground covered with pasture.

Near the camp there was a small Indian village; the people remained with us, very happy and contented, during the greater part of the day. At this place the missionary fathers baptized two children of these natives who were dying, for which reason we gave the place the name of the Cañada del Bautismo.[9]

To The Cañada del Bautismo, 3 leagues. From San Diego, 20 leagues.

Sunday, 23 July.—From the Cañada del Bautismo we came to another canyon, to which we gave the name of Santa María Magdalena,[10] situated to the north-northwest of the first. The road, although over hilly country and somewhat broken ground, was not very laborious. The place had abundant pasture, and was thickly covered with willows and other trees. The watering-place was very copious—the water held in pools among reeds and rushes.

To Santa María Magdalena, 3 leagues. From San Diego, 23 leagues.

Monday, 24 July.—We set out, and, taking the course to the north-northwest through another canyon that opens into that of Santa María Magdalena, we turned to the west and reached the top of some low hills. Afterwards, crossing a considerable stretch of level country, we entered another canyon, very picturesque, which ran at the foot of a high range, containing a stream of water and many trees. We pitched our camp to the east on level ground.[11] Immediately there came to visit us the Indians who inhabited a village within the same canyon. They came unarmed and showed unequaled affability and gentleness. They made us gifts of their humble seeds, and we presented them with ribbons and trifles.

---

9. "Baptism Canyon." Crespi: "The soldiers called it Los Christianos." That is the name that has persisted, as Cristianitos Canyon, north of San Onofre.
10. Now San Juan Canyon. The Mission of San Juan Capistrano was founded on November 1, 1776, within a few hundred yards of this camping place.
11. On Aliso Creek, near the town of El Toro.

A San Francisco Solano 3 leguas. De San Diego 26 leguas.

Martes 25 de Julio.—Descansamos en la expresada cañada que se llamó de San Francisco Solano[12] de mañana salieron los exploradores á reconocer la tierra bolvieron en la tarde con noticia de haver encontrado aguage pero á distancia de seis leguas ó algo mas.

Miercoles 26 de Julio.—Salimos de San Francisco Solano despues de medio día con la precaucion de dar antes agua á la cavallada dirigimos nuestro camino al noroeste por lomas de tierra medianamente altas y transitables hasta bajar a un llano mui espacioso cuio termino no percibian los ojos a las tres leguas parámos junto á un aguage mui corto, a penas suficiente para la gente,[13] que se llamó el Aguage del Padre Gomez[14] por haverlo descubierto este misionero que venía en nuestra compañia.

Al Aguage del Padre Gomez 3 leguas. De San Diego 29 leguas.

Jueves 27 de Julio.—En la mañana movimos nuestro campo del aguage referido; y atravesando el llano por el rumbo del noroeste a las tres leguas llegamos al aguage que era un arroio de mui buen agua corriente;[15] pero conociase que iba cada dia a menos por razon de la seca, y las aguas se resumian poco á poco en la arena. El arroio bajaba de la sierra, y denota ser de bastante caudal en tiempo de lluvias sus orillas son mui frondosas se le puso nombre de Santiago á este sitio.[16]

A Santiago 3 leguas. De San Diego 32 leguas.

12. Crespi: «Por haber llegado á este paraje hoy, dia de San Francisco Solano, apóstol de la América, le pusimos su nombre».
13. Tomato Spring, al borde de Santiago Hills, como una milla al nordeste de El Toro Marine Corps Air Station.
14. "Padre Gómez's Watering-place."
15. En los cerros al nordeste de Orange.
16. Crespi: «Si le puso el nombre del santo apóstol y patron de las Españas el Señor Santiago». Todavía se llama Santiago Creek.

To San Francisco Solano, 3 leagues. From San Diego, 26 leagues.

Tuesday, 25 July.—We rested in the canyon described, which we called the Cañada de San Francisco Solano.[12] Early in the morning the scouts set out to examine the country; they returned in the afternoon with news of having found a watering-place, but at a distance of six leagues or a bit more.

Wednesday, 26 July.—We left San Francisco Solano after midday, having taken the precaution to water the animals. We directed our course to the northwest, over mounds of earth, moderately high and passable, until we descended to a very extensive plain, of which the limit could not be discerned by the eye. After three leagues we halted close to a very small watering-place; it was scarcely sufficient for the people.[13] We called it the Aguage del Padre Gómez[14] because it was discovered by this missionary father who was of our company.

To the Aguage del Padre Gómez, 3 leagues. From San Diego, 29 leagues.

Thursday, 27 July.—In the morning we broke camp at the watering-place above mentioned, and, crossing the plain in the direction of the northwest, we arrived, after three leagues, at the watering-place, which was a stream of very good running water.[15] One could see, however, that it was diminishing each day on account of the dry season, the water gradually sinking into the sand. The stream descended from the range, and appeared to have a considerable flow in the rainy season. Its banks are very luxuriant. To this place we gave the name of Santiago.[16]

To Santiago, 3 leagues. From San Diego, 32 leagues.

---

12. Crespi: "Because we arrived at this place today, the day of San Francisco Solano, Apostle of America, we gave it his name."
13. Tomato Spring, at the edge of the Santiago Hills, about a mile northeast of the El Toro Marine Corps Air Station.
14. "Padre Gómez's Watering-place."
15. In the hills northeast of Orange.
16. Crespi: "It was given the name of the holy apostle and patron of the Spains, Santiago." Still named Santiago Creek.

Viernes 28 de Julio.—Del parage de Santiago fuimos a otro de que
dieron razon los exploradores, poco distante á la verdad pues llegamos
á la hora de marcha, es un rio hermoso y de grandes avenidas en tiempo
de aguas, segun se hecha de ver por su caja y las arenas de los costados,
tiene mucha arboleda de sauces, y es sitio de mui buenas tierras que
todas pueden ser de regadio á mucha distancia.

Campamos sobre la izquierda del rio: á la derecha del mismo ay una
numerosa rancheria de indios que nos recibieron con mucha afavilidad:
vinieron cinquenta y dos de entre ellos al real y su capitan ó cazique nos
dijo por señas, que comprehendimos facilmente acompañadas de
muchas instancias, que nos quedasemos a vivir con ellos, que
proveerían á nuestra subsistencia, con berrendos, liebres, ó semillas;
que las tierras que vehiamos eran suias y las repartirían con nosotros.

Experimentamos en este parage un horroroso terremoto que
repitio quatro vezes en el dia: el primer movimiento ó temblor sucedió
a la una de la tarde, y fué el mas violento, el ultimo como a las quatro y
media: uno de los gentiles que sin duda haría entre ellos el oficio de
sacerdote estaba á la sazon en el real, y aturdidos del suceso, no menos
que nosotros empezó con vozes orrorosas y grandes demostraciones de
espanto, á deprecar al cielo, volviendose á todos vientos, y haciendo
como que conjuraba los tiempos. Pusimosle nombre al sitio de Rio de
los Temblores.[17]

Al Rio de los Temblores 1 legua. De San Diego 33 leguas.

Savado 29 de Julio.—A las dos de la tarde nos pusimos en marcha
del Rio de los Temblores: caminamos dos leguas dexando la llanura, y
apartandonos de la marina para entrar en la sierra temiendo falta de
agua en el llano. No tuvimos agua para la cavallada pero havía la
suficiente para la gente en unos ojitos ó pozitos de una cañada angosta
pegados a una ranchería de gentiles. Los indios de esta ranchería
estaban de fiesta y baile al que havian convidado a sus vezinos los del
Rio de los Temblores.

---

17. "Earthquake River." Crespi: «Púsose á este sitio dulcísimo nombre de *Jesus
de los Temblores*. . . . Este rio es conocido de los soldados por el de *Santa
Ana*». Todavía es Santa Ana River. Acamparon al este de Anaheim, cerca de
Olive.

Friday, 28 July.—From Santiago we went to another place of which the scouts gave us particulars. It was not far, in truth, since we arrived after an hour's march. It is a beautiful river, and carries great floods in the rainy season, as is apparent from its bed and the sand along its banks. This place has many groves of willows and very good soil, all of which can be irrigated for a great distance.

We pitched our camp on the left bank of the river. To the right there is a populous Indian village; the inhabitants received us with great kindness. Fifty-two of them came to our quarters, and their captain or cacique asked us by signs which we understood easily, accompanied by many entreaties, to remain there and live with them. [He said] that they would provide antelopes, hares, or seeds for our subsistence, that the lands which we saw were theirs, and that they would share them with us.

At this place we experienced a terrible earthquake, which was repeated four times during the day. The first vibration or shock occurred at one o'clock in the afternoon, and was the most violent; the last took place at about half-past four. One of the natives who, no doubt, held the office of priest among them, was at that time in the camp. Bewildered, no less than we, by the event, he began, with horrible cries and great manifestations of terror, to entreat the heavens, turning in all directions, and acting as though he would exorcise the elements. To this place we gave the name of Río de los Temblores.[17]

To the Río de los Temblores, 1 league. From San Diego, 33 leagues.

Saturday, 29 July.—At two o'clock in the afternoon, we started from the Río de los Temblores. We traveled for two leagues, leaving the level country and the coast to enter the mountains, as we feared a lack of water in the plain. We found no water for the animals, but there was sufficient for the people in some little springs or small pools in a narrow canyon close to a native village. The Indians of this village were holding a feast and dance, to which they had invited their neighbors of the Río de los Temblores.

---

17. "Earthquake River." Crespi: "I called this place the sweet name of Jesús de los Temblores. . . . This river is known to the soldiers as the Santa Ana." It is still the Santa Ana River. The camping place was east of Anaheim, near Olive.

A Los Ojitos[18] 2 leguas. De San Diego 35 leguas.

Domingo 30 de Julio.—Salimos de Los Ojitos en donde huvo repeticion de temblor no mui fuerte, a las seis y media de la mañana. Atravesamos la llanura por el rumbo del norte, arrimandonos cada vez mas á la sierra. Encumbramos unas lomas bastante dobladas y altas,[19] para bajar, luego a un valle mui espacioso y ameno, abundante de aguas unas corrientes en profundas zanjas, otras embalsadas á modo de cienegas. Tendrá este valle cerca de tres leguas de ancho, y mucho mas de largo: sentámos el real junto a una zanja de agua corriente, cubiertas sus orillas de berros, y cominos: dimosle nombre de Valle de San Miguel[20] distará como quatro leguas de Los Ojitos. En la tarde se sintió nuevo temblor.

Al Valle de San Miguel 4 leguas. De San Diego 39 leguas.

Lunes 31 de Julio.—Dejamos el expresado campamento, a las siete de la mañana, y pasando la zanja en que huvimos de echar puente, a causa de su profunidad; caminamos dos leguas al oesnoroeste por entre pajonales y monte bajo, que nos detuvieron mucho tiempo siendo preciso desmontar a cada paso que se daba, atravesamos un arroio de agua corriente mui atascoso; y campamos algo mas adelante en paraje despejado, y claro dentro del mismo valle, é immediatos a un boquete que se miraba al poniente.[21] A las ocho y media de la mañana sentimos otro temblor fuerte.

Por el mismo Valle de San Miguel 2 leguas. De San Diego 41 leguas.

---

18. "Little Springs." En La Brea Canyon, al norte de Fullerton.
19. Los Puente Hills, probablemente en la ruta que sigue Hacienda Boulevard hoy día.
20. Que hoy día se llama San Gabriel Valley. Acamparon cerca del pueblo de Bassett.
21. La expedición acampó al norte de Whittier Narrows.

To Los Ojitos,[18] *2 leagues. From San Diego, 35 leagues.*

Sunday, 30 July.—We left Los Ojitos, where there was another earthquake of no great violence, at half-past six in the morning. We crossed the plain in a northerly direction, steadily approaching the mountains. We ascended some hills which were quite rugged and high;[19] afterwards we descended to a very extensive and pleasant valley where there was an abundance of water, part of it running in deep ditches, part of it standing so as to form marshes. This valley must be nearly three leagues in width and very much more in length. We pitched our camp near a ditch of running water, its banks covered with watercress and cumin. We gave this place the name of Valle de San Miguel.[20] It is, perhaps, about four leagues from Los Ojitos. In the afternoon we felt another earthquake.

To the Valle de San Miguel, 4 leagues. From San Diego, 39 leagues.

Monday, 31 July.—We left this camping-place at seven o'clock in the morning, and, crossing the ditch over which we had to lay a bridge on account of the depth, we traveled for two leagues to the west-northwest through fields of dry grass and thickets, which detained us for a long time as it was necessary to clear a path at every step. We crossed a very muddy stream and camped farther on in an open clear spot in the same valley, and close to a gap which was seen to the west.[21] At half-past eight in the morning we experienced another violent earthquake.

Through the same Valle de San Miguel, 2 leagues. From San Diego, 41 leagues.

---

18. "Little Springs." The site was in La Brea Canyon, north of Fullerton.
19. The Puente Hills, probably on the route now followed by Hacienda Boulevard.
20. Now the San Gabriel Valley. The camp was near the community of Bassett.
21. The party camped north of the Whittier Narrows.

Martes 1⁰ Agosto.—En este día hizimos descanso, y fueron los exploradores á reconocer el pais.

A las diez del día tembló la tierra; repitió con fuerza el temblor a la una de la tarde, y una hora despues experimentamos otro. Pidieron licencia algunos soldados para ir a cazar montados en sus cavallos, y otros a pié con la mira de matar algun berrendo, porque se havian dejado ver muchos de estos animales; que son una especie de cabras montesas, y tienen la frente armada de llaves algo maiores que las cabras: dixeron estos soldados a su buelta, haver visto un rio de hermosa agua de diez y seis a diez y siete varas de ancho que nace junto al boquete del valle a la parte del medio dia, y al pié de una loma que estaba a vista del campamento distante media legua a lo sumo.[1]

Miercoles 2 de Agosto.—En la mañana movimos el real y caminando á poniente, salimos del valle por una abra formada entre lomas bajas: entrámos despues en una cañada bastante espaciosa con mucha arboleda de alamos y alisos, entre los quales corría un hermoso rio por el rumbo del nornoroeste, y doblando la punta de un cerrito acantilado seguia despues para el sur.[2]

A la parte del nornordeste se dejaba ver otra caja ó madre de rio que formaba una espaciosa rambla pero estaba en seco:[3] uniase esta caja con la del rio, dando claros indicios de sus grandes avenidas en tiempo de lluvias; porque tenía muchos troncos de arboles y basura sobre los costados paramos en este sitio que huvo nombre de La Porciuncula. Aqui se experimentaron tres temblores consecutibos en la tarde y en la noche.

Al Rio de la Porciuncula 2 leguas. De San Diego 43 leguas.

---

1. Crespi: «Este dia fué de descanso á fin de esplorar y principalmente para ganar el jubileo de Nuestra Señora de los Angeles de Porciúncula». Este es el origen del nombre de la ciudad de Los Angeles. El «Pueblo de Los Ángeles» se fundó en 1781.
2. La expedición había llegado a Los Angeles River cerca de donde North Broadway cruza el río. El «cerrito acantilado» es el área al sudeste de Elysian Park, unos tres cuartos de milla al este de Dodger Stadium.
3. Arroyo Seco.

Tuesday, 1 August.—We rested today, and the scouts went out to explore the country.

At ten o'clock in the morning there was an earthquake, which was repeated with violence at one o'clock in the afternoon; and one hour afterwards we experienced another shock. Some of the soldiers asked permission to go hunting mounted on their horses and others [to go] on foot, with the intention of killing some antelopes, as many of these animals had been seen. They are a species of wild goat with horns somewhat larger than those of the goats. These soldiers, on their return, said that they had seen a river of fine water—from sixteen to seventeen yards wide—that rises near the gap of the valley to the south, and at the foot of a low hill that was in sight of our camp, and, at the most, half a league distant.[1]

Wednesday, 2 August.—In the morning we broke camp, and traveling towards the west, we left the valley by an opening formed between low hills. Later we entered quite an extensive canyon containing many poplars and alders, among which a beautiful river flowed from the north-northwest, and turning the point of a small steep hill it afterwards continued its course to the south.[2]

To the north-northeast one could see another watercourse or river bed that formed a wide ravine, but it was dry.[3] This watercourse joined that of the river, and gave clear indications of heavy floods during the rainy season, as it had many branches of trees and debris on its sides. We halted at this place, which was named La Porciúncula. Here we felt three successive earthquakes during the afternoon and night.

To the Río de la Porciúncula, 2 leagues. From San Diego, 43 leagues.

---

1. Crespi: "This day was one of rest, for the purpose of exploring, and especially to celebrate the jubilee of Our Lady of Los Angeles de Porciúncula." This is the origin of the name for Los Angeles. The *Pueblo de Los Angeles* was founded in 1781
2. The party was at the Los Angeles River, approximately where North Broadway bridges the stream. The "small steep hill" is the southeastern portion of Elysian Park—about three-fourths of a mile east of Dodger Stadium.
3. Arroyo Seco ("Dry Gully").

Jueves 3 de Agosto.—Badeamos el Rio de la Porciuncula que baja con mucha rapidéz de la cañada por donde desemboca de la sierra para entrar en el llano: tomanos el rumbo del oessuduoeste por tierra alta y llana y á las tres leguas de marcha llegamos a el aguage que recibio nombre del Ojo de Agua de los Alisos,[4] era este un manantial grande dentro de un bagial de donde se levantaban corpulentisimos arboles de esta especie; y estaba cubierto de zacatal y olorosas yerbas, y berros: corría despues el agua por una zanja profunda hacia el suduoeste todas las tierras que vimos en esta jornada, nos parecieron admirables para producir toda especie de granos, y frutos: hallámos sobre nuestro camino a toda una ranchería de indios gentiles que iban cosechando sus semillas por el llano.

En la tarde se hicieron sentir nuebos temblores cuia continuacion nos tenia atonitos; huvo quien se persuadiese que en la cerranía que teníamos delante que corría para el oeste habría grandes bolcanes, de cuios indicios hallamos bastantes señas, sobre el camino que media entre el Rio de la Porciuncula, y el Ojo de Agua de los Alisos; porque vieron los exploradores unos pantanos grandes de cierto material como pez arrimados a la sierra, que estaban hirviendo á borbollones.[5]

Al Ojo de Agua de Alisos 3 leguas. De San Diego 46 leguas.

Viernes 4 de Agosto.—Del Ojo de Agua de los Alisos, costeando la sierra por buen camino, llano y cubierto de pastos fuimos a dar a los Ojos de Agua del Berrendo[6] nombre que le pusimos por haver cogido vivo a uno de estos animales, a quien la tarde del antecendente día havía roto una pierna de un fusilaso un soldado de los voluntarios, y no le pudo dar alcance. Estaba el aguage en una hoyanca rodeada de lomas bajas cerca de la marina,[7] hallamos en este sitio a una ranchería de

---

4. "Alder (or Sycamore) Springs," más o menos en La Cienega Park, en La Cienega Boulevard entre Olympic Boulevard y Gregory Way. «Ojo de agua» se usaba a veces en vez de manantial: una apertura en la tierra de donde brotaba agua.
5. La Brea Tar Pits.
6. "Antelope Springs."
7. Cerca del Veterans Administration Center. Algunos piensan que queda en los terrenos de University High School en West Los Angeles.

Thursday, 3 August.—We forded the Río de la Porciúncula, which descends with great rapidity from the canyon through which it leaves the mountains and enters the plain. We directed our course to the west-southwest over high level ground and, after a march of three leagues, we reached the watering-place, to which we gave the name of the Ojo de Agua de los Alisos.[4] This was a large spring situated in a marshy place where there stood some alder trees of very large girth; the marsh was covered with grass, fragrant plants, and watercress. Hence the water flowed through a deep ditch towards the southwest. All the country that we saw on this day's march appeared to us most suitable for the production of all kinds of grain and fruits. On our way we met the entire population of an Indian village engaged in harvesting seeds on the plain.

In the afternoon there were other earthquakes; the frequency of them amazed us. Someone was convinced that there were large volcanoes in the mountain range that lay in front of us extending towards the west. We found sufficient indications of this on the road that lies between the Río de la Porciúncula and the Ojo de Agua de los Alisos, as the scouts saw, adjoining the mountains, some large swamps of a certain material like pitch which was bubbling up.[5]

To the Ojo de Agua de los Alisos, 3 leagues. From San Diego, 46 leagues.

Friday, 4 August.—From the Ojo de Agua de los Alisos, skirting the mountains, over a good level road covered with grass, we reached the Ojos de Agua del Berrendo,[6] a name we gave the place because we caught there one of these animals alive—its leg had been broken on the preceding afternoon by a musket-shot from a volunteer soldier who had not been able to overtake it. The watering-place was situated in a hollow surrounded by low hills near the seacoast.[7] Here we found an

---

4. "Alder (or Sycamore) Springs," approximately at La Cienega Park, on La Cienega Boulevard between Olympic Boulevard and Gregory Way. The phrase *ojo de agua* ("eye of water") was often used in naming springs: an eye in the ground, whence water flowed or seeped.
5. The La Brea Tar Pits.
6. "Antelope Springs."
7. In the vicinity of the Veterans Administration Center. Thought by some to be on the grounds of the University High School in West Los Angeles.

gentiles mui afables: acudieron luego al alojamiento con bateas de
semillas nuezes y bellotas a cuio regalo correspondimos con nuestras
sartas de vidrio que estiman en mucho.

Al Ojo de Agua del Berrendo 2 leguas. De San Diego 48 leguas.

Savado 5 de Agosto.—Los exploradores que salieron a reconocer la
costa, y camino de la plaia, bolvieron brebe con noticia de haver llegado
hasta un cantil mui alto tajado á la mar[8] en donde remata la sierra
cerrando absolutamente el paso de la marina: esto nos preciso a buscar-
lo por la sierra, y se halló aunque aspero y penoso.

Salimos pues de los Ojos del Berrendo en la tarde, y dirigiendonos
para al noroeste hacia donde la cerranía parecía dar puerto, entramos
en ella por un cañon formado de cerros acantilados a una, y otra parte;[9]
pero al remate de el eran algo mas accesibles, y nos permitieron tomar
la ladera y subir con travajo a la cumbre desde donde divisamos un
valle mui ameno, y espacioso bajamos á el y paramos junto al aguage
que era una poza mui grande havía cerca de ella una numerosa
ranchería de gentiles mui afables y mansos ofrecieronnos sus semillas
en bateas ó coraz de juncos y vinieron al real en tanto numero, que á
venir con armas pudieran darnos recelo, pues contamos hasta doscientos y cinco juntos entre hombres mujeres y niños: todos presentaban
algo de comer; y les correspondimos con nuestros abalorios, y cintas.
Hizimos tres leguas en esta jornada y dimos nombre al valle de Santa
Catalina, tiene cerca de tres leguas de ancho y mas de ocho de largo
todo rodeado de montes.[10]

Al valle de Santa Catalina ó de los Encinos[11] *3 leguas. De San Diego
51 leguas.*

---

8. En la playa al noroeste de Santa Monica—en Pacific Palisades.
9. Sepulveda Canyon.
10. San Fernando Valley.
11. "Live Oak Valley." En Los Encinos State Historical Park, Encino.

Indian village [and the inhabitants were] very good-natured. They came at once to our quarters with trays of seeds, nuts, and acorns; to these presents we responded with our strings of glass beads, which they hold in high esteem.

> *To the Ojo de Agua del Berrendo, 2 leagues. From San Diego,*
> *48 leagues.*

Saturday, 5 August.—The scouts who had set out to examine the coast and the road along the beach returned shortly afterwards with the news of having reached a high, steep cliff, terminating in the sea where the mountains end, absolutely cutting off the passage along the shore.[8] This forced us to seek a way through the mountains, and we found it, although it was rough and difficult. We then set out from the Ojos del Berrendo in the afternoon, and, directing our course to the northwest towards the point where there appeared to be an opening in the range, we entered the mountains through a canyon formed by steep hills on both sides.[9] At the end of the canyon, however, the hills were somewhat more accessible and permitted us to take the slope and, with much labor, to ascend to the summit, whence we discerned a very large and pleasant valley. We descended to it and halted near the watering-place, which consisted of a very large pool. Near this there was a populous Indian village, [and the inhabitants were] very good-natured and peaceful. They offered us their seeds in trays or baskets of rushes, and came to the camp in such numbers that, had they been armed, they might have caused us apprehension, as we counted as many as two hundred and five, including men, women, and children. All of them offered us something to eat, and we, in turn, gave them our glass beads and ribbons. We made three leagues on this day's journey. To the valley we gave the name of Santa Catalina; it is about three leagues in width and more than eight in length, and is entirely surrounded by hills.[10]

> *To the Valle de Santa Catalina, or Valle de los Encinos,[11] 3 leagues.*
> *From San Diego, 51 leagues.*

---

8. At the beach northwest of Santa Monica—at Pacific Palisades.
9. Sepulveda Canyon.
10. The San Fernando Valley.
11. "Live Oak Valley." At the Los Encinos State Historical Park in Encino.

Domingo 6 de Agosto.—En este día descansamos, y recibimos innumerables visitas de gentiles que vinieron a vernos de diferentes
partes: tenian noticia de la navegacion de los pacabotes sobre la costa
y canal de Santa Barbara[12] descrivían en el suelo la figura ó carta de la
canal con sus islas, trasando la derrota de nuestras embarcaciones:
digeronnos tambien que havían entrado en su tierra en otros tiempos
gente barbada y vestida y armada como nosotros indicando que havian
venido del oriente. Uno de ellos refirio haver llegado hasta sus tierras
y visto lugares o poblaciones formadas de casas grandes y que cada
familia ocupaba la suia: añadió a mas de esto que a pocas jornadas como
de siete a ocho para el norte llegaríamos a un rio grande que corría
entre asperos montes, y no podía vadearse que mas adelante veríamos
la mar que nos estovaría seguir nuestro viage por aquel rumbo; pero
dexamos la verificazion de noticias de estos geografos al informe de
nuestros ojos.

Lunes 7 de Agosto.—Atravesamos el Valle de Santa Catalina que
tiene cerca de trese leguas de ancho, y fuimos a campar al pié de la
sierra que havíamos de penetrar el día siguiente:[13] huvo agua sobrada
para la gente mui poca para las bestias entre unos juncos y enea.

Por el mismo Valle de los Enzinos 3 leguas. De San Diego 54 leguas.

Martes 8 de Agosto.—Entramos en la sierra compuesto ya el
camino por los gastadores que se mandaron por delante mui de
madrugada: parte de él lo hizimos por una cañada angosta, y parte por
cerros altisimos de tierra muerta cuia subida y bajada fué arto penosa
para los animales, bajamos despues a un vallesito en que havía una
ranchería de gentiles cuia gente nos embio mensageros al Valle de
Santa Catalina, y guias que nos enseñasen el mejor camino y paso de la
sierra. Tenian estos pobres indios un grande refresco prevenido para
recibirnos, y viendo que nuestra intencion era de pasar adelante para

---

12. "Santa Barbara Channel."
13. Al noroeste de la misión San Fernando.

Sunday, 6 August.—We rested today, and received innumerable visits from natives who came from various parts to see us. They had information of the appearance of the packets on the coast of the Canal de Santa Bárbara.[12] They drew on the ground the outline or map of the channel and its islands, tracing the course of our ships. They also told us that, in former times, there had come to their country bearded people, dressed and armed like ourselves, indicating that they had come from the east. One of the natives related that he had been as far as their lands, and had seen places or towns composed of large houses, and that each family occupied one of its own. He added further, that at the distance of a few days' march—about seven or eight—to the north we would arrive at a large river, which flowed between rugged mountains and could not be forded; and that farther on we would see the ocean, which would hinder us from continuing our journey in that direction. However, we left the verification of these geographers to the test of our own eyes.

Monday, 7 August.—We crossed the Valle de Santa Catalina, which is nearly three leagues wide, and pitched our camp at the foot of the mountains that we had to enter on the following day.[13] There was, among rushes and reeds, more than enough water for the people, but very little for the animals.

Through the same Valle de los Encinos, 3 leagues. From San Diego, 54 leagues.

Tuesday, 8 August.—We entered the mountain range, the road having been already marked out by the pioneers who had been sent ahead very early in the morning. Part of the way we traveled through a narrow canyon, and part over very high hills of barren soil, the ascent and descent of which were exceedingly difficult for the animals. We descended afterwards to a little valley where there was an Indian village; the inhabitants had sent us messengers to the Valle de Santa Catalina, and guides to show us the best trail and pass through the range. These poor fellows had prepared refreshments for our recep-

---

12. "Santa Barbara Channel."
13. Northwest of the site of Mission San Fernando.

no perder la jornada, nos hicieron las mas vivas instancias para obligar-
nos á llegar hasta su ranchería que estaba á un lado del camino huvimos
de condescender a sus ruegos para no desairarlos: disfrutamos su
buena voluntad y regalo que consistía en semillas vellotas y nuezes
dieronnos á mas otros guias que nos condujesen al aguage de que nos
dieron noticia llegamos á el ya tarde, y fué la jornada de quatro
leguas.[14]

El terreno desde la ranchería al aguage es alegre y vistoso en la
llanura; aunque los montes que rodean esta son pelados, y asperos: en
el llano vimos mucha arboleda de alamos y robles mui crecidos y corpulentos: era el aguage un arroyo de mucha agua que corría dentro de
una cañada medianamente ancha con mucha arboleda de sauces, y
alamos,[15] havía cerca del parage en que campamos una numerosa
ranchería de indios que vivian sin mas abrigo que una ligera enramada
en forma de corral, por cuia razon le pusieron los soldados a todo el sitio
la Rancheria del Corral.[16]

A la Rancheria del Corral 4 leguas. De San Diego 58 leguas.

Miercoles 9 de Agosto.—Teníamos delante de los ojos inmensas
cordilleras de montañas que necessariamente havíamos de penetrar, si
queríamos seguir el rumbo del norte ó noroeste que eran los mas
ventajosos, y hacían a nuestro viage; pero temiamos que quanto mas
nos internasemos en el pais, no fuesen maiores las dificultades, y no nos
apartasemos demasiadamente de la plaia; resolviose pues seguir la
cañada en que nos hallabamos campados, y el curso del arroio hasta la
mar si fuese dable; a cuio efecto los exploradores que se despacharon
temprano en la mañana llevaron orden de alargarse quanto pudiesen
para reconocer si se ofrecían algunos obstaculos en el camino, con cuio
motivo descansó la gente y la requa este dia.

---

14. Ese día la expedición cruzó San Fernando Pass hacia Newhall y de allí
    continuó hacia el noroeste y acampó cerca de Castaic Junction.
15. Santa Clara River, bautizado así por Crespi el 9 de agosto.
16. "Corral Village."

tion, and, as they saw that it was our intention to move on so as not to interrupt the day's march, they made the most earnest entreaties to induce us to visit their village, which was off the road. We had to comply with their requests so as not to disappoint them. We enjoyed their hospitality and bounty, which consisted of seeds, acorns, and nuts. Furthermore, they furnished us other guides to take us to the watering-place, about which they gave us information. We reached it quite late. The day's march was four leagues.[14]

The country from the village to the watering-place is pleasing and picturesque on the plain, although the surrounding mountains are bare and rugged. On the plain we saw many groves of poplars and white oaks, which were very tall and large. The watering-place consisted of a stream, containing much water, that flowed in a moderately wide canyon where there were many willows and poplars.[15] Near the place in which we camped there was a populous Indian village; the inhabitants lived without other protection than a light shelter of branches in the form of an inclosure; for this reason the soldiers gave to the whole place the name of the Ranchería del Corral.[16]

To the Ranchería del Corral, 4 leagues. From San Diego, 58 leagues.

Wednesday, 9 August.—Before our eyes extended vast mountain chains which, we had necessarily to enter if we wished to continue our course to the north or northwest, since these were the directions most advantageous and most convenient for our journey. We feared that the more we penetrated into the country the greater the difficulties might be, and that we might be led very far from the coast. It was decided, therefore, to follow the canyon in which we had camped, and the course of the stream, if possible, as far as the sea. To this purpose the scouts, who had been sent out early in the morning, had orders to proceed as far as they could, and to find out if there were any obstacles on the road. For this reason the people and animals rested today.

---

14. This day the party crossed San Fernando Pass to Newhall, then proceeded northwest and camped near Castaic Junction.
15. The Santa Clara River, so named by Crespi on August 9.
16. "Corral Village."

Vinieron al real multitud de indios con regalo de semillas, bellotas, y panales de miel de carrizo; gente mui afable y cariñosa: esplicabanse admirablemente bien por señas, y comprehendían quanto les decíamos por igual termino: assi nos dieron á entender que el camino de la tierra adentro era mui montuoso y aspero, que el de la plaia era llano y accesible; que si íbamos por el interior del pais pasaríamos cinco sierras con otros tantos valles y que a la bajada de la ultima, tendríamos que pasar un rio caudaloso y rapido, que bajaba encañonado.

Bolvieron en la noche los exploradores, y digeron ser tierra llana abundante de agua y pastos, la que daba paso á la marina, bien que no havian podido divisar la mar, sin embargo de haverse adelantado como seis leguas siguiendo la direccion de la cañada.

Jueves 10 de Agosto.—Hizimos tres leguas por dentro de la cañada que corría para el oessuduoeste, todo este tramo: paramos á la orilla del arroio que corría con bastante caudal a nuestro arribo, y se secó luego con la fuerza del sol, conforme los exploradores nos dixeron haver experimentado el día antecendente particularidad que observamos despues en otros arroios que corrían de noche y secaban de día.

Toda la tierra de esta cañada, es mui fofa, falsa y blanquisca, undíanse en ella las bestias á cada paso recibió nombre esta cañada de Santa Clara.[17]

Por la Cañada de Santa Clara 3 leguas. De San Diego 61 leguas.

Viernes 11 de Agosto.—Mui de mañana nos pusimos en marcha corría aun la cañada al proprio rumbo del oessuduoeste: a las tres leguas paramos en la immediacion de una ranchería numerosa sobre la orilla de otro arroio de agua corriente[18] que sale de la sierra por un cañon angosto y derrama en la Cañada de Santa Clara que en este

---

17. Estaban ahora en Ventura County, cerca de Camulos Rancho, aproximadamente dos millas al este de Piru.
18. Sespe Creek, un poco al oeste del actual Fillmore.

A multitude of Indians came to the camp with presents of seeds, acorns, and honeycombs formed on frames of cane. They were a very good-natured and affectionate people. They expressed themselves admirably by signs, and understood all that we said to them in the same manner. Thus they gave us to understand that the road inland was very mountainous and rough, while that along the coast was level and easy of access; that if we went through the interior of the country we would have to pass over five mountain ranges, and as many valleys, and that on descending the last range we would have to cross a full and rapid river that flowed between steep banks.

During the night the scouts returned and reported that the land that led to the coast was level and contained plenty of water and pasture; they had not been able to see the ocean, although they had traveled for about six leagues following the course of the canyon.

Thursday, 10 August.—We traveled for three leagues through the canyon, which still ran in the same direction—west-southwest. We halted on the bank of the stream, which, at the time of our arrival, flowed with considerable volume, but, shortly after, dried up with the heat of the sun—just as the scouts told us they had noticed on the previous day. This peculiarity we afterwards observed in other streams; they flowed by night and became dry by day.

All the soil of this canyon is very boggy, treacherous, and of a whitish color; the animals sank into it at every step. This canyon was given the name of Santa Clara.[17]

> Through the Cañada de Santa Clara, 3 leagues. From San Diego, 61 leagues.

Friday, 11 August.—We set out very early in the morning; the canyon still ran in the same direction—west-southwest. After three leagues we halted near a populous village situated on another stream of running water.[18] This emerges from the range through a narrow gorge and empties into the Cañada de Santa Clara, which at this point

---

17. They were now in Ventura County, near the Camulos Ranch, approximately two miles east of Piru.
18. Sespe Creek, just west of present-day Fillmore.

parage tiene maior anchura. Pasaría esta ranchería de doscientas almas, y vivian sin mas abrigo que los del corral esto es dentro de otra enrramada semejante.

Vinieron en la tarde, siete capitanes ó caziques, con numeroso acompañamiento de indios de arcos y flechas, pero sueltas las cuerdas de los arcos en señal de paz: trahían un regalo abundante de semillas, bellotas, nuezes, y piñoles que estendieron delante de nosotros: los capitanes informandose de quien venía mandandonos, ofrecieron con distincion al comandante y a sus oficales, diferentes collares de unas piedrecitas blancas, y negras cuia solidéz y materia se asemeja mucho al coral, y solo difiere de él en el color: pasarían tal vez de quinientos hombres los gentiles que se dejaron ver en este día.

Por la Cañada de Santa Clara 3 l3guas. De San Diego 64 leguas.

Savado 12 de Agosto.—En la tarde movimos el real y siguiendo siempre la cañada por camino quebrado de arroios y zanjones formados de las vertientes de la serranía que desagua por ellos en tiempo de llubias, parámos sobre uno de ellos que trahía aun bastante agua:[19] hizimos tres leguas en esta jornada.

Vinieron algunos gentiles de una ranchería que teníamos á la vista con sus bateas de semillas y piñones que nos ofrecieron con la misma generosidad y voluntad que los pasados.

Por la Cañada de Santa Clara 3 leguas. De San Diego 67 leguas.

Domingo 13 de Agosto.—Hizimos dos leguas bajando siempre por la cañada con deseos de llegar a la plaia que ya crehíamos cerca. Sentamos el real á corta distancia del arroio, que con mas propriedad llamarémos en adelante rio respecto del caudal con que corre por este parage y que le tributan diferentes arroios que caen en él, por una y otra parte de la cañada.[20]

---

19. Cerca de Santa Paula.
20. Cerca de Saticoy.

has a greater width. This village must contain over two hundred souls, who live with no better protection than the Indians of the [Ranchería del] Corral, that is to say, within a similar inclosure of branches.

In the afternoon, seven chiefs or caciques came with a large following of Indians armed with bows and arrows, but with the bowstrings loosened in sign of peace. They brought generous presents of seeds, acorns, nuts, and pine nuts, which they spread out before us. The chiefs inquired who was in command of us, and offered to the commander and his officers, as a mark of distinction, various necklaces of some little black and white stones; in hardness and substance they greatly resemble coral, and only differ from it in color. Today we have probably seen more than five hundred Indians.

Through the Cañada de Santa Clara, 3 leagues. From San Diego, 64 leagues.

Saturday, 12 August.—In the afternoon we broke camp, and steadily followed the canyon over a road broken by streams and gullies formed by the watershed of the mountain range, which is drained by them during the rainy season. We halted on the bank of one of them, which still carried a considerable amount of water.[19] We covered three leagues on this day's march. Some natives from a village within sight came with their trays of seeds and pine nuts; these they offered us with the same liberality and willingness as the others.

Through the Cañada de Santa Clara, 3 leagues. From San Diego, 67 leagues.

Sunday, 13 August.—We marched for two leagues, steadily descending the canyon with the intention of reaching the coast, which we presumed to be already near. We pitched our camp at a short distance from the stream—henceforth we shall call it, with greater propriety, a river, on account of its volume at this place, increased by various streams that empty into it on both sides of the canyon.[20]

---

19. Near Santa Paula.
20. Near Saticoy.

Desde este sitio descubrímos un espacioso llano que se estendía
para el sur, y poniente hasta la mar cubierto de pastos, y con alguna
arboleda: havía cerca de nuestro campamento una ranchería mui corta
de gentiles alojados en sus chozas cubiertas de zacate de forma esferica
como una media naranja con su respiradero en lo alto por donde
entraba la luz y tenía salida el humo.

Por la Cañada de Santa Clara 2 leguas. De San Diego 69 leguas.

Lunes 14 de Agosto.—Movimos el real en la mañana dirigiendo
nuestro camino al oessuduoeste por espacio de dos leguas: llegamos a
la marina, y se nos ofrecío a la vista un pueblo formal el mas numeroso
y coordinado de quantos hasta entonces huviesemos visto, situado
sobre una lengua ó punta de tierra en la misma plaia que estaba
señoreando y parecía dominar las aguas: contamos hasta treinta casas
grandes y capaces de forma esferica bien construidas y techadas de
zacate: nos hizimos el cargo por el gran numero de gente que salió á
recibirnos, y acudió despues al real, que ni bajaría de quatrocientas
almas.

Son estos gentiles de buen talle y disposicion, mui agiles y sueltos,
aplicados é ingeniosos: su destresa y avilidad sobresale en la construc-
cion de sus canoas hechas de buenas tablas de pino, bien ligadas y
calafateadas, y de una forma graciosa: manejan estas con igual maña
y salen mar afuera a pescar en ellas tres ó quatro hombres siendo
capaces de cargar hasta ocho ó diez: vsan remos largos de dos palas
y vogan con indecible ligereza y velocidad: todas sus obras son
primorosas y bien acavadas; pero lo mas digno de admiracion, es que
para labrar la madera y la piedra no tienen otros instrumentos que de
pedernal ignorando el uso del fierro y del acero, ó conociendo mui poco
la suma utilidad de estas materias, porque no dexamos de ver entre
ellos algunos pedazos de cuchillos, y ojas de espada que no empleavan
á otra cosa que á cortar carne, ó abrir el pescado que sacaban del mar:
vimos y les rescatamos mediante nuestras sartas de vidrio, y otros
dixes, unas coras ó bateas de junco con varios labores; platos y xicaras
de madera hechas de una pieza, de diferentes formas, y tamaños que ni
hechas al torno saldrían mas airosas

Nos regalaron cantidad de pescado con especialidad del que llaman
bonito (era entonces el tiempo de su pesca segun la facilidad con que lo

From this place we observed a spacious plain, covered with grass and with some trees, extending to the south and west as far as the sea. Near our camp there was a very small Indian village; the inhabitants lived in huts thatched with grass, of a spherical form like the half of an orange, each having a vent in its upper part through which the light entered and the smoke escaped.

Through the Cañada de Santa Clara, 2 leagues. From San Diego, 69 leagues.

Monday, 14 August.—We broke camp in the morning, directing our course to the west-southwest for a distance of two leagues. We reached the coast, and came in sight of a real town—the most populous and best arranged of all we had seen up to that time—situated on a tongue or point of land, right on the shore, which it was dominating, and it seemed to command the waters. We counted as many as thirty large and capacious houses, spherical in form, well built, and thatched with grass. We judged from the large number of people that came out to meet us, and afterwards flocked to the camp, that there could not be less than four hundred souls in the town.

These natives are well built and of a good disposition, very agile and alert, diligent and skillful. Their handiness and ability were at their best in the construction of their canoes, made of good pine boards, well joined and caulked, and of a pleasing form. They handle these with equal skill, and three or four men go out to sea in them to fish, while they will hold eight or ten men. They use long double-bladed paddles and row with indescribable agility and swiftness. All their work is neat and well finished, but what is most worthy of surprise is that to work the wood and stone they have no other tools than those made of flint; they are ignorant of the use of iron and steel, or know very little of the great utility of these materials, for we saw among them some pieces of knives and sword-blades which they used for no other purpose than to cut meat or open the fish caught in the sea. We saw, and obtained in exchange for strings of glass beads and other trinkets, some baskets or trays made of reeds, with different designs; wooden plates and bowls of different forms and sizes, made of one piece so that not even those turned out in a lathe could be more successful.

They presented us with a quantity of fish, particularly the kind known as *bonito* (this was the season to catch it, judging from the ease

sacaban) de tan buen gusto, y delicado sabor como el que se pesca en las almadrabas de Cartagena de Lebante, y costas de Granada.

El ingeniero que acompañaba á esta expedicion observó sobre la plaia la latitud de este pueblo con el octanta ingles por la altura meridiana del sol de cara á

		grs	ms
dicho astro y halló la altura del limbo inferior de		69 grs	42 ms
Semidiametro del sol addictivo	16 ms		
Por razon de la altura del ojo del observador sobre			
las aguas de seis a siete pies substractivos	3		13 ms
Altura meridiana del centro del astro		69	55
Distancia al zenith		20	5
Declinazion del sol para el meridiano de este lugar de 106 a 107 grados al occidente de la Isla de Fierro al punto del medio dia		14	8
Latitud de dicho pueblo		34	13

Crehimos que este pueblo es el que los primeros navegantes espa-ñoles entre otros Rodriguez Cabrillo nombraron Pueblo de Canoas:[21] nosotros le pusímos nombre de La Asuncion de Nuestra Señora[22] ó La Absunta por haver llegado á él la vispera de esta festividad.

Sentamos el real á corta distancia del pueblo sobre las orillas de un rio que lleva sus aguas hasta la mar, y sale encañonado de la sierra por la vanda del norte.[23]

En la tarde vinieron algunos caziques ó capitanes de la cerranía con su gente á saludarnos. Vinieron tambien diferentes isleños de la Canal de Santa Barbara que por casualidad se hallaban en el Puerto de La Asumpta.

Al Pueblo de La Asunta 2 leguas. De San Diego 71 leguas.

Martes 15 de Agosto.—Salimos en la tarde despues de dar agua a las bestias por havernos dicho los exploradores que no podríamos llegar al

---

21. "The Town of Canoes."
22. "The Assumption of Our Lady." Crespi: «Espero que tan buen sitio que nada le falta, será una buena mision por la intercesion de esta gran Señora». La misión San Buenaventura se fundó aquí en 1782.
23. Ventura River que actualmente corre por la ciudad de Ventura.

with which they took it); it had as good a taste and as delicate a flavor as that caught in the tunny-fisheries of Cartagena de Levante and on the coasts of Granada.

The engineer who accompanied this expedition observed, on the beach, the latitude of this town using the English octant; for the meridian altitude of the sun, facing it, he found the height of the lower limb		69° 42′
Semidiameter of the sun to be added	16′	
In consequence of the observer's eye being six to seven feet above sea level, subtract	3′	13′
Meridian altitude of the center of the sun		69° 55′
Zenith distance		20° 5′
Declination of the sun for the meridian of this place, 106° to 107° west of the Isla de Fierro		14° 8′
Latitude of the town		34° 13′

We thought that this was the town that the first Spanish navigators—among others Rodríguez Cabrillo—named Pueblo de Canoas.[21] We gave it the name of La Asunción de Nuestra Señora,[22] or La Asumpta, because we reached it on the eve of that festival.

We pitched our camp at a short distance from the town on the banks of a river that comes through a narrow gorge from the mountains to the north and carries its waters to the sea.[23]

In the afternoon, some of the caciques or chiefs from the mountains came with their people to welcome us. Different islanders of the Canal de Santa Bárbara, who happened to be in the Pueblo de la Asumpta, also came to visit us.

To the Pueblo de la Asumpta, 2 leagues. From San Diego, 71 leagues.

Tuesday, 15 August.—In the afternoon we set out after watering the animals, because the scouts informed us that we could not reach the

---

21. "The Town of Canoes."
22. "The Assumption of Our Lady." Crespi: "I hope that such a fine site, where nothing is lacking, will become a good mission through the intercession of this great lady." Mission San Buenaventura was founded here in 1782.
23. The Ventura River, within the present city of Ventura.

aguage (que distaba considerablemente del paraje que dexamos [M dejamos]) en una sola marcha: hizimos dos leguas por plaia y sentámos el real junto a una ranchería volante de indios pescadores que nos regalaron mas pescado del que pudimos comer.

Dieronnos en la noche estas gentes unas serenatas de chirímas ó pitos, bien desapasible, que no sirvío mas que de molestarnos y desvelarnos.[24]

A la Ranchería Volante[25] *2 leguas. De San Diego 73 leguas.*

Miercoles 16 de Agosto.—Hizimos otras dos leguas ó poco mas en la mañana [mañana] costeando siempre la marina: llegámos á una ranchería, ó mejor dirémos pueblo numeroso de gentiles, situado sobre la misma plaia en une punta de tierra immediato á la qual corría un arroyuelo de buen agua.[26]

Los gentiles de esta ranchería acudieron immediatamente al real que situamos de la otra parte del arroio con pescado tlatelmado ó asado en barbacóa para que comieramos mientras sus canoas que estaban á la sazon pescando viniesen con pescado fresco: abordaron estas á la plaia de allí á poco, y trageron abundancia de bonitos y meros que nos regalaron y ofrecieron en tanta cantidad, que huvieramos podido cargar la requa de pescado si huviesemos tendido proporcion de salarlo y prepararlo: dieronnos a mas pescado seco sin sal (que no usan en sus comidas) que llevamos de prevencion, y nos sirvío de mucho recurso en el viage.

Uno de los capitanes ó caziques de este pueblo se hallaba en el de La Asumpta quando nosotros pasamos, y fué uno de los que mas se esmeraron en obsequiarnos; éra hombre fornido de buen talle y facciones, gran bailarin por cuio respecto le pusimos a su pueblo el nombre del Bailarin. Parecionos aun mas numeroso que el de La Asumpta y las casas son de la misma fabrica y hechura.

Al Pueblo del Bailarin[27] *2 leguas. De San Diego 75 leguas.*

---

24. Cerca de Pitas Point, llamado así por los soldados de la expedición, quienes le dieron a la ranchería el nombre de «Los Pitos».
25. "Temporary Village."
26. En Rincon Point cerca de Rincon Creek.
27. "The Dancer's Town."

watering-place (as it was a considerable distance from the place we left) in a single march. We traveled for two leagues along the beach, and pitched our camp near a temporary village of Indian fishermen, who gave us more fish than we could eat.

During the night, these people serenaded us with pipes or whistles; these were very disagreeable and only served to annoy us and keep us awake.[24]

To the Ranchería Volante,[25] 2 leagues. From San Diego, 73 leagues.

Wednesday, 16 August.—In the morning we marched for another two leagues, or a little more, steadily following the coast. We arrived at an Indian village or rather a populous native town, situated right on the shore on a point of land near which ran a small stream of good water.[26]

The natives of this village immediately came to the camp—this we placed on the opposite side of the stream—bringing fish, roasted or grilled in barbecue, for us to eat while their canoes, then out fishing, were returning with fresh fish. These canoes landed on the beach shortly afterwards, and brought an abundance of bonito and bass, which they gave us and offered in such quantity that we might have loaded the pack animals with fish if we had had the facilities to salt and prepare it. Moreover, they gave us fish dried without salt (this they do not use in their victuals) which we took as a precaution, and it was of great service to us on the journey.

One of the chiefs or caciques of this town was in La Asumpta when we passed through that place, and was one of those who took the greatest care to please us. He was a robust man, of good figure and countenance, and a great dancer, and for this reason we gave his town the name of El Bailarín. It seemed to us still more populous than La Asumpta, and the houses are of the same structure and appearance.

To the Pueblo del Bailarín,[27] 2 leagues. From San Diego, 75 leagues.

---

24. Near Pitas ("Whistles") Point, a name given by the soldiers of the expedition, who called the village "Los Pitos."
25. "Temporary Village."
26. At Rincon Point near Rincon Creek.
27. "The Dancer's Town."

Jueves 17 de Agosto.—Seguimos nuestra marcha por la orilla de la plaia un corto tramo, y despues por lomas altas sobre la costa: parámos cosa de un quarto de legua retirados de la misma cerca de un arroio de excelente agua; que salía de una cañada de la sierra con mucho arboledo de sauces:[28] teníamos á la vista otra ranchería o pueblo de gentiles compuesta de treinta y dos casas, tan populoso como los pasados: vinieron al real con pescado fresco y tlatelmado, hombres, mugeres, y niños codiciosos de abalorios y cuentas de vidrio, mejor moneda y de maior estimacion entre ellos que el oro y la plata.

Los soldados llamaron á este pueblo de La Carpintería,[29] porque estaban a la sazon construiendo una canoa: dista no mas de una legua del Pueblo del Bailarin.

Pareció a todos este sitio mui aparente para mision, respecto de la innumerable gentilidad que havita estas plaias en solo el distrito de seis leguas y por tener muchas tierras al proposito para siembras capaces de dar mucho fruto: lo proprio dirémos en el sentido mistico, porque la docilidad de esta gente nos dío grandes esperanzas, de que la palabra de Dios fructificará igualmente en sus corazones.

A La Carpentería 1 legua. De San Diego 76 leguas.

Viernes 18 de Agosto.—Del Pueblo de la Carpentería marchamos al de La Laguna[30] distante tres leguas del primero: campamos sobre una laguna de agua dulce de que se abastecen los gentiles que ocupan y viven en su cercanía: pueblo el mas numeroso de los que hasta aqui se havían visto: inferimos que pasaría de seiscientas almas: ofrecieronnos pescado tlatelmado y fresco quanto pudieramos desear, y vinieron al real con sus mugeres y niños tan cariñosos y afables como en ninguna parte havíamos experimentado.

Hallamos sobre nuestro camino dos rancherías arruinadas: no pudimos averiguar por que causa pero nos persuadimos que serian efectos de las guerras y riñas que entre ellos suelen moverse mui facilmente.

---

28. Carpinteria Creek.
29. "Carpenter-shop Town." La actual ciudad de Carpinteria.
30. "Lake Town." La expedición estaba en la actual ciudad de Santa Barbara.

Thursday, 17 August.—We continued our march along the margin of the beach for a short distance, and afterwards over high hills on the coast. We halted about a quarter of a league inland, near a small stream of excellent water which flowed from a canyon of the range;[28] [here there were] many willows. We saw before us another village or Indian town composed of thirty-two houses, and as populous as the previous ones. Men, women, and children came to the camp bringing fish both fresh and roasted, eager to obtain glass beads and trinkets, which are the best money and more highly valued among them than gold and silver.

The soldiers called this town Pueblo de la Carpintería,[29] because at this time [the natives] were constructing a canoe. It is only one league from the Pueblo del Bailarín.

This place seemed to all [of us] very suitable for a mission, on account of the innumerable heathen that inhabit these shores within a radius of only six leagues, and because it has extensive lands well adapted for cultivation and capable of producing rich crops. We may say the same in a mystical sense, as the gentleness of this people gave us great hopes that the word of God will fructify equally in their hearts.

To La Carpintería, 1 league. From San Diego, 76 leagues.

Friday, 18 August.—From the Pueblo de la Carpintería we marched to the Pueblo de la Laguna,[30] distant three leagues from the first. We pitched our camp close to a pond of fresh water, from which the natives who occupy [the land] and live in the vicinity take their supply. This was the most populous of all the towns that we, so far, had seen; we estimated that it might contain more than six hundred souls. They offered us as much fish, roasted and fresh, as we could desire, and came to the camp with their women and children; in no other place had we met natives so affectionate and good-natured.

On our way we found two ruined villages; we could not ascertain why they were so, but we concluded that it might be the effect of the wars and quarrels that arise very easily among the natives.

---

28. Carpinteria Creek.
29. "Carpenter-shop Town." The present city of Carpinteria.
30. "Lake Town"; the party was at present-day Santa Barbara.

Al Pueblo de La Laguna 3 leguas. De San Diego 79 leguas.

Savado 19 de Agosto.—Movimos el real mas para huir de la molestia de los gentiles, que para hacer jornada, pues apenas hicimos media; luego apartandonos de la plaia acantilada y bordada de altos cerros en este parage: hizimos alto dentro de una cañada que tenía agua corriente, bien que esta se resumía en la arena, no lexos de su nacimiento. Estaba la cañada vestida de hermosos encinos y alamos, y no faltaban pinos en las cumbres de los cerros.[31]

Los exploradores que se despacharon en la mañana bolvieron en la tarde con noticia de haver visto grandes poblaciones, y mucha gentilidad, publicando el buen recebimiento que en todas partes les havian hecho.

De noche vinieron diez gentiles al real sin armas, con el fin, decían, de guiarnos por la mañana a su ranchería: se les permitió pasar lo restante de la noche algo distantes del real, embiandoles quienes les hiciesen compañía y los entretuvieron hasta el dia.

Domingo 20 de Agosto.—De dicha cañada fuimos a los Pueblos de la Isla[32] que distaran de la Laguna unas tres leguas, camino de tierra llana, entre la sierra y unas lomas que se estienden sobre la marina: llegamos a vista de una punta de tierra larga y pelada,[33] y á la parte de levante de ella entra un grande estero por dos vocanas diferentes, (conforme digeron algunos, porque no todos las divisaron ambas) á distancia de media legua, poco mas o menos una de otra; ciñe el estero un cerrito, y una lengua de tierra de mediana estencion,[34] que afirmaban estar islado los mismos que desían haver visto las dos bocas del estero, y assi devía de ser suponiendo las dos bocas. Sobre dicho cerro cuio verdor y arboleda causaba ya notable armonía á los ojos se lebantaba una numerosisima publacion de gentiles con innumerables casas;

---

31. En o cerca de Arroyo Burro, al oeste de Santa Barbara.
32. "The Island Towns."
33. Goleta Point.
34. Probablemente Mescalitan Island (ya no es una isla) al sudeste del aeropuerto de Santa Barbara.

To the Pueblo de la Laguna, 3 leagues. From San Diego, 79 leagues.

Saturday, 19 August.—We broke camp rather to get away from the annoyance of the natives than to make a day's march; and so, as soon as we made half a league, turning from the shore—at this place steep and fringed by high hills—we halted in a canyon that had running water, although it sank into the sand not far from its source. The canyon was covered with beautiful live oaks and poplars, and pines grew on the hilltops.[31]

The scouts, who had been sent out in the morning, came back in the afternoon with the news that they had seen large towns and many natives, telling everyone of the welcome that had been given them on all sides.

At night ten unarmed natives came to the camp with the object, they said, of guiding us to their village in the morning. We allowed them to pass the remainder of the night at some distance from the camp, and sent them some [of our men] who kept them company, and entertained them until daybreak.

Sunday, 20 August.—From this canyon we went to the Pueblos de la Isla,[32] distant some three leagues from La Laguna, over a road on level ground between the range and some low hills that lay along the coast. We came in sight of a long, bare point of land;[33] on the eastern side of it a large estuary enters through two different mouths (as some said, because all the men did not see both), half a league, more or less, distant from each other. The estuary surrounds a small hill and a tongue of land of moderate length[34]—this was affirmed to be an island by those who declared that they had seen the two mouths of the estuary, and it must have been so if there were two mouths. On this hill, whose verdure and trees gave very great pleasure to the eye, there stood a very populous Indian town containing innumerable houses, so that someone asserted that he had counted more than one

---

31. At or near Arroyo Burro, on the west side of Santa Barbara.
32. "The Island Towns."
33. Goleta Point.
34. Probably Mescalitan Island (no longer an island) at the southeast edge of the Santa Barbara Airport.

de suerte que huvo quien asegurase haver contado mas de ciento derramase dicho estero por el llano hacia levante, formando pantanos y lagunas de considerable extencion sobre cuias orillas, hai otros dos pueblos menos numerosos que el de la isla: pasámos por enmedio de uno de estos para ir al aguage junto al qual formamos nuestro campamento; y a breve rato vinieron los gentiles de los tres pueblos con pescado tlatelmado y fresco, semillas, vellotas, atole ó gachas y otras diferentes comidas, instandonos a porfia que comieramos, y manifestando en sus semblantes la satisfacion que les causaba nuestra presencia: agasajamos a todos y les regalamos quentas de vidrio cintas, y otras bugerias, con que rescatamos tambien varias curiosidades de coras, pieles, y plumages.

Todo el terreno que rexistramos, assí en el camino como desde nuestro campamento es sumamente alegre, abundante de pastos, y cubierto de encinos sauces, y otros arboles, dando señas de feracidad, y de producir quanto se quisiere y se sembrare.

No se contentaron los gentiles con regalarnos de sus comidas quisieron tambien festejarnos conociendose la porfía y contienda mutua de sobresalir cada pueblo en los regalos y fiestas, para merecer nuestra aprovacion y aplauso. Vinieron en la tarde los principales y caziques de cada pueblo, unos despues de otros adornados a su usansa embijados y cargados de plumages, con unos carrizos rajados en las manos á cuio movimiento y ruido marcaban el compas de sus canciones, y la cadencia del vaile, tan a tiempo, y tan uniformes que no causaban disonancia.

Duraron los bailes toda la tarde, y nos costó harto travajo el desprendernos de ellos: por fin los despedimos encargandoles mucho por señas que no viniesen de noche á incomodarnos; pero en vano: bolvieron cerrada la noche con gran comitiva de jruanes ó juglares tocando unos pitos, cuio sonido rasgaban los oidos: era de temer que nos alborotasen la cavallada, por lo que salió á recibirlos el comandante con sus oficiales, y algunos soldados; dieronles algunos abalorios, intimandoles que si bolvían á interrumpirnos el sueño, no serían nuestros amigos, y los recibiríamos mal: bastante dilixencia para que se retiraran y nos dexaran en paz, lo restante de la noche.

A los Pueblos de la Isla 3 leguas. De San Diego 82 leguas.

hundred. The estuary spreads over the level country towards the east, forming marshes and creeks of considerable extent, and on their banks there are two other towns, less populous than the one on the island. We passed through one of them to reach the watering-place, near which we pitched our camp. After a short time, the natives of the three towns came with roasted and fresh fish, seeds, acorns, *atole* or *gachas*, and various other foods, earnestly inviting us to eat, and showing in their faces the pleasure that our presence gave them. We treated them all kindly, and gave them glass beads, ribbons, and other trifles, in exchange for which we received various curios, such as baskets, furs, and plumes.

All the land that we examined, along the road as well as from our camp, is exceedingly pleasing, with an abundance of pasture, and covered with live oaks, willows, and other trees, giving indications of fertility and of [a capacity] to produce whatever one might desire to sow.

The natives, not content with making us presents of their eatables, wished, furthermore, to give us a feast, thus manifesting the mutual rivalry and contention between the towns to excel each other in gifts and festivities, in order to merit our approval and praise. In the afternoon the leaders and caciques of each town came, one after the other, adorned according to their custom—painted and decked with feathers, having in their hands some split canes with the motion and noise of which they marked time for their songs, and the rhythm for the dance, so regularly and so uniformly that there was no discord.

The dancing continued all the afternoon, and we had hard work to rid ourselves of them. Finally we sent them away, earnestly recommending them, by means of signs, not to come back during the night to disturb us; but in vain. At nightfall they returned with a large retinue of clowns or jugglers, playing whistles, the noise of which grated upon the ears. It was to be feared that they would stampede our horses, and, for this reason, the commander, with his officers and some soldiers, went out to receive them. These gave the natives some glass beads, and intimated to them that if they came back to disturb our sleep, they would no longer be our friends and we would give them a bad reception. This was a sufficient measure to cause them to retire and to leave us in peace for the remainder of the night.

To the Pueblos de la Isla, 3 leagues. From San Diego, 82 leagues.

Lunes 21 de Agosto.—Desde el Pueblo de La Asumpta corre esta costa para el oesnoroeste con corta diferencia hasta el que dexamos en la mañana de este día nombrado de la Laguna,[35] conforme se dijo: de aqui en adelante corre la costa casi al poniente por cuio rumbo hizimos dos leguas sobre lomas altas a vista del mar, interrumpidas por algunos zanjones de los derrames de la serranía, que en algunas partes llega hasta cerca de la plaia dejando poco terreno en este intermedio: en otras partes se retiran mas los montes y dejan alguna llanura entre ellos y la mar hasta de media legua ó poco mas. Atravesamos un encinal considerable y llegamos al aguage que era un arroio de buen agua dentro de una cañada sobre cuios costados y cerca de la plaia ocupaban los gentiles una ranchería que pasaría de mil almas; paramos a la derecha de la cañada no lexos de esta ranchería,[36] cuios moradores vinieron luego á saludarnos: regalaronnos tambien mucho pescado del fresco y seco, curado sin sal y no perdonaron el obsequio del baile, y fiesta al modo de los de la Isla.

Recibió nombre este parage de San Luis Obispo.[37]

A San Luis Obispo 2 leguas. De San Diego 84 leguas.

Martes 22 de Agosto.—Los exploradores que salieron de mañana bolvieron a la una de la tarde con noticia de haver hallado agua y buen camino por la plaia en baja mar, circunstancia que para lograrla era necesario diferir la marcha hasta el dia siguiente por la mañana y assí descansó la gente, y requa en este sitio.

Miercoles 23 de Agosto.—En la mañana aprovechando el tiempo de la baja mar caminamos cosa de una legua por la plaia, y despues la dexamos é hizimos lo restante de la jornada que fué de tres leguas por lomas altas tajadas al mar en algunas partes frequentemente interrumpidas por las barrancas y zanjones por donde tiene sus desagues la sierra: casi todos tenian agua corriente.

---

35. Un error de Costansó; debe ser Pueblos de la Isla.
36. En Naples, en Dos Pueblos Canyon.
37. No es la ciudad actual de San Luis Obispo, la cual queda a muchas millas más al norte.

Monday, 21 August.—From the Pueblo de la Asumpta this coast extends, with slight variation, to the west-northwest, as far as the town we left this morning—called Pueblo de la Laguna,[35] as has already been said. From this point the coast extends almost due west, in which direction we marched for two leagues over high hills in sight of the ocean. These hills were intersected by some gullies made by the drainage from the range, which in some places nearly reaches the beach, leaving little land in the intervening space; while in other places the mountains recede and leave some level ground—half a league or a little more—between them and the sea. We passed through quite a large grove of live oaks, and arrived at the watering-place, a stream of good water in a canyon, on whose sides, and near the shore, there stood an Indian village which must have contained more than a thousand souls. We halted to the right of the canyon, not far from the village.[36] The inhabitants soon came to welcome us; they also gave us much fish, both fresh and dried, the latter preserved without salt. They did not spare us the compliment of the dance and festivity, which were like those of La Isla.

This place received the name of San Luis Obispo.[37]

To San Luis Obispo, 2 leagues. From San Diego, 84 leagues.

Tuesday, 22 August.—The scouts, who had set out early in the morning, returned at one o'clock in the afternoon with news of having found water, and a good road along the beach at low tide. To avail ourselves of this circumstance it was necessary to defer the march until the following morning; the people and animals, therefore, rested at this place.

Wednesday, 23 August.—In the morning, taking advantage of the low tide, we traveled about a league along the beach. Then we left it and made the rest of the march—which was of three leagues—over high hills. In some places these hills terminated in the sea, and were

---

35. A mental lapse by Costansó; it should read Pueblos de la Isla.
36. At Naples, on Dos Pueblos ("Two Towns") Canyon.
37. Not the present city of San Luis Obispo, which is many miles farther north.

Llegamos al parage que era un pueblo de ochenta casas y de cerca de ochocientas almas a un lado y otro de una cañada que tenía agua corriente:[38] obsequiaronnos tambien con bayle, y abundante regalo de pescado y semillas.

Situamos nuestro real á la izquierda del arroio en lugar alto y despejado: pusimosle nombre de San Guido a todo este sitio.

A San Guido 3 leguas. De San Diego 87 leguas.

Jueves 24 de Agosto.—La jornada de este día fue tan penosa como de la haier: el camino y terreno de la misma naturaleza y se hacía preciso á cada momento echar los gastadores por delante a que compusieran los malos pasos causando esta penosa tarea mucha demora en la marcha: llegamos al parage, que era una cañada por la qual se introducía un estero de agua salada, sobre cuias orillas ai un pueblo de indios de cinquenta fuegos que nos recibieron y obsequiaron como los pasados: tienen estos gentiles escacés de leña, y la agua para lograr la buena se ha de tomar arriba en la cañada, por donde baja un arroio antes que sus aguas se junten con las del estero.

Desde este sitio que se nombró de San Luis Rey,[39] descubrimos en la tarde las tres ultimas islas de la Canal de Santa Barbara; que son, San Bernardo, la mas occidental, Santa Cruz que sigue para levante: y Santa Barbara que dió nombre a la extencion de mar, y costas de que hablamos en la mas oriental de las tres. Hizimos tres leguas en este dia.

A San Luis Rey 3 leguas. De San Diego 90 leguas.

Viernes 25 de Agosto.—Del Pueblo de San Luis nos pusimos en marcha y caminamos quatro oras para hacer dos leguas por tierra alta sobre la marina, mui quebrada: una de estas quiebras nos atajó totalmente el paso por lo escarpado de su ladera a la parte de poniente: huvimos de tomar el camino de la plaia por encima de las piedras, al pié de un cantil que bañaban las olas del mar; igualmente intransitable, si

---

38. Tajiguas Creek.
39. Crespi: «Llamamos á este paraje *San Luis*, rey de Francia, y los soldados lo conocen por *La Gabiota*, á causa de haber matado una de estas aves». Todavía se llama Gaviota. Probablemente acamparon en el arroyo de la Cañada de la Gaviota.

frequently intersected by ravines and gullies—nearly all with running water—through which the mountain range is drained.

We arrived at the stopping-place, which was a town of eighty houses and about eight hundred souls. It was situated on both sides of a canyon that had running water.[38] [The natives] also complimented us with a dance and abundant gifts of fish and seeds.

We pitched our camp on the left bank of the stream, on a high open spot. We gave the name of San Guido to the entire place.

To San Guido, 3 leagues. From San Diego, 87 leagues.

Thursday, 24 August.—Today's march was as difficult as that of yesterday, the road and country being of the same character. It was frequently found necessary to send the pioneers ahead to put the bad places in order; this toilsome drudgery caused us much delay on the march. We came to the stopping-place, a canyon into which an estuary of salt-water entered; upon its sides there is an Indian town of fifty hearths where we were received and entertained as in the previous ones. These natives have a scarcity of firewood, and to obtain good water they have to get it up the canyon before the waters of the stream that comes down through this unite with those of the estuary.

From this place, which we named San Luis Rey,[39] we discovered, in the afternoon, the three last islands of the Canal de Santa Bárbara, the most easterly of the three, which gave its name to the stretch of sea and coast about which we are speaking. Today we made three leagues.

To San Luis Rey, 3 leagues. From San Diego, 90 leagues.

Friday, 25 August.—We set out from the Pueblo de San Luis and occupied four hours in making two leagues over high and very broken land along the shore. One of the ravines entirely obstructed the way because of the ruggedness of its western slope. We decided to take the road along the beach, over the stones, at the foot of a cliff washed by the ocean waves—a road equally impassable except at low tide. This

---

38. Tajiguas Creek.
39. Crespi: "I called this place San Luís, king of France, and the soldiers know it as La Gaviota, because they killed a seagull there." Gaviota it still is. They probably were camped on the stream in Cañada de la Gaviota.

no es en la menguante de la marea. Duró este cantil un quarto de legua, y subimos despues por lomas altas hasta el parage, que se llamó de San Zeferino Papa;[40] pueblo de gentiles de veinte y quatro casas y de doscientos almas poco mas ó menos: recibieronnos con afabilidad, y cariño, su situacion es algo triste: viven dentro de una cañada ceñida de lomas no mui altas enteramente peladas, y sin arboleda alguna; en lo interior del paíz, se ven otras semejantes cuio aspecto es tambien triste, pero no faltan pastos, y la tierra es de buen migajon. Entra por la boca de la cañada un estero que sirve de desembarcadero a las canoas de los indios: viven estos de la pesca como los demas de estas costas. Hay agua dulce, y corriente en esta cañada pero se ha de coger arriba antes que se mezcle con la del estero.

Experimentamos ya en esta paraje unos vientos al norte fríos y furiosos, cuias resultas temimos no fuesen nocibos y perjudiciales á la salud.

La altura orizontal del limbo inferior del sol observado con el octante ingles de cara al astro se halló al medio dia de		65°	47 ms
Semidiametro del sol addictivo	16 ms		
Inclinazion de la visual por razon de la altura del ojo del observador sobre las aguas de seis a siete pies substractivos	3		13
Altura orizontal del centro del astro		66	00
Su distancia al zenith resultó de		24	00
Su declinazion era en dicha ora		10	30
Latitud de dicho pueblo[41]		34	30

A San Zeferino Papa 2 leguas. De San Diego 92 leguas.

Savado 26 de Agosto.—Hizimos nuestra jornada en la tarde que fué corta: andubimos dos leguas por lomas altas algo mas accesibles que las pasadas: en la medianía del camino dexamos una ranchería de veinte casas, sita sobre la marina, en parage de la plaia espaciosa y ancha:

---

40. En el Arroyo El Bulito.
41. La latitud correcta de este sitio es 34° 28′. Costansó se equivocó en sólo 2.3 millas, lo cual es admirable para la época.

cliff extended for a quarter of a league, and, afterwards, we crossed high hills to the place named San Zeferino Papa.[40] It was an Indian town of twenty-four houses, and two hundred souls, more or less. They received us with affability and kindness. Their situation is rather desolate; they live in a canyon surrounded by hills of no great height, entirely barren, and destitute of trees. In the interior of the country there are other similar hills, equally desolate in appearance, but they are not without pasture, and the land has good soil. An estuary enters the mouth of the canyon and serves as a landing-place for the Indians, who live by fishing, as do all the others on these coasts. There is fresh running water in this canyon, but one must procure it upstream before it mingles with that of the estuary.

At this place we began to experience cold and violent north winds, and we feared that the effects might be harmful and prejudicial to the health.

The horizontal altitude of the lower limb of the sun, observed with the English octant, facing the sun, was found, at noon, to be		65° 47′
Semidiameter of the sun to be added	16′	
Inclination of the visual [horizon] in consequence of the observer's eye being six to seven feet above sea level, subtract	3′	13′
Horizontal altitude of the center of the sun		66° 00′
Its zenith-distance was found to be		24° 00′
Its declination at that hour was		10° 30′
Latitude of the town[41]		34° 30′

To San Zeferino Papa, 2 leagues. From San Diego, 92 leagues.

Saturday, 26 August.—We made our day's journey, which was short, in the afternoon. We traveled for two leagues over high hills that were somewhat easier of access than the preceding ones. Midway on the road we passed a village of twenty houses, situated on the shore in a

---

40. At Arroyo El Bulito.
41. The actual latitude of this place is 34° 28′. Costansó was off by only 2.3 miles, which is remarkably good for his time.

llegamos a vista de la Punta de la Concepcion termino de la Canal de Santa Barbara.[42]

Campamos fuera de una cañada a la parte de levante: dentro de la misma havia un pueblo de gentiles compuesto de veinte y quatro casas, recibieronnos como las demas, y nos regalaron del mismo modo: tienen sus canoas y viven de la pesca. El pais que havitan es tambien escaso de leña; pero las tierras son de buena calidad, y abundan en pastos: el cacique de este pueblo era cojo y los soldados le pusieron nombre á su pueblo por esta causa de Ranchería del Cojo.[43]

Determinose por la observacion de la altura meridiana del sol la latitud de la Punta de la Concepcion que resultó de treinta y quatro grados y treinta minutos, la misma que la del Pueblo de San Zeferino.[44]

Al Pueblo del Cojo 2 leguas. De San Diego 94 leguas.

Domingo 27 de Agosto.—Siguiose el camino á vista de la marina por tierra llana, rumbo del poniente, hasta la Punta de la Concepcion, y desde esta punta, que dista poco mas de una milla del Pueblo del Cojo torcimos al noroeste por doblar assi la costa.

Andubimos dos leguas y media, y paramos a la vanda del noroeste de una cañada, dentro la qual havía una ranchería de gentiles de veinte fuegos, y doscientas y cinquenta almas poco mas ó menos.

Entra por la cañada un estero, que recibe el agua de un arroio, y le impide de llegar a la mar aunque sale de la sierra con buen caudal de agua. Son los gentiles de esta ranchería mui pobres, no tienen canoas, y viven hambrientos: la tierra que havitan es de poca recomendazion, aspera, triste y escasa de leña.

Un soldado perdió en este parage su espada que se dejó urtar de la cinta, bien que la recobró despues porque los mismos indios que havian

---

42. Todavía se llama Point Conception. Se cree que fue bautizada con ese nombre en 1602 por Sebastián Vizcaíno, quien llegó a la punta alrededor del 8 de diciembre, día de la Purísima Concepción.
43. "The Cripple's Village." El cañon todavía se llama Cañada del Cojo.
44. Point Conception está un poco más al sur, latitud 34° 26′ 55″.

place where the beach was extensive and wide. We came in sight of the Punta de la Concepción, the end of the Canal de Santa Bárbara.[42]

We pitched our camp outside, and to the east, of a canyon. In the canyon there was an Indian town consisting of twenty-four houses. The inhabitants received us, and made us presents, in the same manner as the others. They have canoes and live by fishing. The country they inhabit also has a scarcity of firewood, but the land is of good quality, and has an abundance of pasture. The cacique of this town was lame, and, for this reason, the soldiers named his town Ranchería del Cojo.[43]

The latitude of the Punta de la Concepción was determined by the observation of the meridian altitude of the sun, and was found to be 34° 30', the same as that of the Pueblo de San Zeferino.[44]

To the Pueblo del Cojo, 2 leagues. From San Diego, 94 leagues.

Sunday, 27 August.—We followed the road in sight of the sea, and over level country, towards the west, as far as the Punta de la Concepción; and from this point, which is a little more than a mile from the Pueblo del Cojo, we turned towards the northwest as the coast trends.

We traveled for two leagues and a half, and halted on the northwestern side of a canyon, in which there is an Indian village of twenty hearths, and two hundred and fifty souls, more or less.

An estuary enters this canyon and receives the water of a stream, preventing it from reaching the sea, although the stream emerges from the range with a large flow of water. The natives of the village are very poor; they have no canoes, and live in a half-starved condition. Little can be said in favor of the land they inhabit—it is rugged, desolate, and is lacking in firewood.

At this place a soldier lost his sword; he allowed it to be stolen from his belt, but he afterwards recovered it as the Indians who had seen

---

42. Still named Point Conception. Apparently named in 1602 by Sebastián Vizcaíno, who reached the point about December 8, the day of the *Purísima Concepción* (Immaculate Conception.)
43. "The Cripple's Village." The canyon is still named Cañada del Cojo.
44. Point Conception is a bit farther south, in latitude 34° 26' 55".

visto la accion, corrieron en pos del ladron que havia cometido el hurto,
y por esta razon le quedó á la ranchería el nombre de La Espada.[45]

A la Ranchería de la Espada 2 leguas. De San Diego 96 leguas.

Lunes 28 de Agosto.—Caminamos dos leguas por tierra alta sobre
la marina, pero de bueno, y facil acceso el aguage junto al qual paramos,
era un manantial de mui buen agua:[46] havia cerca de él una ranchería
corta y pobre de gentiles de diez casitas, y sesenta almas. Salía a la mar
una lengua de tierra a vista de nuestro campamento distante un tiro de
fusil a lo sumo: recogimos en este parage mucho pedernal bueno para
las armas de fuego, y por esto se llamó el parage de Los Pedernales.[47]

La observacion de la altura meridiana del sol dió á conocer que
estabamos por treinta y quatro grados treinta y tres minutos.[48]

A Los Pedernales 2 leguas. De San Diego 98 leguas.

Martes 29 de Agosto.—En la tarde salimos de Los Pedernales y
handubimos dos leguas rumbo del nornoroeste por terreno alto sobre la
marina, y por meganos de arena: parámos dentro de una cañada en que
huvo pasto para las bestias en abundancia, pero el agua recogida en una
poza fué mui escasa llamaronla los soldados la Cañada Seca.[49]

La costa antes de llegar á estos meganos, es barrancosa y tajada,
con muchas restingas de piedra que salen mar afuera.

A la Cañada Seca 2 leguas. De San Diego 100 leguas.

Miercoles 30 de Agosto.—De la Cañada Seca fuimos al Rio Grande
de San Berardo, de que nos dieron noticias por señas unos gentiles a
nuestro arribo en la Cañada Seca, pero no quisimos creher que es-

---

45. "Sword Village." Espada Creek, que desemboca en Jalama Creek un poco al
    este de este sitio y Espada Bluff, a dos millas subiendo por la costa,
    conmemoran este suceso. El sitio queda en Jalama Beach County Park.
46. Probablemente donde Oil Well Canyon se encuentra ahora.
47. "The Flints." La lengua de tierra es Rocky Point. Point Pedernales está a
    unas tres millas más al norte.
48. Bastante preciso, de hecho eran 34° 33′ 50″.
49. "Dry Canyon." Por donde baja Bear Creek, que forma pozos pero que no llega
    al mar.

the act ran after the thief who had committed the robbery. For this reason the name of Ranchería de la Espada stuck to the village.[45]

To the Ranchería de la Espada, 2 leagues. From San Diego, 96 leagues.

Monday, 28 August.—We traveled for two leagues over high land along the shore, but it was easy of access. The watering-place near which we halted was a spring of very good water.[46] There was near it a small, poor Indian village of ten little houses and sixty souls. In sight of our camp, and, at most, a gunshot from it, a tongue of land extended into the sea. At this place we gathered many flints suitable for the firearms, and, for this reason, we called the place Los Pedernales.[47]

From the observation of the meridian altitude of the sun we found that we were in latitude 34° 33′.[48]

To Los Pedernales, 2 leagues. From San Diego, 98 leagues.

Tuesday, 29 August.—We left Los Pedernales in the afternoon and proceeded for two leagues towards the north-northwest, on high land along the shore, and over sand dunes. We halted in a canyon where there was an abundance of pasture for the animals, but of the water, which stood in a pool, there was very little. The soldiers called it the Cañada Seca.[49]

To the Cañada Seca, 2 leagues. From San Diego, 100 leagues.

Wednesday, 30 August.—From the Cañada Seca we went to the Río Grande de San Verardo, about which some natives had given us information by signs upon our arrival at the Cañada Seca. We would not

---

45. "Sword Village." Espada Creek, which flows into Jalama Creek just east of this site, and Espada Bluff, two miles up the coast, commemorate the event. The locale is at Jalama Beach County Park.
46. Probably at what is now named Oil Well Canyon.
47. "The Flints." The tongue of land was Rocky Point. What is presently named Point Pedernales is about three miles farther north.
48. Very close: actually 34° 33′ 50″.
49. "Dry Canyon." Where Bear Creek comes down, but forms pools without reaching the ocean.

tuviese á tan corta distancia de aquel parage, y no acavámos de darles credito, hasta que por la mañana, al tiempo de cargar la requa vimos venír toda la ranchería del rio, hombres, mugeres, y niños, en busca de nosotros, y á legua poco menos de marcha llegamos al parage.

La boca de este rio la cierra totalmente un banco de arena que pasámos a pié enjuto: sus aguas parecian rebalsadas, y sin corriente: pero distinguiase esta, subiendo algo mas arriba, prueva cierta de que las aguas se resumen en la arena, y tienen salida á la mar por este medio.[50]

Este rio tiene un plan mui hermoso, bastante arboleda de sauces, y muchas tierras capaces de producir toda especie de granos; vieronse grandisimos osos y mucho rastro de estos animales.

Al Rio Grande de San Verardo 1 legua. De San Diego 101 leguas.

Jueves 31 de Agosto.—Salimos del Rio de San Verardo en la mañana: caminamos dos leguas hacia el norte por tierra llana mui enmontada de un romero silvestre y otros arbustos de buen olor hasta llegar á una cañada abundante de pastos,[51] atravesamos por el medio de ella, y al encumbrar por la ladera del norte, descubrimos una ranchería de gentiles, sobre una laguna medianamente grande rodeada de lomas de poca altura. Eran pobres estos gentiles; no tenian casas y dudamos que este sitio fuese su morada estable. Nos festejaron con baile, y fué el primer parage en donde vimos vailar a las mugeres: dos de ellos sobre salieron a las demas: tenian en las manos un ramillete de flores y acompañaban el vaile con diferentes ademanes y movimientos airosos, sin perder el compas de sus canciones.

Llamamos el parage, la Ranchería del Baile de las Indias.[52]

A la Ranchería de el Baile de las Indias 2 leguas. De San Diego 103 leguas.

---

50. En la desembocadura de Santa Ynez River, en lo que es ahora Ocean Beach County Park. El río está descrito tal y como es hoy día.
51. San Antonio Creek.
52. "Dancing Indian Womens' Village."

believe, however, that it was at such a short distance from that place, and did not credit them until, at the time of loading the pack animals in the morning, we saw all the inhabitants of the village on the river—men, women, and children—coming to meet us. We arrived at the place after a march of a little less than a league.

The mouth of this river is entirely closed by a sandbank, which we crossed dry-shod. The river seems to be dammed up, and is without current. Higher up, however, the current could be seen clearly—incontestable evidence that the water sinks into the sand, and, in this way, reaches the sea.[50]

This river flows through a very beautiful valley containing many willows, and much land capable of producing all kinds of grain. We saw bears of great size, and many of their tracks.

To the Río Grande de San Verardo, 1 league. From San Diego,
101 leagues.

Thursday, 31 August.—We set out from the Río de San Verardo in the morning, and traveled for two leagues towards the north over level ground, very thickly covered with wild rosemary and other fragrant bushes, until we reached a canyon where there was an abundance of pasture.[51] We passed directly through it, and, when we ascended its northern side, we discovered an Indian village by the side of a moderately large pond surrounded by low hills. The natives here were poor—they had no houses and we doubted if this place was their permanent abode. They honored us with a dance, and it was the first place where we saw the women dance. Two of these excelled the others; they had bunches of flowers in their hands, and accompanied the dance with various graceful gestures and movements without getting out of time in their songs.

We called the place the Ranchería del Baile de las Indias.[52]

To the Ranchería del Baile de las Indias, 2 leagues. From San Diego,
103 leagues.

---

50. At the mouth of the Santa Ynez River, in what is now Ocean Beach County Park. The description of the river is still accurate today.
51. San Antonio Creek.
52. "Dancing Indian Womens' Village."

Viernes 1⁰ de Septiembre.—De la Ranchería del Baile de las Indias tomamos el camino de la tierra adentro rumbo del norte, apartandonos de la costa para evitar los rebentones de meganos de que está ceñida, y otros malos pasos, pero no nos fué dable huír de una cordillera que se atravesó sobre nuestro camino y venía del interior del pais, pero duró poco este arenal: andubimos luego por lomas altas, y por cañadas de mui buena tierra, y buenos pastos. Campamos dentro de un valle grande junto a una laguna de agua dulce de mucha extencion, tendría unas dos mil varas de largo, y de ancho hasta quinientas, y tal vez mas en algunas partes.¹ Dimos nombre a todo el valle de la Laguna Larga.² Dista tres leguas del parage de donde salimos, en la mañana.

Havía dentro de este valle, dos rancherias de gentiles, la una corta é infelís, y la otra algo maior compuesta de varias casitas.

A la Laguna Larga 3 leguas. De San Diego 106 leguas.

Sabado 2 Septiembre.—Los exploradores bolvieron de su rexistro, en la mañana y nos sacaron del cuidado en que nos tuvieron por haver faltado en bolver al real en la tarde antecedente: fué la causa de su demora el haver perdido el camino por la niebla espesa que hizo, y les obligó a pasar la noche dentro del valle de buelta para el real reconocida ya la jornada que havíamos de hacer: fué esta de tres leguas atravesando el valle que tiene dos de ancho, por el rumbo que seguimos del nornoroeste; lo restante del camino lo hizimos por mesas altas hasta el aguage que era otra laguna grande de figura quasi circular, dentro de una cañada que cerraban unos meganos de arena, y contenían el agua, estorvando que vaciase al mar: toda la cañada estaba cubierta de juncos y eneas, terreno aguanoso y encharcado, del todo inpenetrable: tendiase toda ella de levante para poniente.

En la tarde por haver visto muchos rastros de osos, salieron seis soldados a cazar, montados en cavallos, y lograron matar uno a balazos hera orrendo animal: tenia desde de planta de los pies hasta la caveza

---

1. Que antes era Guadalupe Lake y que hace tiempos drenaron para dedicar la tierra a la agricultura.
2. "Long Lake Valley," que es hoy día Santa Maria Valley.

Friday, 1 September.—From the Ranchería del Baile de las Indias we directed our course inland, towards the north, leaving the coast in order to avoid the shifting sands of the dunes by which it is bordered, and other difficult places. It was not possible, however, to avoid a mountain chain that crossed our way, and extended from the interior of the country; but the sandy ground did not last long. We then proceeded over high hills, and through canyons containing very good soil and good pasture. We pitched our camp in a large valley, near a lake of great extent containing fresh water—it must have been some two thousand yards long, and as much as five hundred wide, possibly more in some places.[1] We gave to the whole valley the name of the Laguna Larga.[2] It is three leagues from the place we set out from in the morning.

There were in this valley two Indian villages: the one small and miserable, the other larger, being composed of several small houses.

To the Laguna Larga, 3 leagues. From San Diego, 106 leagues.

Saturday, 2 September.—The scouts returned from their exploration in the morning and relieved us from the apprehension they had occasioned us by failing to return to camp on the previous afternoon. The reason for their delay was that they had lost the road on account of the fog, which obliged them, on their way back to camp, to spend the night in the valley; they had already reconnoitered the day's march we were to make. This was of three leagues and crossed the valley, which is two leagues wide in the direction—north-northwest—that we followed. The remainder of the road, we traveled over high tablelands as far as the watering-place. This was another large pond, almost circular in form, in a canyon that some sand dunes obstructed, impounding the water and preventing it from emptying into the sea. The whole canyon was covered with rushes and reeds, the ground was wet and swampy, and entirely impassable. The canyon extended, in its whole length, from east to west.

In the afternoon, because they had seen many tracks of bears, six soldiers went out hunting on horseback, and succeeded in shooting one. It was an enormous animal: it measured fourteen palms from the sole

---

1. The former Guadalupe Lake, long since drained and converted to agriculture.
2. "Long Lake Valley," now the Santa Maria Valley.

catorze palmos; sus patas pasaban de una tercia de largo, y pesaría mas
de quinze arrobas: comimos de su carne que hallamos sabrosa, y buena.
Pusimosle a todo este sitio nombre de la Laguna Redonda.[3]

A la Laguna Redonda 3 leguas. De San Diego 109 leguas.

Domingo 3 de Septiembre.—Descansó la gente y la requa en este
día, y los exploradores que salieron a buscar el paso de la sierra,
bolvieron en la tarde, ponderando la gran dificultad que tuvieron solo
para llegar al pie de ella: assí lo havíamos conocido ya, por la inspeccion
del terreno; meganos immensos sobre la marina, lagunas esteros y
pantános en el llano, que formaban un laverinto.

La sierra que teníamos á la vista, es la misma a nuestro entender
que la veníamos dejando siempre a nuestra derecha, desde que salimos
de San Diego, que en partes se retira del mar, y en otras se aproxima a
él, y cierra absolutamente el paso de la plaia, como sucede en este
parage.[4]

Lunes 4 de Septiembre.—Para evitar los pantanos de la llanura, y
los esteros que llegan hasta el pié de la sierra, tomamos el rumbo de
poniente por encima de los meganos, que atravesamos por el parage
mas angosto desvubierto por los exploradores, de solo media legua:
cahimos luego a la plaia, y handubimos cosa de una legua al nornoroeste
sobre ella: nos internamos otra vez en la tierra la buelta del oriente,
atravesando los meganos por otra angostura de media legua: ganamos
despies terreno consistente, por una lengua de tierra entre dos aguas:
sobre la derecha teníamos una laguna de agua dulce que respaldaban
los meganos é impedían que desaguase al mar; a mano izquierda
teníamos un estero que entrave en el llano, y descabezamos tirando al
nornordeste: cobramos despues el rumbo del norte y entramos en la
sierra por una abra ó cañada poblada de encinos, alisos, sauces y otra

---

3. "Round Lake."
4. Crespi: «Este paraje es conocido de los soldados por el *Real de las Vívoras*
   por las muchas que se vieron; otros le llaman *El Oso Flaco*». En referencia a
   la ocurrencia del día anterior. Todavía se llama Oso Flaco Lake ("The Lean
   Bear").

of its feet to the top of its head; its feet were more than a foot long; and it must have weighed over 375 pounds. We ate of the flesh and found it savory and good.

We named this whole place the Laguna Redonda.[3]

To the Laguna Redonda, 3 leagues. From San Diego, 109 leagues.

Sunday, 3 September.—The people and the animals rested today, and the scouts, who had set out to search for a pass through the range, returned in the afternoon, enlarging upon the difficulty they had experienced in reaching even to its foot—a fact we had discovered already by inspecting the country. There were immense sand dunes along the shore, and on the plain there were creeks, estuaries, and marshes, which formed a labyrinth.

The mountain range we had in sight is the same—in our judgment— that we had been keeping constantly on our right since we set out from San Diego; in some places it recedes from the sea, and in others approaches it, absolutely cutting off the passage along the beach, as happens at this place.[4]

Monday, 4 September.—In order to avoid the marshes of the plain and the estuaries that reach to the foot of the mountain range, we directed our course to the west over the sand dunes; these we crossed at the narrowest point—half a league only—discovered by the scouts. We then descended to the beach, and proceeded along it for about a league to the north-northwest. Turning to the east, we again went inland, crossing the sand dunes at another narrow place of half a league. We afterwards reached firm ground on a tongue of land between two bodies of water. To the right, there was a pond of fresh water, which the sand dunes dammed up, and kept from emptying into the sea. To the left, an estuary extended into the plain; we rounded it, traveling towards the north-northeast. We afterwards took a course to the north and entered the range through a pass, or canyon, covered

---

3. "Round Lake."
4. Crespi: "This place is known to the soldiers as Camp of Las Vívoras, on account of the large number of snakes that were seen; others call it El Oso Flaco." El Oso Flaco is "The Lean Bear," referring to the previous day's episode. It is still named Oso Flaco Lake.

arboleda. En la propria cañada sentamos el real á la orilla de un arroio cubierto de berros,[5] andubimos quatro leguas en este jornada.

No encontramos en todo el camino mas de una ranchería de gentiles, corta y pobre: estas tierras están algo despobladas.

Los indios de esta ranchería que distaba poco de nuestro alojamiento, vinieron en la tarde á visitarnos con regalo de semillas, y algun pescado, que nos ofrecieron: su cazique tenía una disformidad grande sobre su persona de una lupia que el colgaba del pescuezo y los soldados le pusieron a vista de ello el sobrenombre de Buchon, con que se quedó tambien su ranchería y todo el parage.

A la Ranchería del Buchon[6] 4 leguas. De San Diego 113 leguas.

Martes 5 de Septiembre.—Seguimos nuestra marcha por la propria cañada que torcía para el noroeste, la dejamos de alli a poco, y tomamos por cerros y lomas altas no lejos de la marina terreno aspero y penoso de frequentes subidas, y bajadas pero alegre y poblada de arboleda de encinos y robles. No vimos un solo gentil en esta jornada que fué de dos leguas: sentamos el real dentro de una cañada mui angosta ceñida de altisimos cerros, con agua corriente, y pasto lo bastante para nuestra cavallada.

El parage tubo nombre de la Cañada Angosta.[7]

A la Cañada Angosta 2 leguas. De San Diego 115 leguas.

Miercoles 6 de Septiembre.—Bolvieron los exploradores ponderando la maleza y aspereza del camino que nos esperaba en la jornada siguiente. Resolviose oidas sus razones hacer descanso en este parage, y embiar gastadores por delante para que compusieran los pasos dificultosos de la sierra; en cuia faena emplearon todo el dia.

---

5. Price Canyon, al norte de Pismo Beach.
6. "Goiter Village." Aun existe el nombre en Point Buchon, unas cinco millas al sur de Morro Bay.
7. "Narrow Canyon." Ahora es Gragg Canyon, localizado a unas dos millas al noroeste de Shell Beach y media milla al este de la autopista.

with live oaks, alders, willows, and other trees. In the same canyon we pitched our camp on the bank of a stream covered with watercress.[5] On this day's march we traveled four leagues.

On the whole road we came upon only one small and wretched Indian village. This part of the country is practically uninhabited.

The Indians of this village, which was only a short distance from our quarters, came in the afternoon to visit us; they brought presents of seeds and some fish, and offered them to us. Their cacique had a large deformity, consisting of a tumor that hung from his neck. The soldiers, when they saw it, gave him the nickname of Buchón, and this name likewise stuck to his village and to the entire place.

To the Ranchería del Buchón,[6] 4 leagues. From San Diego,
113 leagues.

Tuesday, 5 September.—We continued our march through the same canyon, which turned towards the northwest. After a short distance we left it and made our way over hills and high slopes not far from the coast. The country was rough and difficult of passage, with many ups and downs, yet pleasant and covered with live oak and white oak. We did not see a single native on this day's march, which was of two leagues. We pitched our camp in a very narrow canyon, surrounded by very high hills, and containing running water and sufficient pasture for our horses.

The place was named the Cañada Angosta.[7]

To the Cañada Angosta, 2 leagues. From San Diego, 115 leagues.

Wednesday, 6 September.—The scouts returned, enlarging upon the roughness and impenetrability of the road that awaited us on the following day's march. After hearing their account, it was decided to rest at this place and to send pioneers ahead to clear a way through the

---

5. Price Canyon, north of Pismo Beach.
6. "Goiter Village." The name persists at Point Buchon, about five miles south of Morro Bay.
7. "Narrow Canyon." This is Gragg Canyon, perhaps two miles northwest of Shell Beach and half a mile east of the freeway.

Jueves 7 de Septiembre.—Salimos de la cañada por encima de cerros altos y empinados:[8] duró el mal camino mas de tres leguas hasta bajar á otra cañada espaciosa, con muchas lagunas de agua dulce, en que no podia beber la cavallada, por que sus orillas eran mui atascosas:[9] esto nos obligó á alargar la jornada hasta un arroio de mui buen agua que hallamos sobre nuestro camino una legua mas abajo, y campamos sobre sus orillas.[10]

Vimos en esta cañada tropas de osos que tienen la tierra arada, y llena de escarbaderos, que hacen buscando su mantenimiento en las raizes que produce la tierra; de que se alimentan tambien los gentiles, y las hay de buen savor y gusto. Montaron en sus cavallos algunos soldados, zebados en esta monteria por que les había provado bien en otras dos ocasiones; y lograron ahora matar uno á balazos, pero experimentaron la fiereza, y corage de estos animales: al sentirse heridos, embisten a toda carrera al cazador que solo puede librarse á uña de cavallo, porque el primer impetu de ella es mas veloz que lo que pudiera presumirse de la materialidad, y torpeza de semejantes brutos: su resistencia y fuerzas no se rinden con facilidad, y solo el acierto del cazador, ó la casualidad de darle en la caveza, ó en el corazon puede postrarlos al primer tiro: este que consiguieron matar recibió nueve balasos antes de caher; lo que no sucedió hasta que lo hirieron en la caveza. Otros soldados tuvieron el arrojo de correr a uno de estos animales montados en mulas: le dispararon siete ú ocho tiros, y ciertamente moriría de las valas pero estropeó el oso á dos mulas, y libraron con sobrada dicha sus personas los que las montaban.

La cañada recibió nombre de Los Osos.[11]

---

8. Hacia el noroeste al otro lado de Irish Hills por una ruta que no se puede trazar con certeza.
9. Posiblemente Clark Valley.
10. En las cercanías de Los Osos Schoolhouse, siete u ocho millas al oeste de San Luis Obispo.
11. "The Bears." El nombre de Los Osos persiste; se llaman así un valle, un arroyo y un pueblo.

difficult passages of the mountain range. In this work they occupied the entire day.

Thursday, 7 September.—We left the canyon, passing over high steep hills.[8] The bad road continued for more than three leagues, until we descended to another extensive canyon containing many pools of water, in which the horses could not drink because the banks were very miry.[9] This compelled us to prolong the day's march as far as a stream of very good water, which we found on our way a league farther on; we pitched our camp on its banks.[10]

In this canyon we saw troops of bears; they had the land plowed up and full of the holes which they make in searching for the roots they live on, which the land produces. The natives also use these roots for food, and there are some of a good relish and taste. Some of the soldiers, attracted by the chase because they had been successful on two other occasions, mounted their horses, and this time succeeded in shooting one. They, however, experienced the fierceness and anger of these animals—when they feel themselves to be wounded, they charge headlong upon the hunter, who can only escape by the swiftness of his horse, for their first burst of speed is more rapid than one might expect from the bulk and awkwardness of such brutes. Their endurance and strength are not easily overcome, and only the sure aim of the hunter, or the good fortune of hitting them in the head or heart, can lay them low at the first shot. The one they succeeded in killing received nine bullet wounds before it fell, and this did not happen until they hit him in the head. Other soldiers mounted on mules had the boldness to fight one of these animals. They fired at him seven or eight times and, doubtless, he died from the wounds, but he maimed two of the mules, and, by good fortune, the men who were mounted upon them extricated themselves.

The canyon was given the name of Los Osos.[11]

---

8. Northwest across the Irish Hills by a route that cannot be traced with any precision.
9. Possibly Clark Valley.
10. In the vicinity of Los Osos Schoolhouse, seven or eight miles west of San Luis Obispo.
11. "The Bears." The name of Los Osos persists; it is applied to a valley, a creek, and a town.

A la Cañada de los Osos 4 leguas. De San Diego 119 leguas.

Viernes 8 de Septiembre.—Hizimos la jornada por la propria cañada que seguimos hasta la mar, y gira siempre á poniente. Tuvimos algunos embarazos de zanjones profundos sobre nuestro camino, que fué necesario componer para que pasara la requa á las dos leguas paramos sobre una loma á vista de la mar, y cerca de un arroio de mui buena agua cubierta de berros:[12] el terreno era alegre de buena calidad abundante en pastos, y nada escaso de arboleda.

No lexos del alojamiento havía una ranchería de gentiles corta é infeliz; apenas llegaría á sesenta almas: vivia al raso sin casi ni hogar: vinieron a visitarnos y nos ofrecieron una especis de pinole hecho de semillas tostadas que supo bien a todos y tenia gusto de almendras.

Entra en esta cañada á la banda del sur un estero de immensa capacidad, que nos pareció puerto;[13] pero su boca abierta al suduoeste está cubierta de arrecifes que ocasionan una rebentason furiosa;[14] a poca distancia de ella hacia el norte, y delante de nuestro campamento, se miraba un peñon grandisimo;[15] en forma de morro redondo que en pleamar queda islado y separado de la costa, poco menos de un tiro de fusil; desde este morro tira la costa al oesnoroeste hasta una punta gruesa que divisabamos taxada á la mar, y entre ella, y otra punta de la sierra, que dejabamos a la espalda forma la costa una gran ensenada con abrigo de los vientos del sur suduoeste, y oeste, si es que tenga fondo suficiente.[16]

Por la Cañada de los Osos 2 leguas. De San Diego 121 leguas.

Savado 9 de Septiembre.—Anduvimos tres leguas por la plaia mui abundante de aguages de agua viva que despide de si la sierra, poco

---

12. Cerca de la desembocadura de Chorro Creek, en Morro Bay State Park.
13. Morro Bay.
14. Desemboca en Estero Bay.
15. Morro Rock.
16. Point Estero al noroeste y Point Buchon al sur, que señalan los limites de Estero Bay.

To the Cañada de los Osos, 4 leagues. From San Diego, 119 leagues.

Friday, 8 September.—We made this day's march through the same canyon, which steadily turns to the west, and followed it as far as the sea. We encountered some obstacles on our road, consisting of deep gullies that it was necessary to make ready for the passage of the animals. At a distance of two leagues we halted on a hill in sight of the sea, and near a stream of very good water covered with watercress.[12] The land was pleasant, of good quality, with abundant pasture and quite a number of trees.

Not far from our quarters there was a small and miserable Indian village with hardly sixty souls. They lived in the open, without house or hearth. They came to visit us, and offered us a kind of *pinole* made of roasted seeds, which tasted good to all of us and had the flavor of almonds.

An estuary of immense size, which to us seemed a harbor, enters this canyon on the south side;[13] but its mouth, opening to the southwest, is covered with reefs that cause a furious surf.[14] At a short distance to the north of the mouth, and in front of our camp, there was a very large rock, shaped like a round head.[15] At high tide it becomes an island, and is then separated—a little less than a gunshot—from the shore. From this rock the coast extends to the west-northwest as far as a great point of land which we could discern terminating in the sea. Between this point and another headland we were leaving behind, the coast forms a large bay, providing shelter from the south, southwest, and west winds, if it have sufficient anchorage.[16]

Through the Cañada de los Osos, 2 leagues. From San Diego,
121 leagues.

Saturday, 9 September.—We proceeded for three leagues along the beach, where there were many pools of clear water that comes down

---

12. Near the mouth of Chorro Creek, in Morro Bay State Park.
13. Morro Bay.
14. Opening onto Estero Bay.
15. Morro Rock.
16. Point Estero ("Estuary Point") to the northwest and Point Buchon to the south, which mark the limits of Estero Bay.

retirada del mar en este tramo parámos dentro de una cañada medianamente ancha, por donde se introducía un estero en el que desaguaba un
arroio de buen agua que salía de la sierra.[17] Las lomas que ciñen esta
cañada por el lado del poniente llegaban hasta la mar é interrumpían el
paso de la plaia, pero dejaba libre el camino del norte, y del nornoroeste
cuias direcciones seguían dos ramos de ella, dexandonos la eleccion del
rumbo que quisieremos tomar.

La altura orizontal del limbo inferior del sol observado con el octante ingles de cara al astro se halló al medio de		59	21
Semidiametro del sol additivo	16 ms		
Inclinazion de la visual por razon de la altura del ojo del observador sobre las aguas de seis á siete pies substractivos	3		13
Altura orizontal del centro del astro		59°	34
Su distancia al zenith resultó de		30	26
Su declinazion era en dicha hora		5	01
Latitud de este parage[18]		35	27

Se le puso á este sitio nombre del Estero.[19]

Al Estero 3 leguas. De San Diego 124 leguas.

Domingo 10 de Septiembre.—Tomamos el brazo de la cañada que
giraba al nornoroeste y la seguimos por espacio de tres leguas,
dejamosla despues porque torcía para el norte, y encumbramos unas
lomas rumbo del noroeste;[20] desde donde descubrimos la cerranía
cubierta de pinos, y dentro de una cañada mui profunda enmontada de

---

17. Donde se juntan los arroyos Villa y Ellysly, 1.8 millas al este de Point Estero.
18. La latitud correcta de este sitio es aproximadamente 35° 28'. Costansó se
    equivocó apenas en una milla más o menos.
19. "The Estuary." El nombre persiste en Point Estero. Parece que Costansó le
    dió este nombre a la punta puesto que su mapa indica *Punta del Estero*.
20. Siguiendo la ruta de State Route 1 por Harmony Valley y Green Valley,
    saliendo después de dicha ruta y bajando por Perry Creek hasta Santa Rosa
    Creek para acampar al este de Cambria en las cercanías del actual Coast
    Union High School.

from the mountain range—at this point only a short distance from the sea. We halted in a moderately wide canyon; into this an estuary entered, into which flowed a stream of good water that came from the mountains.[17] The hills enclosing this canyon on the west extended to the sea and obstructed the passage along the beach. The road was left free, however, to the north and northwest; two branches of the canyon followed these directions and gave us the choice of the course that we might wish to take.

The horizontal altitude of the lower limb of the sun, observed with the English octant, facing the sun, was found, at noon, to be		59° 21'
Semidiameter of the sun to be added	16'	
Inclination of the visual [horizon] in consequence of the observer's eye being six to seven feet above sea level, subtract	3'	13'
Horizontal altitude of the center of the sun		59° 34'
Its zenith-distance was found to be		30° 26'
Its declination at that hour was		5° 1'
Latitude of the place[18]		35° 27'

This place was given the name of El Estero.[19]

To El Estero, 3 leagues. From San Diego, 124 leagues.

Sunday, 10 September.—We entered the branch of the canyon that turned to the north-northwest, and followed it for a distance of three leagues. We left it afterwards—because it turned towards the north—and came to the top of some low hills to the northwest.[20] From this point we beheld the mountain range covered with pines and a very

---

17. The juncture of Villa and Ellysly creeks, 1.8 miles east of Point Estero.
18. The correct latitude of this camping place is approximately 35° 28'. Thus Costansó was off by only about a mile.
19. "The Estuary." The name has been retained at Point Estero. The point apparently was named by Costansó, since his map shows *Punta del Estero*.
20. Following the route of State Route 1 via Harmony Valley and Green Valley, then leaving the route followed by the highway and going down Perry Creek to Santa Rosa Creek and camping east of Cambria about where the Coast Union High School is.

sauces, alamos, pinos, y otra arboleda, corría un riachuelo de bastante agua, que quisieron algunos fuese el Rio del Carmelo.[21]

Sentamos el real en lo alto de la cañada que recibio nombre del Osito,[22] por que unos indios serranos que barajon a visitarnos trahían consigo un cachorro de la especie dicha que estaban amansando, y nos ofrecieron serian hasta sesenta hombres.

A la Cañada del Osito 3 leguas. De San Diego 127 leguas.

Lunes 11 de Septiembre.—Bajamos á la marina y seguímos la plaia que giraba al noroeste hizímos legua y media por buen camino con aguages a cada paso paramos sobre un cantil a la orilla del mar a la parte del noroeste de una cañada por donde desembocaba un arroio de mui buen agua:[23] hubo pasto y leña sobradamente.

Se observó en este parage la altura meridiana del sol por donde supimos que su latitud es de treinta y cinco grados treinta y cinco minutos.[24]

Al Cantil[25] 1 legua. De San Diego 128 leguas.

Martes 12 de Septiembre.—Siguiendo la marina por lomas altas, y tierra doblada, frequentemente interrumpido el camino de zanjones y arroios (todos abundantes de agua) cuia composicion dió mucho que hacer a los gastadores ya desmontando con las achas, y machetes, ya con los azadones y las barras abriendo el paso; llegamos a una punta de tierra tajada a la mar que dexamos sobre la izquierda,[26] metiendonos por un abra que ofrecía la sierra[27] y continuamos nuestra marcha al nornoroeste atravesando diferentes cañadas y arroios.

---

21. Santa Rosa Creek.
22. "Little Bear Canyon."
23. Pico Creek.
24. En realidad la latitud es 35° 36′ 56″. Costansó se equivocó al calcular que este sitio quedaba 2.3 millas demasiado al sur.
25. "The Cliff."
26. San Simeon Point.
27. Arroyo Laguna.

deep canyon thickly grown with willows, poplars, pines, and other trees, in which ran a small river with considerable water, that some maintained was the Río del Carmelo.[21]

We pitched our camp in the upper part of the canyon. This was named La Cañada del Osito[22] because some Indians from the mountains, who came down to visit us, brought with them a bear cub they were taming and offered it to us. There must have been as many as sixty men [in the party].

To the Cañada del Osito, 3 leagues. From San Diego, 127 leagues.

Monday, 11 September.—We descended to the shore and followed the beach, which turned to the northwest. We covered a league and a half over a good road with watering-places at every step. We halted on a steep cliff at the edge of the sea, in the northwestern part of a canyon, through which emptied a stream of very good water;[23] there was pasture and firewood in abundance.

In this place the meridian altitude of the sun was observed, and from this we found the latitude to be 35° 35'.[24]

To El Cantil,[25] 1 league. From San Diego, 128 leagues.

Tuesday, 12 September.—We followed the coast over high hills and rolling lands. The road was frequently interrupted by ditches and gullies (all full of water), and the making of it gave the pioneers much to do—now cutting brush with hatchets and machetes, now opening the way with pickaxes and crowbars. We arrived at a point of land terminating in the sea, and passed it with it on our left;[26] entering through a gorge in the range,[27] we continued our march to the north-northwest, crossing different canyons and gullies.

---

21. Santa Rosa Creek.
22. "Little Bear Canyon."
23. Pico Creek.
24. The actual latitude is 35° 36' 56". Costanso's figure is too far south by about 2.3 miles.
25. "The Cliff."
26. San Simeon Point.
27. Arroyo Laguna.

Paramos sobre una loma, y en lo alto de una cañada ó arroyada profunda que tenía agua suficiente dentro de una balza.[28] Caminamos como tres leguas en esta jornada.

A la Arroiada Honda[29] 2 leguas. De San Diego 130 leguas.

Miercoles 13 de Septiembre.—Caminamos dos leguas parte del camino por dentro de la cañada ó arroiada dicha, y parte sobre cantiles ha vista del mar: campamos entre dos arroios de buen agua, y al pié de la sierra mui alta en este paraje y tajada a la mar,[30] bien que parecía franquear poso por un abra que se miraba al oriente. Crehimos podría ser esta la sierra conocida en los derroteros de los pilotos, que navegaron por estos mares, y en especial por los que navegaron en la expedicion de Sevastian Viscaíno,[31] con el nombre de Santa Lucía: por lo que nuestro comandante deseoso de cerciorarse de ello y á fin de que se explorase el terreno con la prolijidad necessaria, presumiendo con razon, sería el paso mas dificultoso que vencer de todo nuestro viage (segun ponderan su aspereza las noticias antiguas) resolvió hacer descanso en este parage y despachar los exploradores mas inteligentes, para que la rexistraran á satisfacion, internandose todo quanto pudiesen sin limitarles tiempo para la buelta: salieron con efecto los exploradores despues de medio día, en numero de ocho hombres con el capitan don Fernando de Rivera.

Al pie de la Sierra de Santa Lucía 2 leguas. De San Diego 132 leguas.

Jueves 14 de Septiembre.—Al anochecer llegaron los exploradores confirmando lo proprio que recelabamos, acerca de lo penoso y agrio de la sierra, pero nos sirvió de consuelo la noticia que nos dieron de haverle hallado paso si bien éra forzoso abrir camino á golpe de barra, y de azadon.

---

28. Al manantial de Arroyo Laguna, cerca de Arroyo de la Cruz.
29. "Deep stream gully."
30. En San Carpoforo Creek, cerca de Ragged Point.
31. Vizcaíno le dio este nombre a la cordillera en diciembre de 1602, en honor de Santa Lucía de Siracusa, cuya fiesta es el 13 de diciembre. Aun hoy día se llama Santa Lucia Range.

We halted on a slope in the upper part of a canyon or deep water-course, which had sufficient water in a pool.[28] We traveled for about three leagues on this day's march.

To the Arroiada Honda,[29] 2 leagues. From San Diego, 130 leagues.

Wednesday, 13 September.—We traveled for two leagues, part of the way through the canyon or watercourse, and part over cliffs in sight of the ocean. We pitched our camp between two streams of good water, and at the foot of the mountain range which at this point is very high and terminates in the sea;[30] it seemed, however, to permit of passage through an opening we saw to the east. We thought that this might be the range known by the name of Santa Lucía in the sailing directions of the pilots who navigated these seas, and, particularly, by those who sailed with Sebastián Vizcaíno.[31] Therefore, our commander, desirous of assuring himself on this point, and with the object of exploring the land with the necessary thoroughness—rightly presuming that this would be the most difficult passage to surmount on the whole journey (as the old accounts dwell upon its ruggedness)—resolved to rest at this place, and to send out the most intelligent scouts to examine the country completely, penetrating as far as they could without limiting the time of their return. So eight scouts, with Captain Fernando de Rivera, set out after midday.

To the foot of the Sierra de Santa Lucía, 2 leagues. From San Diego, 132 leagues.

Thursday, 14 September.—At nightfall the scouts returned, confirming our fears in regard to the difficulty and roughness of the range. The report they gave us of having found a pass served, however, as a consolation, even though it was necessary to make a road with crowbar and pickaxe.

---

28. To the headwaters of Arroyo Laguna, near Arroyo de la Cruz.
29. "Deep stream gully."
30. At San Carpoforo Creek, near Ragged Point.
31. Vizcaíno gave this name to the range in December 1602, in honor of Saint Lucy of Syracuse, whose feast day is December 13. It is still named the Santa Lucia Range.

Viernes 15 de Septiembre.—Despacharonse mui de madrugada los gastadores para empezar el travajo: bolvieron en la noche dejando allanado el paso de la primera jornada que havíamos de hacer por dentro de la cerranía.

Savado 16 de Septiembre.—Entramos por la cañada que nos franqueaba el paso de la sierra siguiendola ya por una ya por otra ladera, conforme el terreno lo permitía:[32] era esta cañada mui angosta en partes los cerros que la ceñían estaban tajados a pique, y todos eran inaccesibles no solo a los hombres sino tambien a las cabras, y á los venados. Corría por en medio de ella un arroio de agua que pasamos muchas vezes, antes de llegar al parage en donde campamos: dividiase aqui en dos brazos el uno miraba al esnordeste y el otro hacia el norte: algo mas para el noroeste se dejaba ver un cerro no tan pendiente como los del resto de la cañada, por cuia falda havíamos de subir abriendo primero el camino. Andubimos poco mas de una legua en esta jornada.[33]

Luego que comio la gente se dió principio a la obra a que todos sin excepcion pusieron la mano repartieronse en varias quadrillas desde el campamento hasta el parage que nos propusimos por termino de la jornada y conseguimos concluir todo el tramo en la tarde.

A la Sierra de Santa Lucía 1 legua. De San Diego 133 leguas.

Domingo 17 de Septiembre.—Encumbramos la cuesta y siguiendo despues las cuchillas de los cerros que formaban el costada de la cañada que miraba al norte (de que hablamos) bajamos otra cuesta mui larga y campamos dentro de una hoya en que vivian arranchados unos gentiles sin casa ni hogar: no pasarían de sesenta almas, gente docil y obsequiosa en estremo: hizimos a lo más una legua en esta jornada y llamamos al parage la Hoia de Santa Lucia.[34]

A la Hoia de Santa Lucia 1 legua. De San Diego 134 leguas.

---

32. Subiendo por San Carpoforo Creek.
33. Donde se juntan los arroyos San Carpoforo y Dutra.
34. "Saint Lucy's Hollow" situada en Wagner Creek.

Friday, 15 September.—Very early in the morning the pioneers were ordered out to begin the work. They returned at night, having cleared the road for the first day's march that we had to make through the mountain range.

Saturday, 16 September.—We entered through the canyon, which allowed us passage into the mountains, following it now on one side and now on the other as the lay of the land permitted.[32] This canyon was very narrow; in some places the hills surrounding it were cut away at the foot, and were all inaccessible, not only to the men but even to goats and deer. A stream of water, which we crossed many times before we arrived at the place where we encamped, ran in the bottom of the canyon; it here divides into two branches: the one extending to the east-northeast, the other to the north. Somewhat farther to the north-west we saw a hill which was not as steep as those in the rest of the canyon; over the slope of this hill we had to ascend, first opening the way. We traveled for a little more than a league on this day's march.[33]

After the people had eaten, we began the work, in which all without exception took part. The men were distributed in several parties from the camp to the place we had determined upon as the end of the day's march. We succeeded in finishing the whole section in the afternoon.

To the Sierra de Santa Lucía, 1 league. From San Diego, 133 leagues.

Sunday, 17 September.—We ascended the slope, and, following the crest of the hills which formed the north side of the canyon we have mentioned, we descended another very long slope, and pitched our camp in a hollow where some natives lived together without either house or home. There could not have been more than sixty souls, a very mild and obsequious people. We covered, at the most, one league on this day's march, and we gave the place the name of the Hoya de Santa Lucía.[34]

To the Hoya de Santa Lucía, 1 league. From San Diego, 134 leagues.

---

32. Going up San Carpoforo Creek.
33. At the juncture of San Carpoforo and Dutra creeks.
34. "Saint Lucy's Hollow." The location is on Wagner Creek.

Lunes 18 de Septiembre.—Mui de mañana salió la gente a la faena de componer el camino, quedando mui pocos en el real; pero con haber travajado todo el dia, tuvieron que bolverse sin haver concluido el tramo que se havía de andar en la jornada siguiente.

Martes 19 de Septiembre.—Empleose todo el día y la maior parte de la gente, en el mismo trabajo del camino, y se dió fin a la obra.

Miercoles 20 de Septiembre.—De mañana nos pusimos en marcha y empezamos á subir una cuesta bastante agria handubimos despues por la ladera de una cañada angosta y profunda, que tenía agua corriente bajamos a ella pasamos el arroio dos o tres vezes por dentro de la propria cañada algo mas espaciosa en este tramo, y subimos de nuevo una cuesta larguisima. De lo alto de la cuesta dominabamos la serranía que se estendía por todos rumbos, sin verle la fin por ningun lado: triste perspectiva para unos pobres caminantes cansados y rendidos de la fatiga del viage, de allanar malos pasos y de abrir caminos por cerros, bosques, meganos, y pantanos: empezaban los frios á sentirse, y teníamos ya á muchos soldados afectos del escorbuto é imposibilitados á hacer el servicio, cuias fatigas crecian para los que quedaban en pié: hizimos en esta jornada dos leguas y paramos dentro de una cañadita en extremo angosta, en la que apenas hallamos terreno para campar.[35] El aguage fué corto, estaba el agua rebalzada en pozas: el pasto sumamente escaso. Havía tres rancherías de gentiles en estas inmediaciones y contornos: genta vaga sin casa ni hogar que A la sazon se ocupaba en la cosecha de piñones que tributan en abundancia los muchos pinos de estos montes.

Los exploradores que salieron en la tarde á rexistrar la tierra, traxeron noticia de haver visto un arroio, y cañada al proposito para mudar nuestro campo, con pasto suficiente para la caballada que lo necesitaba mucho: dijeronnos tambien, que la cerranía se hacia algo mas tratable por el rumbo que siguieron del lesnordeste, bien que

---

35. Probablemente Los Burros Creek, al oeste de Nacimiento River.

Monday, 18 September.—Very early in the morning the people set out for the work of preparing the road; very few remained in the camp. Despite their working the whole day they had to return without having completed the stretch over which we had to pass on the following day's march.

Tuesday, 19 September.—The whole day and the greater part of the people were employed in the same work, which was finished.

Wednesday, 20 September.—Early in the morning we set out and began to ascend a very rough slope. We afterwards proceeded along the side of a narrow and deep canyon, which contained running water. We descended into the canyon, crossed the stream two or three times that runs through it—the canyon was somewhat wider at this place—and again ascended a very long slope. From the top of the hill we commanded the mountain range, which extended in all directions, without seeing its end on any side—a sad outlook for these poor travelers, tired and worn out by the fatigue of the journey, by the task of clearing rough passages and breaking roads through hills, woods, dunes, and swamps. The cold began to be felt; we had already many soldiers afflicted with scurvy and rendered incapable of service, the toil of which increased for those who remained on their feet. We covered two leagues on this day's march, and halted in a small and exceedingly narrow canyon in which we hardly found room enough for our camp.[35] The watering-place was small; the water stood in pools; the pasture was extremely scarce. There were three bands of Indians in the immediate neighborhood—wandering people without either house or home. At this time they were engaged in collecting pine nuts, which the many trees of these mountains yield in abundance.

The scouts, who had set out in the afternoon to explore the country, returned with news of having seen a water-course, and a canyon, convenient for the removal of our camp, having sufficient pasture for the horses, which were in great need of it. They likewise told us that the range was somewhat more passable in the direction they followed to the east-northeast, although it was far from the course that was

---

35. Apparently Los Burros Creek, west of the Nacimiento River.

remoto del que nos combenía llevar: pero aseguraron que el terreno
daba muestras de ser mas transitable en adelante por mejor rumbo.

Por la misma Sierra de Santa Lucia [al] Real de los Piñones[36]
2 leguas. De San Diego 136 leguas.

Jueves 21 de Septiembre.—Havía diferentes malos pasos que componer para llegar á la cañada que se havía rexistrado; y para allanarlos
salieron de mañana los gastadores, difiriendo nuestra marcha hasta la
tarde, para darles tiempo de concluir la faena.

Ejecutose esta despues de haver comido la gente y anduvimos una
legua por tierra quebrada pero menos aspero que la pasada: sentamos
el real sobre la orilla de un riachuelo de mucha agua corriente, que en
algunas pozas ó remansos tenía bastante pescado de truchas y otra
especie.

Pusimosle nombre al sitio de Rio de las Truchas.[37]

Al Arroio de las Truchas 1 legua. De San Diego 137 leguas.

Viernes 22 de Septiembre.—Hizimos descanso en este sitio para dar
tiempo á los exploradores de bien rexistrar el terreno, y á la cavallada
de reforzarse algo por venir ya bien maltratada.

Savado 23 de Septiembre.—Bolvieron los exploradores de su
reconocimiento ya de noche con noticias alegres: dijeron haverse
adelantado doce ó catorze leguas y haber seguido una cañada hasta su
desemboque en la mar, pero padecieron notable engaño, como despues
conocimos todos por razon de la mucha neblina que ocupaba la cañada
por la parte del mar, y creyeron haver visto la plaia que estaba aun bien
distante. Corría dentro de la cañada un rio que tomaron por el Carmelo,[38] porque vieron sobre sus orillas arboles corpulentos, de alamos,
sauces, encinos, robles, y otros varios: con estas noticias se alegró
mucho la gente: adelantaronse todos presumiendo que distaba poco el

---

36. "Pine-nuts Camp."
37. "Trout River" que ahora se llama Nacimiento River.
38. En realidad era Salinas River en vez de Carmel River.

convenient for us to take. They assured us, however, that the country gave signs of being more easily traversed farther on in a better direction

> *Through the same Sierra de Santa Lucía to the Real de los Piñones,*[36] *2 leagues. From San Diego, 136 leagues.*

Thursday, 21 September.—There were several bad passages to clear in order to reach the canyon that had been explored, and to do this the pioneers set out early in the morning. We deferred our march until the afternoon, in order to give them time to finish the work.

The march was resumed after the people had eaten, and we proceeded for one league over broken country—less rugged, however, than that previously traversed. We pitched camp on the bank of a small river containing much running water, which, in several pools or eddies, held a considerable number of trout, and other species of fish.

We gave the place the name of Río de las Truchas.[37]

> *To the Arroyo de las Truchas, 1 league. From San Diego, 137 leagues.*

Friday, 22 September.—We rested at this place so as to give time for the scouts to examine the country carefully, and also to allow the animals to recuperate somewhat, since they were in bad condition.

Saturday, 23 September.—After nightfall the scouts returned from their reconnaissance with good news. They said that they had pushed forward for twelve or fourteen leagues, and had followed a canyon as far as its outlet in the sea; in this, however, they were greatly deceived—as we all found out afterwards—by the heavy fog that filled the canyon towards the sea. They believed, also, that they had seen the beach, but this was still quite distant. Through the canyon flowed a river that they took to be the Carmelo,[38] because they saw large trees on its banks—poplars, willows, oaks, and other kinds. With this news the men were greatly rejoiced; they all bestirred themselves,

---

36. "Pine-nuts Camp."
37. "Trout River." Now the Nacimiento River.
38. Actually the Salinas River rather than the Carmel River.

termino á que caminabamos, y al que nos anticipabamos de llegar con
el deseo.

Domingo 24 de Septiembre.—Nos pusimo en marcha y andubimos
cosa de dos leguas por lomería tendida rumbo del norte, y á vezes del
nordeste: bajamos una cuesta, y al pié de ella corría un arroio de
bastante agua,[39] que dirigía su curso hacia levante, y torcía despues
para el norte, uniendose con el Rio de las Truchas, segun nos dieron á
entender los gentiles: todo el terreno que transitamos, maiormente
desde este arroio para adelante, estaba cubierto á derecha é izquierda
de robles y encinos tan altos y corpulentos como puedan hallarse en las
mejores florestas de Europa: todos estaban cargados de bellotas pero
no zasonadas aun, de cuia cosecha immensa, pudieran mantenerse
numerosas piaras de cerdos: de ella se aprovechan los indios, y hacen
atole que en varias partes hémos comido, y tambien las tlateman, y
comen como pan.

Havía en la rambla de este arroio una ranchería de indios vagos mui
pobres, pero se mostraron amigos y obsequiosos.

Por la propria Sierra de Santa Lucia 2 leguas. De San Diego
139 leguas.

Lunes 25 de Septiembre.—Prevenidos de que no encontraríamos
agua hasta el rio de que nos dieron noticias los exploradores, salimos en
la tarde despues de dar agua á las bestias: parámos en medio de una
cañada, á poco mas de una legua del parage que dejamos rumbo del
nordeste: la tierra de esta cañada es pedregosa tiene mucha arboleda
de robles y encinos.[40]

Por la propria Sierra de Santa Lucia 1 legua. De San Diego
140 leguas.

Martes 26 de Septiembre.—Caminamos por la propria cañada que
seguimos en el dia antecedente, rumbo del nordeste, iba angostando

---

39. San Antonio River, cerca de Jolon.
40. En la parte más alta de Jolon Valley.

supposing that the goal towards which we were marching was only a short distance away; with desire we anticipated our arrival.

Sunday, 24 September.—We set out and proceeded for about two leagues, over low-lying hills, towards the north, and, at times, towards the northeast. We descended a slope; at the foot of it flowed a considerable stream of water.[39] Its course was eastward, and turned, afterwards, to the north, uniting with the Río de las Truchas—as we understood from the natives. The whole country over which we traveled, especially from this stream onward, was covered on both sides with white and live oaks, as high and of as great girth as can be found in the finest parks of Europe. All the trees were loaded with acorns, as yet unripe; the crop would be so great that many herds of swine could be maintained. The Indians use them in making their *atole*—of which we have partaken in various places—and they also roast them, and eat them as bread.

On the margin of this stream there was a village of very poor, wandering Indians, but they showed themselves friendly and obsequious.

Through the same Sierra de Santa Lucía, 2 leagues. From San Diego, 139 leagues.

Monday, 25 September.—Forewarned that we would not find water until we reached the river, of which the scouts gave us information, we set out in the afternoon, after watering the animals. We halted in the bottom of a canyon a little more than a league to the northeast from the place that we left. The ground of this canyon is stony; in the canyon there are many white oaks and live oaks.[40]

Through the same Sierra de Santa Lucía, 1 league. From San Diego, 140 leagues.

Tuesday, 26 September.—We traveled towards the northeast through the same canyon that we followed on the preceding day. The

39. The San Antonio River, near Jolon.
40. In the upper Jolon Valley.

poco á poco; y los cerros que la ceñian, pedregosos y blancos, unianse enteramente al fin de ella, pero franqueaban sin embargo un paso nada dificultoso para bajar a la cañada del rio que tomaron los exploradores por el del Carmelo, ofreciendose una cuesta de poca considerazion mui enmontada de diferentes arbustos, entre otros de unos castaños silvestres cuio fruto amarga mucho al pié de la cuesta havía una ranchería de indios vagos que pasaría de doscientas almas; no tenian casas y vivian al raso junto a un encino cahido, por cuio motivo quedó con el nombre esta ranchería del Palo Caydo.[41] Ofrecieronnos dichos gentiles cantidad de piñones y semillas: estuvimos un rato entre ellos, y pasamos adelante para ir á campar á la orilla del rio que creyeron los mas ser el Carmelo.[42]

Los margenes de este rio por uno y otro lado estan mui pobladas, de sauces, alamos, encinos, robles y otros palos: y toda la vega que el baña es sumamente frondosa las tierras parecieron de buen migajon y producen variedad de plantas olorosas entre otras abundada el romero, la salvia, y rosales, cargados de rosas.

La jornada de este día fué de tres leguas y el real que situamos sobre la vega del rio fue conocido despues con el nombre del Chocolate.[43]

Al Real del Chocolate 3 leguas. De San Diego 143 leguas.

Miercoles 27 de Septiembre.—Practicado el desmonte de la vega del rio por los gastadores, lo pasamos dividido en tres brazos mas abajo de un remanzo que formaban sus aguas en pozas grandes que tenían mucho pescado dixeron algunos soldados haver visto peses que podrían pesar de ocho a diez libras.

Dejamos la vega del rio para continuar la marcha por tierra llana, y desmontada, arrimandonos un poco á los cerros que limitaban la cañada por la banda del norte, hasta llegar otra vez al cantil de la vega

---

41. "Fallen Tree Village."
42. Salinas River. Ellos llegaron al valle de Salinas River a dos millas al sur de King City.
43. "Chocolate Camp." No explican porque le dieron ese nombre.

canyon gradually became narrower, and the rocky white hills that surrounded it join completely at its end, but a pass was left that was not at all difficult, by which one could descend to the bed of the river, which the scouts believed to be the Carmelo. Here there was a slope of no great importance, very thickly covered with different bushes, among others some wild chestnuts, the fruit of which has a bitter taste. At the foot of the slope was a band of wandering Indians, which must have numbered more than two hundred souls. They had no houses, and lived in the open near a fallen oak tree. For this reason the place was named Ranchería del Palo Caido.[41] These natives offered us a quantity of pine nuts and seeds. We remained a short time among them, and then passed on in order to make our camp on the bank of the river, which most of us believed to be the Carmelo.[42]

The borders of this river are very thickly covered on both sides with willows, poplars, oaks, and other kinds of trees; and the whole plain that it waters has luxuriant foliage. The soil seems to be of good quality, and produces a variety of fragrant plants, among others the rosemary, which abounded, the sage, and rosebushes loaded with blossoms.

The day's march was of three leagues, and the camp, which we placed upon the plain adjoining the river, came to be known by the name of El Chocolate.[43]

To the Real del Chocolate, 3 leagues. From San Diego, 143 leagues.

Wednesday, 27 September.—The pioneers having cleared the land along the river, we crossed it where it divided into three branches below a body of standing water, which had formed large pools that contained many fish. Some of the soldiers said that they had seen fish weighing as much as eight or ten pounds.

We left the river bottom and continued our march over level open country, approaching a little the hills that bounded the canyon on the north, until we reached again the steep bank of the river bottom, which

41. "Fallen Tree Village."
42. The Salinas River. They reached the Salinas River valley two miles south of King City.
43. "Chocolate Camp." No reason is given for the name.

del rio que se inclinaba sobre ellos torciendo para el noroeste precisan-
donos entonces á tomar la ladera de los cerros que teníamos á nuestra
derecha. Luego que el terreno lo permitió proseguimos nuestro camino
por tierra llana sin apartarnos mucho del rio, y sentamos el real cerca
de unas pozas en sitio provisto de pastos que no abundan en todas
partes de la cañada havía en este parage un alamo que encerramos
dentro de nuestro alojamiento por cuia razon quedó con el nombre de
Real del Alamo:[44] dista quatro leguas del Real del Chocolate.

Vimos en este dia muchos berrendos cruzar por el llano á manadas,
pero no se nos proporcionó ninguno á tiro.

Al Real del Alamo 4 leguas. De San Diego 147 leguas.

Jueves 28 de Septiembre.—No havía para nosotros mejor camino, ni
podíamos desearlo que el de la propria cañada abierta al noroeste, que
iba ensanchandose al paso que nos arrimabamos á la marina siguiendo
el curso del rio que bolteaba sin estorvo de un lado á otro entre los
cerros que la ceñian.

La jornada fué de quatro leguas campamos dentro de la vega del rio
en medio de un lunar de encinos la tierra era blanquisca en este parage
de donde le vino el nombre de Real Blanco:[45] durante la marcha vimos
tambien varias manadas de berrendos, pero fuera de tiro y remontados
en los cerros.

Al Real Blanco 4 leguas. De San Diego 151 leguas.

Viernes 29 de Septiembre.—La jornada de este día fué poco menor
que la del antecedente, anduvimos tres leguas y media por terreno
blanquisco y falso, en que se sumian las bestias, pero algo mas abundante de pastos.

Paramos junto al rio que corría en este parage con mas orgullo y
ruido. Vieronse muchos berrendos durante la marcha.

Se nombró este real de los Cazadores por que sorprehendimos en el
a unos gentiles tan embevidos en su montería que no nos vieron hasta

---

44. "Cottonwood Camp," cerca de Metz.
45. "White Camp," al suroeste de Camphora.

paralleled these hills. They turned to the northwest, and obliged us to take to the slopes of the hills we had on our right. When the lay of the land permitted, we continued our march over level ground, without going very far from the river. We pitched our camp near some pools in a spot provided with pasture, which is not abundant in all parts of the canyon. At this place there was a cottonwood tree that we enclosed within our camp, and for this reason the place was called Real del Alamo.[44] It is four leagues from the Real del Chocolate.

Today we saw many herds of antelopes crossing the plain, but none of them came within range.

To the Real del Alamo, 4 leagues. From San Diego, 147 leagues.

Thursday, 28 September.—There was not, nor could we desire, a better road than that through the same canyon, which opened towards the northwest and gradually widened as we drew nearer to the coast, following the course of the river, which meandered without hindrance among the hills that bordered the coast.

The day's march was four leagues. We pitched our camp in the river bottom amid a clump of live oaks. The land at this place was of a whitish color, whence came its name of Real Blanco.[45] During the march we again saw several herds of antelopes, but they were out of range and up in the hills.

To the Real Blanco, 4 leagues. From San Diego, 151 leagues.

Friday, 29 September.—This day's march was a little shorter than the one of yesterday. We proceeded for three leagues and a half over whitish, treacherous ground into which the animals sank; it, however, had a greater abundance of pasture.

We halted beside the river, which at this place flowed with greater force and noise. Many antelopes were seen during the march.

The camp was given the name of Los Cazadores, because here we had come unexpectedly upon some natives who were so engrossed in their hunting that they did not see us until we were upon them; then,

---

44. "Cottonwood Camp," near Metz.
45. "White Camp," southwest of Camphora.

que estuvimos sobre ellos, y entonzes azorados se pusieron en huida, sin que bastasen dilixencias para atraherlos.

Al Real de los Cazadores[46] *3¹/₂ leguas. De San Diego 154¹/₂ leguas.*

Savado 30 de Septiembre.—Hizimos otras tres leguas y media rio á bajo rumbo del noroeste, y oesnoroeste. Iban umillandose poco a poco los cerros, y apartandose al mismo paso ensanchaban la cañada, en este sitio á vista de dos puntas bajas que formaban los cerros, tendría mas de tres leguas de travesía. El terreno era de la propria calidad que arriba expresamos, falso el piso avierto de grietas que se cruzaban en todos sentidos, blanquisco y escaso de pastos.

Oyamos desde el campamento el ruido de la mar, pero sin ver la plaia,[47] por lo que deseosos de saver en que parte de la costa nos hallabamos persuadidos a que no podíamos distar mucho del deseado Puerto de Monterrey, y que la sierra que dexabamos atras era indefectiblemente la de Santa Lucía segun inferíamos de la historia escrita por el Padre Torquemada, que trata de la expedicion y viage del General Sevastian Viscaino y de los derroteros del Piloto Cabrera Bueno, resolvió nuestro comandante que salieran temprano los exploradores á reconocer la costa, y desemboque del rio.

Volvieron estos diciendo que el rio desaguaba en un estero que entraba del mar por la cañada: que la plaia se veía a la banda del norte y del sur circuida de meganos formando la costa una ensenada immensa: que a la parte del sur se devisaba una loma que iba a terminarse en punta dentro de la mar cubierta de arboles que parecian pinos.

Al oír estas noticias entraron algunos en sospecha de que hubiesemos dexado atras el puerto que buscabamos, por el rodeo grande que hizimos para pasar la cerranía que cortamos por el nordeste y norte, hasta bajar, á la cañada que nos permitió cobrar el camino de

---

46. "Hunters' Camp," cerca de Chualar.
47. La expedición acampó más abajo de Old Hilltown, localizado donde se juntan State Route 68 y Spreckels Boulevard. Hill Town fue uno de los primeros sitios donde se organizó un transbordador para cruzar el río Salinas.

startled, they fled, and no efforts of ours were sufficient to induce them to return.

>*To the Real de los Cazadores,*[46] *3½ leagues. From San Diego, 154½ leagues.*

Saturday, 30 September.—We proceeded for another three and a half leagues, downstream, to the northwest and west-northwest. The hills gradually became lower, and, spreading out at the same time, made the canyon wider; at this place, in sight of two low points formed by the hills, it extends for more than three leagues. The soil was of the same quality as that we have mentioned above—treacherous footing, full of fissures that crossed it in all directions, whitish in color, and scant of pasture.

From our camp we could hear the sound of the ocean, but we could not see the shore.[47] Therefore, desirous of knowing on what part of the coast we were, and convinced that we could not be very far from the desired port of Monterey, and that the mountain range that we were leaving behind was assuredly that of Santa Lucía—as we inferred from the account written by Father Torquemada, which treats of the expedition and voyage of General Sebastián Vizcaíno, and from the sailing directions of the pilot Cabrera Bueno—our commander resolved that the scouts should set out promptly to explore the coast and the mouth of the river.

They returned saying that the river emptied into an estuary, which entered the canyon from the sea; that the beach, bordered by sand dunes, had been seen to the north and south, the coast forming an immense bay; and that, to the south, there was a low hill, covered with trees like pines, which terminated in a point in the sea.

On hearing this news some began to suspect that we might have left behind us the port we were seeking, by reason of the great circuit we had made in passing through the mountain range, which we traversed in a northeasterly and northerly direction until we descended to the

---

46. "Hunters' Camp", near Chualar.
47. The party camped below Old Hilltown, which is at the junction of State Route 68 and Spreckels Blvd. Hill Town is the site of one of the first ferries across the Salinas River.

la plaia por el rumbo del noroesta, y oesnoroeste; añadían que la Punta de Pinos[48] que se descrubía á la parte del sur era indicio fuerte de ello, por ser una de las señas que dan los derroteros del Puerto de Monterrey; y asentaban que la ensenada grande de que daban razon los exploradores era sin duda la que se forma entre la Punta de Año Nuevo, y la referida Punta de Pinos.

Hizieron a todos alguna fuerza estas razones, a que podía añadirse tambien la de estar por mas de treinta y seis y medio grados de latitud norte, y se miró como dilixencia indispensable la de pasar á reconocer dicha punta antes de emprehender otra cosa.

Siguiendo la propria cañada 3½ leguas. De San Diego 158 leguas.

---

48. "Point of Pines," en Pacific Grove. El nombre existe hoy día como una combinación de los dos idiomas: Point Pinos. El nombre original se lo dio Vizcaíno en diciembre de 1602.

canyon that permitted us to resume the road along the beach towards the northwest and west-northwest. They added that the Punta de Pínos,[48] which appeared to the south, was a strong indication of it, for it is one of the landmarks given in the sailing directions for the port of Monterey. They also stated that the large bay, about which the scouts gave particulars, was, without doubt, the one that lay between the Punta de Año Nuevo and the above mentioned Punta de Pínos.

These reasons somewhat worried all of us, and to these could be added the fact that we were above 36° 30' north latitude; so it was considered a most necessary measure to reconnoiter this point before undertaking anything else.

Through the same canyon, 3¹/₂ leagues. From San Diego, 158 leagues.

---

48. "Point of Pines," at Pacific Grove. The name persists, in an odd blend of the two languages, as Point Pinos. The original name was given by Vizcaíno in December 1602.

Domingo 1⁰ de octubre.—Nos arrimamos algo mas á la plaia siguiendo el curso del rio cosa de una legua[1] pasaron despues a rexistrar dicha plaia algunos oficiales con el ingeniero, y lo que observaron en ella fué la ensenada grande que vieron los exploradores cuia punta septentrional que salía considerablemente a la mar, les demoraba al noroeste a distancia de mas de ocho leguas maritimas segun juzgaron: la de la banda del sur que formaba la loma de pinos al suduoeste quarta al sur no vieron la boca del estero por que su entrada y communicacion con la mar no se verifica en el parage donde estuvieron pero mucho mas al norte.

No fué dable observar la altura meridiana del sol con el octanta para determinar la latitud del parage, por que la costa no franqueaba orizonte ni por la del sur, ni por la banda del norte.

Por la propria cañada 1 legua. De San Diego 159 leguas.

Lunes 2 de Octubre.—Salieron los exploradores en la mañana con deseos grandes de ir a reconocer la Punta de Pinos, persuadidos a que no dexarian de encontrar el Puerto de Monterrey que presumíamos haver dexado atras. Por no haver podido observar en la plaia la altura meridiana del sol el dia antecedente se practicó esta diligencia en el real por medio del gnomon.

La hipotenusa del triangulo rectangulo se medió de 8000 partes de aquellas en que se divide communmente la linea de partes iguales de la pantometra ó compas de proporcion de un estuche de matematicas y la sombra meridiana se midió de 4338 de que resultó el angulo de la altura meridiana del sol 57 grados 10 minutos: su distancia al zenith 32 grados 50 minutos: su declinazion era de 3 grados 54 minutos y la latitud del lugar era por tanto de 36 grados 44 minutos.[2]

Martes 3 de Octubre.—Bolvieron en la tarde los exploradores y dixeron que no havían visto puerto alguno ni á la banda del norte, ni á la del sur de la Punta de Pinos: solo si una corta ensenada formada

---

1. Las seis noches siguientes acamparon cerca de Blanco.
2. La latitud correcta es 36° 40′ 43″. El cálculo de Costansó es 3.6 millas demasiado al norte.

Sunday, 1 October.—We approached somewhat nearer the beach, following the course of the river for about a league.[1] Some of the officers afterwards went with the engineer to examine this beach. There they observed the large bay that the scouts had seen. Its northern point, which ran a considerable distance into the sea, bore northwest at a distance—in their judgment—of eight maritime leagues; the southern point, which formed the hill of pines, bore southwest by south. They did not see the mouth of the estuary because it does not enter and join with the sea where they were, but very much farther to the north.

It was not possible to observe the meridian altitude of the sun with the octant to determine the latitude of the place, because the coast prevented a clear horizon either to north or south.

Through the same canyon, 1 league. From San Diego, 159 leagues.

Monday, 2 October.—The scouts set out in the morning with a great desire to reconnoiter the Punta de Pinos, convinced that they would not fail to find the port of Monterey which we imagined had been left behind. Since it was not possible yesterday to observe the meridian altitude of the sun on the shore, this calculation was made in the camp by means of the gnomon.

The hypotenuse of the right-angled triangle was taken as 8000 parts of those into which the line of equal parts of the pantometer, or proportional compasses from a box of mathematical instruments, is commonly divided, and the meridian shadow was taken as 4338. From this, the angle of the meridian altitude of the sun came out 57° 10′; its declination was 3° 54′; the latitude of the place was therefore 36° 44′.[2]

Tuesday, 3 October.—The scouts returned in the afternoon and said that they had not seen a port, either to the north or south of the Punta de Pinos; they did see, however, a small bay lying between the said Punta de Pinos and another point farther to the south.[3] This bay had a

---

1. They camped near Blanco for the next six nights.
2. The correct latitude is 36° 40′ 43″. Thus Costansó's figure is too far north by about 3.6 miles.
3. Point Lobos.

entre dicha Punta de Pinos, y otro algo mas al sur,[3] con un arroio de agua que bajaba de la sierra, y un estero en el que desaguaba;[4] mas adelante seguía la costa acantilada al sur quarta al suduoeste cuia aspereza impenetrable les obligó á retroceder creídos tambien que el cantil que tenian á la vista era el mismo que nos havía retirado de la plaia, obligandonos á tomar el camino de la cerranía.

Miercoles 4 de Octubre.—Algo confuso nuestro comandante con estas noticias determinó llamar á junta a sus oficiales para deliberar sobre el partido que mas combenía tomar en las actuales urgencias: expuso la cortedad de provisiones con que nos hallabamos los muchos enfermos que teníamos (eran diez y siete hombres los que se hallaban medio tullidos y de ninguna aptitud para la fatiga) la estacion ya tan adelantada, y lo mucho que padecía la gente que quedaba sana con el travajo excesibo de custodiar y velar de noche la cavallada en las guardias del real y en las salidas continuas de exploraciones, y reconocimiento. Tuvose la junta despues de haver oido misa del Espiritu Santo, y votaron todos los oficiales unanimemente, que se prosiguiese el viage, por ser el unico partido que quedaba esperanzados en encontrar mediante el favor de Dios el deseado Puerto de Monterrey, y hallar en el al pacabot el San Joseph que remediase nuestras necesidades, y que si Dios permitía que en demanda de Monterrey pereciramos todos, havíamos cumplido, para con Dios y con los hombres, cooperando hasta la muerte al logro de la empresa a que nos havían mandado.[5]

Jueves 5 de Octubre.—Salieron de mañana los exploradores á rexistrar la tierra para proseguir el viage.

---

3. Point Lobos.
4. Carmel River que desemboca en Carmel Bay.
5. Los jefes y los exploradores de la expedición llegaron hasta la costa de la Bahía de Monterrey pero no pudieron encontrarla; siguieron explorando en dirección sur hasta Carmel River y en dirección norte hasta Pajaro River, sin poder aclarar la confusión respecto al sitio exacto de la Bahía de Monterrey. Ellos pensaban encontrar un puerto adecuado y protegido del viento. Sin embargo, al contemplar la Bahía de Monterrey, lo que encontraron fue un fondeadero de cierto tamaño en lugar de lo que tenían en mente y por lo tanto resolvieron o que ya habían pasado el Puerto de Monterrey o que éste se encontraba más adelante.

stream flowing into it from the mountain range, and an estuary into which the stream emptied.[4] Farther on, the rocky coast extended to the south-southwest; its impenetrable ruggedness obliged them to turn back, and they believed that the steep cliff they had in sight was the same that had obliged us to leave the shore, and to pursue our way through the mountains.

Wednesday, 4 October.—Our commander, somewhat confused by these reports, determined to call a meeting of his officers to consider what action was most suitable in the present exigency. He drew attention to the scarcity of provisions that confronted us; to the large number of sick we had among us (there were seventeen men half-crippled and unfit for work); to the season, already far advanced; and to the great sufferings of the men who remained well, on account of the unlimited work required in looking after the horses, and watching them at night, in guarding the camp, and in the continual excursions for exploration and reconnaissance. The meeting was held after we had heard the mass of the Holy Ghost, and all the officers voted unanimously that the journey be continued, as this was the only course that remained, for we hoped to find—through the grace of God—the much desired port of Monterey, and in it the packet *San Joseph* which would relieve our needs; and, if God willed that in the search for Monterey we should all perish, we would have performed our duty towards God and man, laboring together until death for the success of the undertaking upon which we had been sent.[5]

Thursday, 5 October.—The scouts set out early in the morning to examine the country so that we might continue our journey.

---

4. The Carmel River flowing into Carmel Bay.
5. The leaders and scouts of the party stood upon the shores of Monterey Bay—and were unable to find Monterey Bay. The scouts explored southward as far as the Carmel River and to the north as far as the Pajaro River, and still were baffled as to the whereabouts of Monterey Bay. They had expected to find a *port*—a snug harbor protected from the wind. But when they looked out upon Monterey Bay, a vast roadstead rather than what they had envisioned, they could only assume that they had already passed the port of Monterey—or that it still lay ahead.

Viernes 6 de Octubre.—Bolvieron en la tarde los exploradores con noticias mui lisongeras: encontraron un rio de grande frondosidad, y arboledas de castill,[6] y creieron haver vista otra punta de pinos á la banda del norte (bien que se conoció despues que havian padecido engaño porque estaba el tiempo mui nebuloso) vieron assi mismo rastro de animales grandes y de pesuña hendida que juzgaron serian cibolos, y una numerosa ranchería de gentiles que vivian abarracados en chozas cubiertas de zacate, que pasaria segun dijeron de quinientas almas no tenian noticia estos indios de nuestra venida a sus tierras, segun hecharon de ver los nuestros por la consternacion y pavor que les causó su presencia: atonitos y confusos, sin acertar a lo que hacian, unos corrían a las armas, otros daban vozes, y alaridos las mugeres se deshacian en llanto: hizo nuestra gente todo lo que pudo para sosegarlo, y lo consiguió con gran travajo, el sargento del presidio de Loreto que iba mandando la partida, hechando pié a tierra; y arrimandose á ellos con ademanes de paz: no le dexaron llegar los indios hasta su ranchería hicieronles señas de que se parase, y cogiendo al instante sus flechas, las clavaron todas de punta en tierra é hizieron lo proprio con otras vanderillas, y plumages, que trageron al instante: retiraronse despues, y conociendo los exploradores que havian dispuesto aquello en señal de paz se apearaon varios, y cogieron algunas flechas é insignias de aquellas. Alegraronse mucho los gentiles aplaudiendo á esta accion de los nuestros que para asegurarles mas de que su intencion no era de hacerles agravio, antes bien que deseaban su amistad, les pidieron por señas de comer. Aquí fué maior el contento de los indios, y al punto sus mugeres se pusieron a moler semillas, de que hicieron unas bolas de masa que les regalaron. Dioles el sargento algunos abalorios, y quedaron los indios mui satisfechos y contentos.

Savado 7 de Octubre.—Andubimos dos leguas por el llano en que nos ocasionó alguna detencion el paso de dos zanjones pantanosos, que hallamos sobre nuestro camino, que huvimos de componer con tierra y fagina, para que pasara la requa y caballada.

---

6. Pajaro River.

Friday, 6 October.—The scouts returned in the afternoon with very pleasant news. They had found a river [valley] of great verdure and with many trees of Castile,[6] and they believed that they had seen another point of pines to the north (it was afterwards known, however, that they had been deceived because it was very foggy). They likewise saw tracks of large animals with split hoofs, and thought they might be bison; and a populous village of Indians who lived in huts covered with thatch, and who, according to what they said, must have numbered over five hundred souls. These Indians had no notice of our coming to their lands, as our men could see from the consternation and fright that their presence caused: amazed and confused, without knowing what they did, some ran for their weapons, others shouted and yelled, and the women burst into tears. Our men did all they could to quiet them, and succeeded with great difficulty. The sergeant of the presidio of Loreto, who was in command of the party, dismounted and approached them with signs of peace. The Indians did not allow him to reach their village; they made him signs to stop, and, at the same time, taking their arrows they stuck them all, point first, into the ground; they did the same with other darts and plumes, which they brought immediately. They withdrew afterwards, and as the scouts understood that this had been done as a sign of peace, several of them dismounted and took some of these arrows and darts. The natives were very much pleased, and applauded this act of our men, who, to assure them still further that their intention was not to injure them, but rather to seek their friendship, asked them by signs for food. Upon this the contentment of the Indians was increased, and their women immediately set themselves to grind seeds, from which they made some round pats which they gave to our men. The sergeant gave the Indians some glass beads, and they were well satisfied and content.

Saturday, 7 October,—We proceeded for two leagues over the plain, where we experienced some delay in crossing two swampy ditches that we found on our way. We had to fill them in with earth and fascines so that the pack animals and horses could pass.

---

6. The Pajaro River.

Colocamos el real entre unas lomas bajas cerca de una laguna, en donde vimos bastantes grullas las primeras que se nos ofrecieron a la vista en este viage.

En la noche se administraron los santos oleos a uno de los enfermos que venia mui agravado. Recibió nombre este sitio de Laguna de las Grullas.[7]

A la Laguna de las Grullas 2 leguas. De San Diego 161 leguas.

Domingo 8 de Octubre.—Continuamos nuestro camino por lomería mas alta que la que dexabamos, y a la cada ondonada que hacía el terreno se formaba una laguna de maior ó menor magnitud que nos precisaron a hacer muchos rodeos. A las quatro leguas de marcha llegamos á la ranchería de que nos havían dado noticia los exploradores, que hallamos despoblada contra nuestras esperanzas porque al salir de la Laguna de las Grullas vimos cerca del real diferentes flechas y vanderillas, clavadas en el suelo, y algunas almejas al pie de ellas que los indios en la tarde, ó en la noche de el día antecedente plantaron en aquel sitio sin dijarse ver de nosotros: estas señas de paz nos persuadieron que se dejarían hallar y tratar en su ranchería, pero el recelo ó temor de estos barbaros, hizo que la desertaran; circunstancia que sentimos todos por la suma falta que nos hacían, maiormente para adquirir noticias del terreno y para acompañar a los exploradores en sus reconocimientos de que sacabamos mucha ventaja. Sentamos el real sobre la orilla del rio que descubrieron los exploradores, no lejos de la ranchería que estaba junto a su vega mui frondosa y amena llena de alamos, alisos y altos robles, encinos y de otra especie que no conocimos.

Vimos en este parage una ave que havían muerto los gentiles, y llenado de zacate que nos pareció aguila real; tenía onze palmos de punta a punta de ala, y el rio recibió nombre del Parajo por razon de este allazgo.[8]

---

7. "Crane Lake." Estaban en la orilla nordeste de lo que fue Lake Espinosa, hoy día seco.
8. "Bird River." Actualmente Pajaro River. Bajaron por San Miguel Canyon y acamparon a unas 2.5 millas al este de Watsonville.

We pitched our camp between some low hills near a pond where we saw a great number of cranes—the first we had seen on this journey.

During the night extreme unction was administered to one of the sick, whose condition had become very serious. This place was given the name of Laguna de las Grullas.[7]

To the Laguna de las Grullas, 2 leagues. From San Diego, 161 leagues.

Sunday, 8 October.—We continued our way over hills that were higher than those we were leaving behind; in every depression of the land there was a pond of greater or lesser extent, which obliged us to make many circuits. After marching for four leagues we arrived at the village of which the scouts had given us information; contrary to our expectations, we found it deserted, for on leaving the Laguna de las Grullas we saw, near the camp, arrows and darts stuck in the ground, and at the foot of them some shellfish that the Indians, without allowing themselves to be seen, had placed there during the afternoon or evening of the preceding day. These signs of peace convinced us that they would allow us to meet and become friendly with them in their village; but the suspicion and fear of these barbarians caused them to desert it. This circumstance we all regretted, as we needed them greatly—chiefly to obtain information in regard to the country, and to accompany the scouts in their explorations, from which we hitherto derived great advantage. We pitched our camp on the bank of the river discovered by the scouts, not far from the village, which stood near the river bottom. This was verdant and pleasant, covered with poplars, alders, and tall white oaks, live oaks, and another kind of tree that we did not know.

Here we saw a bird that the natives had killed and stuffed with grass; it appeared to be a royal eagle; it was eleven palms from tip to tip of its wings. On account of this find we called the river the Río del Pájaro.[8]

---

7. "Crane Lake." They were at the northeastern end of the former Espinosa Lake, which has been drained.
8. "Bird River." Still named the Pajaro River. They came down San Miguel Canyon and camped about 2.5 miles east of Watsonville.

A la Ranchería del Paxaro⁹ 4 leguas. De San Diego 165 leguas.

Lunes 9 de Octubre.—Los dias cortos y nebulosos no daban lugar a que los exploradores pudiesen rexistrar el terreno maiormente llegando al parage algo tarde: esto nos precisó a hacer descanso en este parage á fin de dar tiempo a los exploradores de executar su reconocimiento saliendo de mañana y dandoles todo el dia de termino para este efecto.

Rexistraron el terreno para dos jornadas de la requa, y bolvieron sin noticia de consideracion; cosa que acongojó notablemente, por la cortedad de las provisiones, y el embarazo de los enfermo que no podian valerse aumentandose cada día el numero de los achacosos.

Martes 10 de Octubre.—Salimos del Rio del Pajaro y anduvimos una legua por tierra llana, sin poder alargar mas la jornada, porque venian postradisimos los enfermos, y caiendose de las mulas en tierra. Parámos junto a una lagunilla que se formaba entre lomas. Terreno mui abundante de leña, aguas, y pastos.¹⁰

A la Cañada de [la] Lagunilla del Corral¹¹ 1 legua. De San Diego 166 leguas.

Miercoles 11 de Octubre.—Estaban los enfermos tan agrabados y tan a lo ultimo que haviendo ya sacramentado á diferentes de ellos, reconocimos era exponerlos á morir en el camino si no se les daba alguna tregua, y descanso. Resolvió pues nuestro comandante que descansaran en este parage, con la mira de seguir adelante luego que experimentasen alivio: pero a fin de no perder tiempo y para adquirir noticias del Puerto de Monterrey, que todos juzgabamos cerca, dispuso que saliera una partida, y se adelantase todo quanto permitiesen las bestias (que iban enflaqueciendose mucho con el frio) salió á este reconocimiento el sargento del presidio con ocho hombres llevando tres mulas de remuda cada uno.

---

9. "Bird Village."
10. College Lake, al norte de Watsonville, ahora sin agua.
11. "Little Lake Canyon Corral."

To the Ranchería del Pájaro,[9] 4 leagues. From San Diego, 165
leagues.

Monday, 9 October.—The short and cloudy days did not give the scouts opportunity to examine the country, especially as we arrived somewhat late at the camping-place. This obliged us to rest here in order to give the scouts time to make their exploration. They left early in the morning and were given the day for this purpose.

They examined the country for [a distance equal to] two days' march of the pack animals, and returned without any information of importance—which greatly depressed us, considering the scarcity of the provisions and the embarrassment caused by the sick, who could not shift for themselves, the number of the ailing increasing every day.

Tuesday, 10 October.—We left the Río del Pájaro and proceeded for one league over level ground, not being able to continue the march farther as the sick were already exhausted, falling down from their mules. We halted near a small pond formed between some low hills—a place with plenty of water and pasture.[10]

To the Cañada de Lagunilla del Corral,[11] 1 league. From San Diego,
166 leagues.

Wednesday, 11 October.—The sick were in such a serious condition and so near the end, that, the sacrament having already been administered to several of them, we realized it would be exposing them to the possibility of dying on the road if we did not give them some respite and quiet. Our commander resolved, therefore, that they should rest at this place, and that we should proceed as soon as they felt better. In order to save time, however, and to obtain information about the port of Monterey, which we all believed to be near, he ordered a party to set out, and to advance as far as the animals—they were growing very thin from the cold—could go. The sergeant of the presidio with eight men set out on this exploration, each one taking three mules as remounts.

---

9. "Bird Village."
10. College Lake, north of Watsonville, now without water.
11. "Little Lake Canyon Corral."

Jueves 12 de Octubre.—Se pasó sin novedad este día con algun alivio de los enfermos.

Viernes 13 de Octubre.—No occurió cosa especial.

Savado 14 de Octubre.—Esperabamos con ansia a los exploradores que llegaron en la tarde: dío quenta el sargento de haverse adelentado unas doce leguas sin haver adquirido noticia del puerto que buscabamos; y haver llegado al pié de una sierra alta y blanca.

Domingo 15 de Octubre.—Salimos de la Laguna del Corral nombre que se le puso, por razon de un pedazo de cerca que se construió entre la laguna dicha y una loma para contener de noche la cavallada con pocos veladores. Practicamos la marcha mui paso á paso para menos incomodar á los enfermos que imaginamos transportar en xamuas, al modo que caminan las mujeres en Andalucía. Hizimos legua y media, y paramos junto á otra lagunilla en medio de una cañadita angosta mui amena, abundante de leña y pastos.

El camino fué algo penoso: llevamos rumbo del nornoroeste, sin retirarnos mucho de la costa, de la que nos dividían unos cerros altos mui poblados de unos arboles que decian ser savinos, los mas corpulentos altos y derechos que hasta entonces huviesemos visto: su madera es de color rojo algo muerto, y obscuro, mui falsa, vidriosa, y llena de nudos.[12]

Tubo nombre esta cañada de la Lagunilla.[13]

A la Lagunilla 1 1/2 leguas. De San Diego 167 1/2 leguas.

Lunes 16 de Octubre.—De la Lagunilla fuimos á pasar a la orilla de un arroio de buen agua distante dos leguas para el oesnoroeste caminando a vista de la marina ofrecieronse dos malos pasos que com-

---

12. Esta es la primera vez que un grupo de europeos menciona haber visto y describe el árbol *Sequoia sempervirens*, popularmente llamado «redwood».
13. "Little Lake." Corralitos Lagoon, en Freedom Boulevard al noroeste de Watsonville.

Thursday, 12 October.—Nothing happened today; the sick felt somewhat better.

Friday, 13 October.—Nothing of importance.

Saturday, 14 October.—We were anxiously awaiting the scouts, who returned in the afternoon. The sergeant reported that they had traveled about twelve leagues without having learned anything of the port for which we were searching, and that they had reached the foot of a high, white mountain range.

Sunday, 15 October.—We set out from the Laguna del Corral—a name given to it on account of a piece of fence that was constructed between the lake and a low hill in order to keep the animals penned by night with few watchmen. We marched very slowly so as to cause the sick as little distress as possible; we contrived to carry them on side-saddles, as the women in Andalusia travel. We proceeded for a league and a half and halted near another small pond in the bottom of a narrow and very pleasant little canyon, with plenty of firewood and pasture.

The road was somewhat difficult. We directed our course to the north-northwest, without withdrawing far from the coast, from which we were separated by some high hills very thickly covered with trees that some said were savins. They were the largest, highest, and straightest trees that we had seen up to that time; some of them were four or five yards in diameter. The wood is of a dull, dark, reddish color, very soft, brittle, and full of knots.[12]

This canyon was given the name of La Lagunilla.[13]

To La Lagunilla, 1½ leagues. From San Diego, 167½ leagues.

Monday, 16 October.—From La Lagunilla we came to the bank of a stream of good water, at a distance of two leagues to the west-northwest, traveling in sight of the sea. On our road there were two

---

12. This is the first recorded instance of Europeans seeing and describing coast redwood trees.
13. "Little Lake." Corralitos Lagoon, on Freedom Boulevard northwest of Watsonville.

poner el primero de un arroio hondo mui enmontado[14] el otro un zanjon en que se abrió la bajada, y la suvida.[15]

Fué conocido despues este paraje con el nombre del Rosario.[16]

Al Rosario 2 leguas. De San Diego 169½ leguas.

Martes 17 de Octubre.—A dos leguas de distancia del Rosario badeamos un rio bastante crecido con agua hasta las cinchas de los animales: la bajada al rio y la suvida despues de badeado dieron harto que hacer a los gastadores en desmontar y abrir brecha por entre un monte bajo que cubría su vega. Lo proprio havía sucedido en otro arroyo que pasamos poco antes: campamos sobre la derecha del rio que se llamó de San Lorenzo.[17]

Al Rio de San Lorenzo 2 leguas. De San Diego 171½ leguas.

Miercoles 18 de Octubre.—Seguimos el andar de la costa, que era al oesnoroeste por lomas altas, y acantiladas por la parte del mar: la costa tiene poca plaia en todo el tramo que anduvimos de dos leguas. Se nos ofrecieron tres malos pasos que componer en otras tantas cañadas que tenian agua corriente en zanjas mui profundas, sobre las quales fué preciso echar puentes de palos, cubiertos de tierra y fagina para que pasara la requa. Campamos sobre una loma a la orilla del mar y a la parte de levante de una cañada que venía de la sierra con un arroio de buen agua.[18]

Llamose este parage de las Puentes.[19]

A las Puentes 2 leguas. De San Diego 173½ leguas.

---

14. Aptos Creek.
15. Probablemente Borregas Creek.
16. "The Rosary." Crespi: «Nombróse *El Rosario del Beato Serafin de Asculi*». Ahora es Porter Gulch.
17. Hoy día es San Lorenzo River, donde se encuentra actualmente la ciudad de Santa Cruz.
18. Probablemente Majors Creek.
19. "The Bridges." Crespi: «Nombróse *El Arroyo de San Lúcas*, que los soldados llamaron de *Las Puentes*, porque con fagina y tierra se tuvo que componer para pasar».

bad places over which we had to make a way. The first of these was a deep gully thickly grown with brush;[14] the other, a ditch in which, to descend and ascend its sides, we had to open a path.[15]

This place was afterwards called El Rosario.[16]

To El Rosario, 2 leagues. From San Diego, 169½ leagues.

Tuesday, 17 October.—At a distance of two leagues from El Rosario we forded a river considerably swollen; the water reached to the girths of the animals. The descent to the river, and the ascent after we forded it, gave the pioneers much work in clearing and opening a way through a thicket that covered the river bottom. The same thing had been done at another stream that we had crossed shortly before. We pitched our camp on the right bank of the river, which was named San Lorenzo.[17]

To the Río de San Lorenzo, 2 leagues. From San Diego, 171½ leagues.

Wednesday, 18 October.—We continued to follow the direction of the coast—west-northwest—over high hills, which were steep on the side towards the sea. The shore is practically without beach on the whole stretch of two leagues over which we traveled. There were three bad places, in as many canyons, where we had to make a road. These canyons contained running water in very deep ditches, over which it was necessary to lay bridges of logs covered with earth and fascines, so that the pack-animals could cross. We pitched our camp on a low hill near the shore, on the eastern side of a canyon that extended from the mountain range, and contained a stream of good water.[18]

This place was called Las Puentes.[19]

To Las Puentes, 2 leagues. From San Diego, 173½ leagues.

---

14. Aptos Creek.
15. Probably Borregas Creek.
16. "The Rosary." Crespi: "It was named El Rosario del Beato Serafín de Asculi." Now Porter Gulch.
17. Still the San Lorenzo ("Saint Lawrence") River, where the city of Santa Cruz now is.
18. Probably Majors Creek.
19. "The Bridges." Crespi: ". . . it was named Arroyo de San Lucas, but the soldiers called it Las Puentes because it was necessary to bridge it with poles and earth before it could be crossed."

Jueves 19 de Octubre.—El camino que hizimos en esta jornada fué penoso por las frequentes barrancas que se nos ofrecieron en numero de siete á ocho, todas dieron que hacer a los gastadores en especial la una de ellas por su profundidad y lo escarpado de sus laderas. Caiose en esta barranca la mula que cargaba la olla por cuio motibo le quedo el Barranco de la Olla.[20]

La costa tuerze mas para el noroeste, y toda es acantilada excepto en el desemboque de dichas barrancas, en donde se forma una corta plaia: Sobre nuestra mano derecha teníamos unas lomas blanquiscas y peladas que infundían tristeza, y havía dias que carecíamos del consuelo de ver gentiles.

Paramos sobre una loma mui alta, y ha vista de la sierra blanca que descubrieron los exploradores en la que se divisaban algunas manchas de pinos: al pié de la loma corrían por derecha é izquierda, unos arroios de agua bastante copiosos:[21] hizimos dos leguas y media en este día, y fué conocido el parage con el nombre del Alto del Jamon.[22]

Al Alto del Jamon 2½ leguas. De San Diego 176 leguas.

Viernes 20 de Octubre.—A la salida del real se nos ofreció una cuesta mui larga que subir, despues de haber pasado el arroio que corría al pié de la loma de la vanda del norte: fué necessario abrirnos camino á fuerza de barra, y en esto se nos pasó toda la mañana: caminamos despues largo tramo sobre el espinazo de una cordillera de cerros barrancosos que cahían al mar, y paramos sobre la misma plaia, en el desemboque de un arroio mui hondo que salía por entre cerros mui altos de la cerranía,[23] dista este paraje, que fué nombrado el Arroio ó Cañada de la Salud,[24] una legua ó poco mas del Alto del Jamon: corre la costa en este tramo al noroeste quarta al norte: la cañada estaba

---

20. "Pot Gully."
21. Molino Creek a la derecha y Scott Creek a la izquierda.
22. "Ham Height." Ni Costansó ni Crespi explican el origen del nombre.
23. Waddell Creek.
24. "Health Canyon." Se le puso ese nombre porque los enfermos de escorbuto se mejoraron notablemente durante los tres días que acamparon en ese lugar.

Thursday, 19 October.—The march we made on this day was toil-some on account of the many ravines we came upon—there were seven or eight of them—all of which gave the pioneers much work, one especially because of its depth and the ruggedness of its sides. Into this fell the mule that carried the kettle, and for this reason the place was named the Barranco de la Olla.[20]

The coast turns more to the northwest, and is everywhere precip-itous, excepting at the outlet of these ravines where there is a short stretch of beach. To our right there were some whitish, barren hills that filled us with sadness, and there were days on which we missed the comfort of seeing natives.

We halted on a very high hill and in sight of the white mountain range, which the scouts had discovered, where some clumps of pines could be seen. At the foot of the low hill, to the right and left, ran some streams containing plenty of water.[21] Today we traveled for two leagues and a half.

This place was given the name of Alto del Jamón.[22]

To the Alto del Jamón, 2½ leagues. From San Diego, 176 leagues.

Friday, 20 October.—As we set out from the camp a very long slope presented itself; this we had to ascend after crossing the stream that flowed at the foot of the hill to the north. It was necessary to open the way with the crowbar, and in this work we were employed the whole morning. We afterwards traveled a long distance along the backbone of a chain of broken hills, which sloped down to the sea. We halted on the same beach at the mouth of a very deep stream that flowed out from between very high hills of the mountain chain.[23] This place, which was named the Arroyo or Cañada de la Salud,[24] is one league, or a little more, from the Alto del Jamón. The coast, in this locality, runs north-

---

20. "Pot Gully."
21. Molino Creek to the right and Scott Creek to the left.
22. "Ham Height." There is no reason given in either Costansó's or Crespi's journals as to the origin of the name.
23. Waddell Creek.
24. "Health Canyon," so named because those who were ill with scurvy recovered remarkably during the three days they camped at this spot.

abierta al nornoroeste y se internava la tierra adentro al dicho rumbo
cosa de una legua

Desde la orilla de la playa se divisaba a corta distancia una lengua
de tierra al oeste quarta al noroeste era baja, y de piedras que tenian
poca elebacion sobre el agua.[25]

A la Cañada de la Salud 1 legua. De San Diego 177 leguas.

Savado 21 de Octubre.—Hizimos descanso en esta cañada mientras
los exploradores empleavan el día en rexistrar el terreno.

Se observó con el octante ingles el sol de cara la altura		41°	41½
meridiana de su limbo inferior de refraccion astro-			
nimica substractiva	1′		
Inclinazion de la visual por razon de la altura del			
ojo del observador de tres a quatro pies sub-			13′
stractivos	2′		
Semidiametro del sol addictivo	16′		
Altura del centro del astro		41	54½
Distancia al zenith		48	5½
Su declinazion era en dicha hora		11	2½
Latitud de este parage[26]		37	3

En la tarde y la noche cayeron recios aguaceros movidos de un
viento mui recio del sur que excitó tormenta en la mar.

Domingo 22 de Octubre.—Amaneció el dia nublado y triste, la gente
mojada, y transnochada porque no tenian tiendas: de suerte que fué
necessario darles este dia de descanso: pero lo que huvo que admirar en
esta ocasion fué, que todos los enfermos por quienes temiamos no fuese
sumamente perjudicial el haverse mojado, se hallaron de la noche á la

---

25. Point Año Nuevo y probablemente Año Nuevo Island y el arrecife entre la
    punta y la isla. Vizcaíno escogió el nombre de Punta de Año Nuevo el 3 de
    enero de 1603 porque fue la primera punta de tierra que divisaron al
    comenzar el año.
26. La desembocadura de Waddell Creek está a 37° 05′ 33″. La latitud que dio
    Costansó es a unas 2.9 millas más al sur.

west by north. The canyon was open towards the north-northeast, and extended inland for about a league in that direction.

From the beach a tongue of land could be seen at a short distance, west by north. It was low, and had rocks that were only a little above the surface of the water.[25]

To the Cañada de la Salud, 1 league. From San Diego, 177 leagues.

Saturday, 21 October.—We rested in this canyon while the scouts employed the day in examining the country.

Observed with the English octant, facing the sun, the meridian altitude of the lower limb of the sun was found to be	41° 41′ 30″	
Astronomical refraction to be subtracted	1′	
Inclination of the visual [horizon] in consequence of the observer's eye being three or four feet above sea-level, subtract	2′	
Semidiameter of the sun to be added	16′	13′
Altitude of the center of the sun	41° 54′ 30″	
Zenith distance	48° 5′ 30″	
Its declination at that hour was	11° 2′ 30″	
Latitude of the place[26]	37° 3′	

During the afternoon and night heavy showers fell, driven by a very strong south wind that caused a storm on the sea.

Sunday, 22 October.—The day dawned overcast and gloomy; the men were wet and wearied from want of sleep, since they had no tents, and it was necessary to let them rest today. What excited our wonder on this occasion was that all the sick, for whom we greatly feared lest the wetting might prove exceedingly harmful, suddenly found their

---

25. Point Año Nuevo and probably also Año Nuevo Island and the reefs between the point and the island. The name Punta de Año Nuevo (New Year's Point) was given by Vizcaíno on January 3, 1603, because it was the first point of land they had sighted in the new year.
26. The mouth of Waddell Creek is at 37° 05′ 33″. Thus Costansó's latitude is about 2.9 miles too far south.

mañana aliviados de sus dolores: este fué el motivo de haverle puesto á la cañada el nombre de la Salud.

Lunes 23 de Octubre.—Movimos el real a dos leguas de la Cañada de la Salud, y campamos cerca de una ranchería de gentiles descubierta por los exploradores situada en parage ameno, y vistoso al pié de una sierra enfrente de una quebrada de pinos, y savinos entre los quales bajaba un arroio de que se surtian los indios:[27] la tierra se demostrava alegre cubierta de pastos, y nada escasa de leña. El camino lo hizimos parte por la plaia, y lo restante desde la punta de piedras de que precedentemente hablamos hasta la ranchería por tierra llana y alta, abundante de aguas rebalsadas en lagunas de maior ó menor ambito.

Los gentiles prevenidos por los exploradores de nuestra llegada á sus tierras, nos recibieron con mucha afavilidad, y cariño sin faltar al regalo de sus semillas amasadas en gruesas bolas; ofrecieronnos tambien unos panales de cierto melado, que dijeron algunos ser miel de abispas: trahíanlo curiosamente enbuelto entre ojas de carrizo, y su gusto no era despreciable.

Havía en medio de la ranchería un caseron de forma esferica, mui capáz, y las demas casitas de hechura piramidal, mui reducidas, eran construidas de rajas de pino: y por sobre salir tanto a las demas la casa grande, quedó con este nombre la ranchería.

Nota: La punta de piedras que dejamos en camino es la punta conocida con el nombre de Año Nuevo: su latitud es con corta diferencia la misma que se observó en la Cañada de la Salud.

A la Ranchería de la Casa Grande[28] *2 leguas. De San Diego 179 leguas.*

Martes 24 de Octubre.—Los indios de la Casa Grande nos dieron guias para pasar adelante: caminamos al norte por lomas altas no lexos de la marina: ofrecieronse algunas cuestas algo penosas que fué necessario componer, como tambien el paso de dos arroios mui enmontados

---

27. Probablemente Whitehouse Creek, media milla al este de Franklin Point.
28. "Big House Village."

pains very much relieved. This was the reason for giving the canyon the name of La Salud.

Monday, 23 October.—We moved the camp a distance of two leagues from the Cañada de la Salud, and camped near an Indian village, discovered by the scouts, situated in a pleasant and attractive spot at the foot of a mountain range and in front of a ravine covered with pine and savin, among which descended a stream from which the natives obtained water.[27] The land appeared pleasant; it was covered with pasture, and was not without firewood. We traveled part of the way along the beach; the rest, from the point of rocks previously mentioned, to the village, over high, level land with plenty of water standing in pools of greater or less extent.

The Indians, advised by the scouts of our coming to their lands, received us with great affability and kindness, and, furthermore, presented us with seeds kneaded into thick pats. They also offered us some cakes of a certain sweet paste, which some of our men said was the honey of wasps; they brought it carefully wrapped in the leaves of the *carrizo* cane, and its taste was not at all bad.

In the middle of the village there was a large house, spherical in form and very roomy; the other small houses, built in the form of a pyramid, had very little room, and were built of split pine wood. Because the large house so much surpassed the others, the village was named after it.

Note: The point of rocks that we left behind is the one known as the Punta de Año Nuevo. Its latitude is, with a slight difference, the same as that of the Cañada de la Salud.

To the Ranchería de la Casa Grande,[28] *2 leagues. From San Diego, 179 leagues.*

Tuesday, 24 October.—The Indians of La Casa Grande furnished us with guides to go forward. We traveled to the north over high hills, not far from the shore. We encountered a number of slopes that were rather troublesome, and we had to put them in condition for travel—

---

27. Probably Whitehouse Creek, half a mile east of Franklin Point.
28. "Big House Village."

hasta llegar a una ranchería distante dos leguas del parage de donde salimos: hallamosla sin sus moradores, ocupados á la sazon en la cosecha de sus semillas: vimos a seis, ó siete de ellos en esta ocupacion, que nos informaron que algo mas adelante havía otra mas numerosa cuia gente nos regalaría y asistiría con quanto necesitasemos: creimoslos, y con ser ya algo tarde pasamos adelante, y anduvimos otras dos leguas de tierra doblada hasta llegar á ella. El camino aunque penoso por lomas altas, y cañadas, fué divertido: las tierras nos parecieron admirables y de gran migajon: los aguages frequentes, y los gentiles de la mejor indole, y genio que hasta entonces huviesemos visto.

La ranchería estaba situada dentro de un valle rodeado de lomas altas, y se descubría la mar por una bocana havierta al oesnoroeste,[29] tenía un arroio de agua corriente mui copioso y la tierra aunque quemada al rededor de la ranchería no era escasa de pastos en las lomas.

Al Valle de los Cursos 4 leguas. De San Diego 183 leguas.

Miercoles 25 de Octubre.—Havianse cansado muchas mulas de carga en la jornada antecedente, y se les dió descanso en este día para que se reforzaran. Despacharonse los exploradores á rexistrar la tierra, con guias de los mismos gentiles: bolvieron en la noche sin noticia de consideracion haviendose adelantado cosa de quatro leguas al nornoroeste por la costa.

Jueves 26 de Octubre.—Por hallarse indispuesto el capitan de la Compañía de Californias don Fernando de Rivera y Moncada, de la comun enfermedad del escorbuto, y de un fluxo de vientre que dío a muchos, nos fué forzoso diferir la marcha.[30]

---

29. En San Gregorio Creek, un poco más abajo de la actual aldea de San Gregorio.
30. Por eso se llamó *Valle de los Cursos*—"Diarrhea Valley."

as also the crossing of two streams, thickly grown with brush—before we arrived at an Indian village, two leagues from the place whence we started. This we found to be without its inhabitants, who were occupied at the time in getting seeds. We saw six or seven of them at this work, and they informed us that a little farther on there was another and more populous village, and that the inhabitants of it would make us presents and aid us in whatever we might need. We believed them, and although it was late we passed on and proceeded for two leagues more over rolling country until we reached the village. The road, while difficult, over high hills and canyons, was attractive. To us, the land seemed rich and of good quality; the watering-places were frequent; and the natives of the best disposition and temper that we had yet seen.

The village stood within a valley surrounded by high hills, and the ocean could be seen through an entrance to the west-northwest.[29] There was in the valley a stream of running water, and the land, though burned in the vicinity of the village, was not without pasture on the hillsides.

To the Valle de los Cursos, 4 leagues. From San Diego, 183 leagues.

Wednesday, 25 October.—Many of the packmules were exhausted by the preceding day's march, and they were given a rest today that they might recover their strength. The scouts were sent out to examine the country with guides from among these Indians. They returned in the evening without any news of importance; they had gone about four leagues north-northwest along the coast.

Thursday, 26 October.—Because the captain of the company of the Californias, Don Fernando de Rivera y Moncada, was ill of the common sickness—the scurvy—and, because of a diarrhea that attacked many of us, we were forced to delay the march.[30]

---

29. On San Gregorio Creek, probably just below the present hamlet of San Gregorio.
30. This is the reason for the name *Valle de los Cursos*—"Diarrhea Valley."

Viernes 27 de Octubre.—Salimos del valle que le llamaron los soldados de los Cursos, rumbo del norte, y seguimos despues la costa por lomas altas rumbo del nornoroeste: hizimos dos leguas escasas y paramos junto a un arroio de poca monta:[31] la tierra era de aspecto triste, lomas peladas sin ninguna arboleda y por consiguente falta de leña. Havia sobre este arroio a la banda del norte unas chozas de gentiles abandonadas, en donde se llenaron de pulgas todos los que tuvieron la curiosidad de irlas a ver.

Ofreciose en el camino una cuesta mui larga que componer, para bajar a un arroio en su mismo desemboque á la mar.

A la Ranchería de las Pulgas[32] *2 leguas. De San Diego 185 leguas.*

Savado 28 de Octubre.—Andubimos dos leguas por camino semejante al de la jornada antecedente sobre la costa, y al proprio rumbo, paramos junto a otro arroio en la immediacion de la plaia:[33] era el paraje falto de leña, acudieron a nuestro campo muchos gentiles, pero los mas eran de las rancherías que dexamos atrás, gente vaga en toda esta tierra que es mui despoblada. Al noroeste del campamento teníamos una punta de tierra alta que remataba en la mar con dos farallones gruesos de figura mui irregular y puntiagudos delante de ella.

No sabiamos que pensar de estas señas nos hallabamos ya por mas de treinta y siete grados y veinte minutos de latitud norte, sin poder afirmar si estabamos distantes ó cerca de Monterrey: nos llovía con frequencia, se nos acababan los viveres, y teníamos la gente reducida a la simple racion de cinco tortillas de arina, y salvado diarias; nada de semillas, nada de carne, (quatro tercios que quedaban se reserbaban para los enfermos) resolviose matar mulas para racionar a los soldados, pero recusaron este socorro hasta maior necessidad, porque no

---

31. Purisima Creek.
32. "Village of the Fleas."
33. Pilarcitos Creek, un poco al norte del actual pueblo de Half Moon Bay.

Friday, 27 October.—We left the valley, which the soldiers called Valle de los Cursos, heading north. Afterwards, we followed the coast over high hills to the north-northwest. We traveled for two short leagues, and halted near a stream of little importance.[31] The country had a gloomy aspect; the hills were bare and treeless, and, consequently, without firewood. On the northern side of this stream were some abandoned Indian huts; all who had the curiosity to look in to see these were covered with fleas.

On the road we came upon a very long slope over which we had to make a passage in order to descend to a small stream where it empties into the sea.

To the Ranchería de las Pulgas,[32] *2 leagues. From San Diego,*
185 leagues.

Saturday, 28 October.—We proceeded for two leagues along the coast over a road similar to that of the preceding day's march, and in the same direction. We halted near another stream in the vicinity of the beach.[33] The place was without firewood. Many natives came to our camp, but most of them were from the villages that we had left behind—people who wander all over this land, which is mostly uninhabited. To the northwest of the camp there was a high point of land that terminated in the sea, and in front of it were two large sharp-pointed rocks of very irregular shape.

We did not know what to think of the indications: we were already above 37° 20′ north latitude, without being certain whether we were distant from or near Monterey. We experienced frequent rains; our provisions were running short; we had our men reduced to the simple daily ration of five tortillas made of flour and bran; we had neither grain nor meat (four packages that remained were reserved for the sick). It was resolved to kill the mules in order to provide rations for the soldiers, but they put off this expedient until a time of greater need, because, now and then, they would kill some ducks, and since all

---

31. Purisima Creek.
32. "Village of the Fleas."
33. Pilarcitos Creek, just north of the present town of Half Moon Bay.

dexaban de matar algun pato, y comian todos mui bien el pinole y semillas que conseguian de los gentiles, aunque en corta cantidad.

Nuestro comandante por maior desgracia se hallaba enfermo, el capitan del presidio tambien, y era quasi general, y comun a todos la indisposicion y descompostura de vientre, de que no salió mui bien librador el autor de estas memorias: pero como no ai mal que por bien no venga, tambien es cierto que esto fué lo que causó principalmente el alivio, y la mejoria de los enfermos, contribuiendo á lo proprio la mudanza del tiempo, la cesacion de los vientos noroestes, y neblinas, y la entrada de los terrales que soplaban despues de las aguas: desvanecieronse poco a poco las inchazones, y encojimiento de miembros que tenian como tullidos á los enfermos, se disipaban al mismo paso sus dolores, y se les limpiaba la boca consolidandose las hencías, y afirmandose los dientes, simptomas todos del escorbuto.[34]

Al Llano de los Ansares[35] 2 leguas. De San Diego 187 leguas.

Domingo 29 de Octubre.—Llovió toda la noche antecedente con viento sur. Amaneció tambien lloviendo, y no nos fué dable salir del parage que recibió despues, por la razon que diremos el nombre de Llano de los Ansares.

Lunes 30 de Octubre.—Amaneció el dia con buen semblante: el viento al norte frio: el cielo claro: levantamos nuestro campo y siguien-

---

34. En esa época no se sabía que la causa del escorbuto era una insuficiencia en la dieta: la falta de vitamina C. No fue sino hasta el siglo veinte que se descubrieron las vitaminas y su papel en la nutrición. La marina inglesa empezó en 1795 a incluir el jugo de lima en la dieta de sus marineros como una medida preventiva contra el escorbuto; pero en el tiempo de esta expedición se desconocían por completo los efectos curativos de los cítricos. Costansó y Crespi creyeron que la sorprendente recuperación de los enfermos de escorbuto había sido el resultado de cambios en el clima y de la diarrea (la cual es uno de los síntomas de la enfermedad y no un purgante que mejora al paciente). La única explicación posible es que los alimentos que les dieron los indios, o que sacaron de la tierra misma eran ricos en vitamina C. Crespi mencionó que el valle era rico en zarzamoras y rosas. Cualquier enfermo de escorbuto que hubiera comido zarzamoras o escaramujo se habria curado milagrosamente.
35. "Goose Plain."

very willingly ate the *pinole* and seeds that they obtained from the natives, but only in small quantities.

To our greater misfortune, our commander became sick, as well as the captain of the presidio. The indisposition and disorder of the bowels was very general and affected nearly all of us, and the author of this record did not entirely escape from it. But since there is no bad from which good does not come, it is also true that this was what brought about the relief and improvement of the sick. The change of season, the cessation of the northwest winds and fogs, and the beginning of the land breezes, which blew after rains, contributed to the same result. The swellings, and the contraction of the limbs, which made the sick like cripples, disappeared little by little. At the same time their pains left them, and all symptoms of scurvy disappeared: their mouths became clean, their gums solid, and their teeth firmly fixed.[34]

To the Llano de los Ansares,[35] *2 leagues. From San Diego,*
187 leagues.

Sunday, 29 October.—It rained all last night, with wind from the south. At daybreak it was also raining, and it was impossible for us to set out from this place, which, afterwards, for the reason that we shall mention, received the name of Llano de los Ansares.

Monday, 30 October.—The day dawned with indications of pleasant weather. The wind was cold from the north, and the sky clear. We broke camp, and, following the beach until we left the point of the rocks to the

---

34. At this time it was not yet known that scurvy was a dietary deficiency disease—a lack of Vitamin C. Vitamins were not 'discovered'—and their role in human and animal nutrition described—until the twentieth century. The British Navy began to issue lime juice to its sailors in 1795 as a preventive for scurvy, but at the time of this expedition the curative powers of citrus fruits had not even been imagined. Costansó, and Crespi, attributed the miraculous recovery of those afflicted with scurvy to changes in the weather, and to diarrhea (which is one of the symptoms of scurvy rather than a purging action that improves one's condition), but the only possible explanation is that they acquired foodstuffs from the Indians that contained goodly amounts of Vitamin C, or that the land itself provided the cure. Crespi mentioned that this valley had many blackberries and roses. A victim of scurvy need only to partake of the blackberries and rose hips to effect a miraculous cure.
35. "Goose Plain."

do la plaia, hasta dexar á poniente la punta de los farallones,[36] pasamos
por encima de unas lomas, y atravesamos unas cañadas con zanjones de
agua profundos que nos detuvieron por hecharles sus puentesillos.
Parámos cerca de la marina cuio paso cerraba enteramente un cerro
acantilado, al pie de qual, corría un arroyuelo de buena agua:[37] este
salía de una rinconada que formaban diferentes alturas; al estremo de
ella arrimado á los cerros sentamos el real con resguardo del norte. La
jornada de este día fué de una legua: el parage fué conocido despues con
el nombre de Rincon de las Almejas.[38]

En la tarde fué mandado el sargento del presidio a buscar salida
para la jornada siguiente.

Al Rincon de las Almejas 1 legua. De San Diego 188 leguas.

Martes 31 de Octubre.—Los cerros que nos negaban el paso de la
marina[39] aunque de facil acceso para la suvida tenian la bajada contrapuesta mui penosa y ágria. Salieron los gastadores con el sargento
de mañana á componerla, y despues lo seguimos con la requa a las once
del día.

Desde la cumbre divisamos una bahía grande formada al noroeste
por una punta de tierra que salía mucho la mar afuera,[40] y que el día
antes porfiaron muchos sobre si era o no era isla; no pudiendose distin-
guir entonces con la claridad que ahora por alguna arrumazon que la
cubría: mas afuera como al oesnoroeste, respecto de nosotros, se veían
siete farallones blancos,[41] y bolviendo los ojos para la bahía se
divisaban mas para el norte unas barrancas blancas tajadas;[42] y tirando
para el nordeste se descubría la boca de un estero, que parecía inter-
narse tierra adentro:[43] a vista de estas señas consultamos al derrotero
del piloto Cabrera Bueno, y nos pareció fuera de toda duda que lo que

---

36. Pillar Point.
37. Martini Creek, al norte de Montara y al sur de Devils Slide.
38. Crespi habló de «Punta» en vez de «Rincón».
39. San Pedro Mountain.
40. Drakes Bay y Point Reyes.
41. Farallon Islands.
42. Los acantilados cerca de Drakes Bay.
43. Golden Gate.

west,[36] we passed over some hills, and crossed some canyons, in which there were deep gullies of water, which detained us because it was necessary to throw small bridges over them. We halted near the shore, along which the passage was entirely closed by a steep hill, at the foot of which ran a stream of good water.[37] This stream flowed from a hollow formed by various hills; at the extreme end of this, close to the hills, we pitched our camp, which was thus protected to the north. Today's march was one league. The place was afterwards known by the name of Rincón de las Almejas.[38]

In the afternoon the sergeant of the presidio was sent out to seek a means of egress for the following day's march.

To the Rincón de las Almejas, 1 league. From San Diego, 188 leagues.

Tuesday, 31 October.—The hills that prevented our passage along the shore,[39] although easy of access for the ascent, had, on the other side, a very difficult and rough descent. The pioneers went out in the morning with the sergeant to make a road over it, and, afterwards, at eleven o'clock, we followed him with the pack animals.

From the summit we saw to the northwest a large bay formed by a point of land that extended a long distance into the sea,[40] and about which many had disputed on the preceding day, as to whether or not it was an island; it was not possible at that time to see it as clearly as now on account of the mist that covered it. Farther out, about west-northwest from us, seven rocky, white islands could be seen;[41] and, casting the eye back upon the bay, one could see farther to the north some perpendicular white cliffs.[42] Looking to the northeast, one could see the mouth of an estuary that appeared to extend inland.[43] In consideration of these indications we consulted the sailing-directions of the pilot Cabrera Bueno, and it seemed to us beyond all question

---

36. Pillar Point.
37. Martini Creek, north of Montara and south of Devils Slide.
38. "Mussel Headland." Crespi used the word *Punta* rather than *Rincón*.
39. San Pedro Mountain.
40. Drakes Bay and Point Reyes.
41. The Farallon Islands.
42. The cliffs at Drakes Bay.
43. The Golden Gate.

estabamos mirando era el Puerto de San Francisco:[44] y assi nos persuadimos que el de Monterrey quedaba atras; la latitud en que nos
hallabamos de treinta y siete grados y tres, ó treinta y cinco minutos,
por estima del ingeniero, persuadía a lo mismo y assi la punta que se
miraba fuera y havía parecido isla á muchos, debía de ser la de los
Reies; bien que dicho piloto la situa por treinta y ocho grados y treinta
minutos, esto es un grado mas al norte:[45] pero era de poco momento la
autoridad de este autor a juicio de todos los inteligentes, y de los que
se guiaban por ellos: respecto de la experiencia que se tenía de sus
latitudes que generalmente pecan por crecidas: y assi que hai que
estrañar en que sitúe la Punta de los Reies un grado mas al norte que
lo que está efectivamente, si hace lo proprio de la Punta de la Concepcion que situa por treinta y cinco grados y medio; quando por observaciones reiteradas consta que se halla por treinta y quatro grados y
medio y el Puerto de San Diego por treinta y quatro grados segun el
mismo autor, siendo indubitable que su latitud excede de pocos minutos
los treinta y dos y medio.

Bajamos al puerto, y sentamos el real á poca distancia de la plaia, y
cerca de un arroio de agua corriente que se resumía en la tierra, y
formaba un pantano de considerable extencion que llegaba hasta cerca
del mar:[46] el terreno era abundante de pastos rodeado de cerros mui
altos que formaban una hoia abierta solamente por la parte de la bahía
al noroeste andubimos una legua.

A la Bahía o Puerto de San Francisco 1 legua. De San Diego
189 leguas.[47]

---

44. Que los primeros navegantes llamaron Drakes Bay.
45. La latitud de Point Reyes es practicamente 38°.
46. Acamparon en San Pedro Creek.
47. Repitiendo la información de las anotaciones anteriores: estaban acampando
    de cara al mar abierto—Gulf of the Farallones—pero todavía no habían visto
    lo que nosotros conocemos ahora como San Francisco Bay.

that what we were looking upon was the port of San Francisco;[44] and thus we were convinced that the port of Monterey had been left behind. The latitude of 37° and 33' or 35'—according to the reckoning of the engineer—in which we found ourselves, confirmed our opinion. And thus the point that appeared seawards, and which had seemed to many to be an island, must have been the Punta de los Reyes, although the above mentioned pilot places it is 38° 30'; that is, one degree farther to the north.[45] The authority of this author, however, in the opinion of all intelligent people, and of those who were guided by them, was of little weight, for the test that has been made of his latitudes shows that they err in being too large. And so, what is there to be wondered at if he places the Punta de los Reyes one degree farther north than it really is when he does the same with the Punta de la Concepcíon, which he places in 35° 30' when, from repeated observations, it is certain that it is in 34° 30'; and when, according to the same author, the port of San Diego is in 34°, when it is indisputable that its latitude [only] exceeds 32° and a half by some minutes?

We descended to the port and pitched our camp at a short distance from the beach, near a stream of running water that sank into the ground and formed a marsh of considerable extent, reaching nearly to the sea.[46] The country had plenty of pasture and was surrounded by very high hills, which formed a hollow that was open only to the northwest of the bay. We traveled for one league.

To the Bahía or Puerto de San Francisco, 1 league. From San Diego, 189 leagues.[47]

---

44. A name used by early navigators for Drakes Bay.
45. The latitude of Point Reyes is almost exactly 38°.
46. They camped at San Pedro Creek.
47. To repeat the information in the preceding notes: they were camped facing the open ocean—the Gulf of the Farallones—and have not yet seen what we now know as San Francisco Bay.

Miercoles 1⁰ de Noviembre.—No acababan algunos de persuadirse, que uvieramos dexado atrás el Puerto de Monterrey, ni querian creher tampoco que nos hallasemos en el de San Francisco. Dispuso nuestro comandante que salieran los exploradores á registrar a cierta distancia la tierra, y les señaló tres dias de termino para la buelta, esperando que en este rexistro, tal vez traerían noticias que sacasen a los incredulos de la perplejidad en que se hallaban.

Desde la costa ó plaia interior de la banda del sur de la bahía, se demarcaron los farallones al oeste quarta al sudoeste: la Punta de los Reies al oeste diez y seis grados noroeste, y unas barrancas blancas mas adentro al noroeste quarta al oeste.

Jueves 2 de Noviembre.—Pidieron licencia varios soldados para salir á cazar porque se havían visto muchos venados: algunos se retiraron bastante del real, y se remontaron por los cerros de modo que bolvieron ya de noche: dixeron estos que á la parte del norte de la bahía havían visto un inmenso brazo de mar ó estero que se metía por la tierra adentro quanto alcansaba la vista tirando para el sueste:[1] que havian divisado unos planes hermosos, mui matizados de arboleda, y que la cantidad de humos que havian divisado por todo el llano, no dejaban dudar que la tierra estaría bien poblada de ranchería de gentiles. Esto devía confirmarnos mas y mas en la opinion de que estabamos en el Puerto de San Francisco y que este era el estero de que hablada el piloto Cabrera Bueno, cuia bocana haviamos divisado, bajando la cuesta para la bahía, entre unas barrancas: de que dize este piloto en su derrotero las siguientes palabras "Por la barranca del medio, entra un estero de agua salada sin rebentazon alguna: entrado dentro hallaran indios amigos, y con facilidad haran agua dulce y leña."

Congeturamos tambien de sus noticias, que los exploradores no podrían haver pasado a la rivera contrapuesta de la bahía, ni era negocio de tres dias el dar la buelta para descavezar un estero cuia extencion nos ponderaron tanto los cazadores.

---

1. San Francisco Bay. Estos cazadores fueron los primeros europeos que la vieron. El resto de la expedición la vió dos días más tarde.

Wednesday, 1 November.—Some had not yet been convinced that we had left the port of Monterey behind, nor would they believe that we were at the port of San Francisco. Our commander ordered the scouts to set out to examine the land for a certain distance, and gave them three days within which to return, hoping that from this exploration they would, perhaps, bring back information that would remove the perplexity of the incredulous.

From the coast or inner shore on the south of the bay, the Farallones were sighted west by southwest; the Punta de los Reyes, west sixteen degrees northwest, and some ravines with white cliffs, farther in, northwest by west.

Thursday, 2 November.—Several of the soldiers requested permission to go hunting, since many deer had been seen. Some of them went quite a long way from the camp and reached the top of the hills, so that they did not return until after nightfall. They said that to the north of the bay they had seen an immense arm of the sea or estuary, which extended inland as far as they could see, to the southeast;[1] that they had seen some beautiful plains studded with trees; and that from the columns of smoke they had noticed all over the level country, there was no doubt that the land must be well populated with natives. This ought to confirm us more and more in the opinion that we were at the port of San Francisco, and that this was the estuary of which the pilot Cabrera Bueno spoke; we had seen its entrance between some ravines while descending the slope of the bay. In regard to this, in his sailing directions, Cabrera Bueno uses the following words: "Through the middle ravine, an estuary of salt water enters without any breakers; coming in, you will find friendly Indians, and you will easily obtain fresh water and firewood."

We also conjectured from these reports that the scouts could not have passed to the opposite side of the bay, as it was no mere three days' undertaking to make the detour rounding an estuary, the extent of which was greatly enlarged upon to us by the hunters.

---

1. San Francisco Bay. These hunters were the first Europeans to see it. The main party did not see it until two days later.

Viernes 3 de Noviembre.—En la noche bolvieron los exploradores al real haciendo salva con sus armas: tuvieronnos en grande espectatiba hasta que abocandonos todos al camino, empezamos a satisfacer nuestra curiosidad preguntando y oiendo sus respuestas.

El motivo de su regocijo no fué otro que el haver inferido de las señas equivocas de los indios que a dos jornadas del parage á donde havían llegado estaba un puerto, y una embarcazion dentro. Sobre esta simple sospecha acabaron de persuadirse algunos que se hallaban ya en Monterrey; y no ponían duda que estaba al paquebot San Joseph esperandonos en aquel destino.

Savado 4 de Noviembre.—Nos pusimos en marcha en busca del puerto, seguimos la rivera ó plaia del sur de San Francisco hasta tomar la sierra rumbo del nordeste de lo alto de ella, divisamos el grandioso estero que tiraba la buelta del sueste,[2] dexamoslo sobre nuestra izquierda, y bolviendo las espaldas a la bahía caminamos al sursueste, por una cañada en la que paramos a puestas de sol.[3] Handuvimos dos leguas.

A la Cañada de San Francisco[4] *2 leguas. De San Diego 191 leguas.*

Domingo 5 de Noviembre.—Costeamos el estero aunque sin verlo por separarnos de él las lomas de la cañada que seguíamos rumbo del sursueste anduvimos tres leguas: el terreno era alegre: los cerros a la parte del poniente de la cañada se veían coronados de sabinos, y encinos chaparros, con otros arboles menores; havía suficiente pasto: paramos a la orilla de un arroio de buena agua:[5] dejaronse ver algunos

---

2. La expedición de Portolá atravesó Sweeney Ridge, al oeste de San Bruno y se encontró con una vista panoramica de la bahía en dirección al sitio donde hoy día está San Jose.
3. Acamparon a orillas de una laguna que actualmente está cubierta por San Andreas Lake.
4. El área que Costansó llamó «Cañada de San Francisco» es ciertamente la ruta más acertada que ellos podrían haber encontrado, o sea la fisura de San Andreas.
5. Este paraje ahora está bajo las aguas de Upper Crystal Springs Reservoir, quizás un poco al oeste de donde se juntan Interstate 280 y State Route 92.

Friday, 3 November.—During the night the scouts returned to camp, firing salutes with their arms. They had kept us in a state of great expectation until we all went out to meet them on the road and began to satisfy our curiosity by asking questions and hearing their answers.

The reason for their demonstration of joy was none other than that they had inferred from the ambiguous signs of the natives that two days' march from the place at which they had arrived there was a port and a vessel in it. Upon this simple conjecture some of them had finally persuaded themselves that they were at Monterey, and they had no doubt that the packet *San Joseph* was awaiting us at that place.

Saturday, 4 November.—We went out in search of the port. We followed the south shore or beach of San Francisco until we entered the mountain range to the northeast. From the summit of this range we saw the magnificent estuary, which stretched toward the southeast.[2] We left it on our left hand, and, turning our backs on the bay, advanced to the south-southeast, through a canyon in which we halted at sunset.[3] We traveled for two leagues.

To the Cañada de San Francisco,[4] *2 leagues. From San Diego, 191 leagues.*

Sunday, 5 November.—We followed the coast of the estuary, although we did not see it because we were separated from it by the low hills of the canyon that we were following in a south-southeasterly direction. We traveled for three leagues. The country was pleasant. The hills west of the canyon were crowned with savins, low live oaks, and other smaller trees. There was sufficient pasture. We halted on the bank of a stream of good water.[5] Some of the natives were seen; they

---

2. Portolá's party crossed Sweeney Ridge, west of San Bruno, and beheld the sweep of San Francisco Bay toward where San Jose now is.
3. The camp was at a pond or lagoon that is now covered by San Andreas Lake.
4. What Costansó called "San Francisco Canyon" is certainly the most obvious natural route they could have found—the San Andreas Rift Zone.
5. This site is now under the waters of the Upper Crystal Springs Reservoir, perhaps just west of the junction of Interstate 280 and state route 92.

gentiles que nos combidaron a ir a sus rancherias ofreciendonos sus regalos de semillas y frutas.

Por la Cañada de San Francisco 3 leguas. De San Diego 194 leguas.

Lunes 6 de Noviembre.—Sin salir de la propria cañada caminamos al rumbo dicho otras tres leguas por tierra mas alegre, y mas enmontada de sabinos, de robles y encinos cargados de bellotas. Salieronnos al camino dos numerosas rancherias de gentiles con regalo de pinole, y unas bateas grandes de atole blanco, que remedió en gran parte la necesidad de nuestra gente. Haciannos estos gentiles vivas instancias para que pasaramos a sus rancherias ofreciendo regalarnos bien, y se contristaban mucho de que no quisieramos condescender a sus instancias: hicieronles algunos varias preguntas por señas para sacarles las noticias que deseaban, y quedaron mui satisfechos de los gestos y demonstraciones ridiculas y vagas con que ellos correspondieron; pantomina, de la que verdaderamente podía comprehenderse mui poco, y se quedaron los mas en ayunas. Llegamos entretanto al remate de la cañada en donde terminaba la lomería que llevabamos á mano izquierda, y mediaba entre nosotros y el estero, al paso que los cerros de la derecha torcian para levante, y cerraban el valle que contenían [contenía] las aguas del estero: dirigimos tambien nuestro camino á levante; anduvimos un corto tramo á dicho rumbo, y paramos sobre la orilla de un arroio hondo, cuias aguas bajaban de la sierra, y corrían precipitadamente al descanso del estero.[6]

Por la propria Cañada 3 leguas. De San Diego 197 leguas.

Martes 7 de Noviembre.—Desde este parage se despacharon los exploradores para que adquiriesen noticias ciertas del puerto, y de la embarcacion de que havian dado señas los gentiles, á cuio efecto se les dió quatro dias de termino, y llevaron provision de arina para el tiempo señalado: fué de cabo de la partida el sargento del presidio, y le siguieron algunos indios para servirles de guias.

---

6. San Francisquito Creek en Menlo Park.

invited us to go to their villages, and offered us their presents of seeds and fruits.

Through the Cañada de San Francisco, 3 leagues. From San Diego, 194 leagues.

Monday, 6 November.—Without leaving this canyon we marched, in the same direction, for three more leagues over pleasanter land, more thickly covered with savins, white oaks, and live oaks loaded with acorns. Two very numerous bands of Indians met us on the road with presents of *pinole* and some large trays of white *atole*, which supplied in large measure the needs of our men. These natives requested us earnestly to go to their villages, offering to entertain us well; they were disappointed because we would not yield to their solicitations. Some of the men asked them various questions by means of signs, in order to obtain from them information they desired, and they were very well satisfied with the grimaces and the ridiculous and vague gestures with which the natives responded—a pantomime from which, truly, one could understand very little, and the greater part of the men understood nothing. Meanwhile we arrived at the end of the canyon where the hilly country, which extended to our left and lay between us and the estuary, terminated. At the same time the hills on our right turned towards the east, and closed the valley that contained the waters of the estuary. We likewise directed our course to the east. We proceeded for a short stretch in this direction and halted on the bank of a deep stream, which descended from the mountain range and flowed precipitately to the calm waters of the estuary.[6]

Through the same Cañada, 3 leagues. From San Diego, 197 leagues.

Tuesday, 7 November.—From this place the scouts were sent out in order to obtain definite particulars about the port and the ship concerning which the natives had made signs. For this purpose they were allowed four days, and they carried a supply of flour for the assigned period. The sergeant of the presidio went as head of the party, and some Indians accompanied it as guides.

---

6. San Francisquito Creek in Menlo Park.

Miercoles 8 de Noviembre.—No se ofreció novedad en el campo.

Jueves 9 de Noviembre.—Nuestra gente á falta de carne, y semillas dió en comer bellotas de roble pero experimentaron los mas grave perjuicio en su salud indigestiones y fiebres.[7]

Viernes 10 de Noviembre.—Llegaron en la noche los exploradores mui tristes, disuadidos ya de que el Puerto de Monterrey pudiese estar adelante, y desengañados de las noticias de los gentiles, y de sus señas, que por ultimo confesaban ser poco inteligibles.

Dixeron que todo el terreno que recorrieron para el nordeste y norte era intransitable por la falta de pastos que habian quemado los gentiles, y mas que todo por la fiereza, y mala voluntad, de estos, que los recibieron mui mal, y quisieron estorvarles el pasar adelante: que no vieron señales ningunas, que les pudiesen indicar la proximidad del puerto, y que se ofrecía otro estero inmenso hacia el nordeste, que se internaba tambien mucho en la tierra,[8] y tenía comunicazion con el del sueste haciendose igualmente precisso el buscar por donde descavezarlo.

Buelta del Puerto de San Francisco en demanda de la Punta de Pinos y Sierra de Santa Lucia.

Savado 11 de Noviembre.—Oidas las noticias de los exploradores resolvió el comandante conbocar a sus oficiales para resolver unanimemente sobre el partido que combendría tomar en las presentes circunsyancias; teniendo presente el servicio de Dios, del Rey, y su proprio honor.

---

7. Los indios molían las bellotas y obtenían una harina gruesa la cual lavaban y calentaban para remover el tanino y usarla como parte de su dieta. El comer bellotas sin someterlas a este proceso habría tenido como resultado los síntomas que los hombres experimentaron.
8. San Pablo Bay. Se cree que el sargento Ortega y sus exploradores llegaron hasta las actuales ciudades de Hayward o San Lorenzo.

Wednesday, 8 November.—Nothing of importance happened in the camp.

Thursday, 9 November.—Our men, being without meat or seeds, tried the acorns, but most of them suffered great injury to their health, [and had] indigestion and fever.[7]

Friday, 10 November.—The scouts arrived at night, very downcast, convinced now that the port of Monterey could not be farther on, and undeceived in regard to the information of the natives and their signs, which at last they confessed were quite unintelligible.

They said that the whole country that they had gone over to the northeast and north was impassable on account of the absence of pasture, which the natives had burned, and, more than all, because of the fierceness and evil disposition of these people, who received them very badly and tried to prevent them from going on. They stated that they had not seen any evidences whatever that might indicate the proximity of the port, and that there was another immense estuary to the northeast, which extended far inland;[8] that it was connected with that of the southeast; [and if they were to continue] it would be necessary to search for a way around it.

RETURN FROM THE PORT OF SAN FRANCISCO IN SEARCH OF THE PUNTA DE PINOS AND THE SIERRA DE SANTA LUCIA.

Saturday, 11 November.—After hearing the report of the scouts, the commander decided to call together his officers in order to resolve jointly upon the course that might be suitable to adopt in the present circumstances, bearing in mind the service of God, and of the king, and their own honor.

---

7. The Indians made acorns edible by grinding them into a coarse meal, then by rinsing and heating the meal they leached out the tannin. To eat acorns straight, without preparation, is to invite the symptoms the men experienced.
8. San Pablo Bay. Sergeant Ortega and his scouts are thought to have gone as far as present-day Hayward or San Lorenzo.

Juntos los oficiales, dieron sus votos por escrito, y acordaron retroceder en busca del Puerto de Monterrey, que conocían havía de quedar atras avista de las señas que en la costa se havían notado: concurrieron tambien en la junta los reverendos padres misioneros a quienes por vía de suplica se les pidió el dictamen y se atuvieron el proprio, conociendo ser indispensable la buelta en busca del Puerto de Monterrey que tambien conocían haver de quedar atras, como se resolvió, assi se puso por obra: en la tarde se movió el real á dos leguas del parage del estero la buelta del Puerto de San Francisco[9] deshandando lo andado.

Domingo 12 de Noviembre.—Hizimos quatro leguas y media al nornoroeste paramos junto a una lagunilla dentro de la cañada que siguimos viniendo del Puerto de San Francisco.[10]

A la Cañada de San Francisco 4¹/₂ leguas. Del Estero de San Francisco 6¹/₂ leguas.

Lunes 13 de Noviembre.—Anduvimos dos leguas y llegamos al Puerto de San Francisco.[11]

Al Puerto de San Francisco 2 leguas. Del Estero de San Francisco 8¹/₂ leguas.

Martes 14 de Noviembre.—Hizimos una legua y paramos en el rincon de las Almejas,[12] nombre que se le puso por la abundancia que hay de ellas en las piedras que el mar laba.

En este parage se logró observar con comodidad, con el
   octante ingles la altura meridiana del sol de cara al
   astro que fué la de su limbo inferior   33° 50
Por estar sobre un cantil elevado cosa de 40 pies sobre
   el nivel de las aguas la inclinazion de la linea visual
   sobre el orizonte era de 6 minutos substractivos   6

---

9. Acamparon al norte de Woodside.
10. Otra vez en San Andreas Lake, el campamento del 4 de noviembre.
11. O sea de regreso a la playa en San Pedro Creek.
12. "Mussel Headland." Martini Creek, donde acamparon el 30 de octubre.

The officers being assembled gave their votes in writing, and resolved to return in search of the port of Monterey, which they knew, from consideration of the signs they had noted along the coast, must lie behind them. The missionary fathers likewise attended the meeting, and their opinion was asked for courtesy's sake. They concurred in the decision, recognizing that the return in search of the port of Monterey, which they also knew must lie behind, was necessary. The resolution was put into effect; in the afternoon the camp was moved two leagues from the stopping place at the estuary, retracing our steps on the return from the port of San Francisco.[9]

Sunday, 12 November.—We traveled for four and a half leagues to the north-northwest. We halted near a small pond in the canyon that we followed coming from the port of San Francisco.[10]

> To the Cañada de San Francisco, 4½ leagues. From the Estero de San Francisco, 6½ leagues.

Monday, 13 November.—We traveled for two leagues, and arrived at the port of San Francisco.[11]

> To the Puerto de San Francisco, 2 leagues. From the Estero de San Francisco, 8½ leagues.

Tuesday, 14 November.—We traveled for one league, and halted in the Rincón de las Almejas,[12] a name given because of the abundance of shellfish on the rocks washed by the sea.

At this place we succeeded without difficulty in observing the
meridian altitude of the lower limb of the sun, with the
English octant, facing it   33° 50′
Because [the observation] was made on a cliff about forty feet
above sea level, the inclination of the visual horizon was
six minutes, subtract   6′

---

9. They camped north of Woodside.
10. Again at San Andreas Lake, the campsite of November 4.
11. Now back at the beach at San Pedro Creek.
12. "Mussel Headland" (Martini Creek), where they had camped on October 30.

Resfraccion astronomica substractiva	1	
Semidiametro del sol addictivo	16	9
Altura del centro del sol	33	59
Su distancia al zenith	56	1
Su declinazion hechas las equaciones	18	30
Latitud norte del parage[13]	37	31

La rivera o plaia meridional del Puerto de San Francisco dista como quatro millas maritimas al norte de este parage: su latitud será pues de 37 grados 35 minutos.

A Las Almejas 1 legua. Del Estero de San Francisco 9¹/₂ leguas.

Miercoles 15 de Noviembre.—Como la gente carecía de todo bastimento fuera de la cortisima racion de tortillas de arina se dispuso descansara en este sitio a fin de dar lugar a que hiciera alguna prevencion de almejas que se dijo abundaban mucho en los peñascos de la plaia.

Jueves 16 de Noviembre.—Desde el dia que avistamos el Puerto de San Francisco hasta salir de él tuvimos constantemente un cielo sereno: pero en este día se cargó el orizonte de una espesa niebla con viento sur. Salimos sin embargo del rincon de Las Almejas é hizimos poco mas de una legua hasta el parage que nombraron ahora los soldados el Llano de los Ansares[14] por que fué tanta la abundancia que vimos de estos animales, que saliendo algunos soldados a tirar mataron veinte y dos: dignandose de esta suerte la divina providencia atender al remedio de la necessidad en que se hallaban.

Al Llano de los Ansares 1 legua. Del Estero de San Francisco 10¹/₂ leguas.

Viernes 17 de Noviembre.—Estaba el cielo mui nublado quando levantamos el real y apenas nos pusimos en marcha que se movió el

---

13. La latitud verdadera es 37° 33′ 09″. El cálculo de Costansó es 2.35 millas demasiado al sur.
14. "Goose Plain." Llamado ahora Pilarcitos Creek.

| Astronomical refraction, subtract | | 1′ | |
| Semidiameter of the sun to be added | | 16′ | 9′ |

Altitude of the center of the sun	33° 59′
Zenith distance	56° 1′
Its declination resulting from the equations	18° 30′
Latitude of the place, north[13]	37° 31′

The southern shore or beach of the port of San Francisco is about four marine miles north of this place. Its latitude, then, would be about 37° 35′.

> *To Las Almejas, 1 league. From the Estero de San Francisco, 9½ leagues.*

Wednesday, 15 November.—Since the men were without provisions, save the very small ration of *tortillas* of flour, it was decided to rest at this place in order to give time to get a supply of mussels, which, as we said, were very abundant on the rocks along the shore.

Thursday, 16 November.—From the day we came in sight of the port of San Francisco until we left it the sky had been clear continuously, but today a thick fog covered the horizon; the wind was from the south. Nevertheless, we set out from the Rincón de las Almejas, and traveled for a little more than a league, as far as the place that the soldiers now called the Llano de los Ansares,[14] because we saw such an abundance of geese. Some of the soldiers, going out to hunt, killed twenty-two. The Divine Providence was pleased, in this manner, to supply their needs.

> *To the Llano de los Ansares, 1 league. From the Estero de San Francisco, 10½ leagues.*

Friday, 17 November.—The sky was very cloudy when we broke camp, and we had hardly begun our march when the wind changed to

---

13. The actual latitude is 37° 33′ 09″. Costansó's figure is about 2.35 miles too far south.
14. "Goose Plain." Now Pilarcitos Creek.

viento al sur mui fuerte a breve rato tuvimos agua que duró toda la
marcha: hizimos tres leguas hasta llegar a un arroio hondo de buen
agua;[15] un poco mas al sur de la ranchería de las Pulgas.[16]

> *Al Arroio Hondo*[17] *3 leguas. Del Estero de San Francisco 13½*
> *leguas.*

Savado 18 de Noviembre.—Caminamos tres leguas, y pasamos por
el Valle de los Cursos cuia ranchería hallamos abondonada: paramos
junto a un arroio de buen agua,[18] dos leguas mas al sur de la ranchería;
promediando la jornada para llegar el siguiente día a la de la Casa
Grande.[19]

> *Al sur del la Ranchería de los Cursos 3 leguas. Del Estero de San*
> *Francisco 16½ leguas.*

Domingo 19 de Noviembre.—Pasamos una legua mas acá de la
Ranchería de la Casa Grande que hallamos tambien despoblada, y
paramos sobre un cantíl cerca de la plaia, y de un arroio de buen agua
a vista de la Punta de Año Nuevo[20] hizimos quatro leguas.

> *Mas para el sur de la Ranchería de la Casa Grande 4 leguas. Del*
> *Estero de San Francisco 20½ leguas.*

Lunes 20 de Noviembre.—De la Punta de Año Nuevo fuimos al Alto
del Jamon[21] distante quatro leguas.

> *Al Alto del Jamon 4 leguas. Del Estero de San Francisco 24½ leguas.*

Martes 21 de Noviembre.—Hizimos en esta jornada dos leguas
hasta el parage de Las Puentes donde paramos.[22]

---

15. Tunitas Creek.
16. "Village of the Fleas."
17. "Deep Creek."
18. Butano Creek.
19. "Big House Village."
20. Año Nuevo ("New Year's") Creek.
21. "Ham Height" (Scott Creek), donde habían acampado el 19 de octubre.
22. "The Bridges" (Majors Creek), donde habían acampado el 18 de octubre.

the south and became very strong. In a short time the rain began and lasted during the whole march. We traveled for three leagues until we arrived at a deep stream of good water,[15] a little farther south than the Ranchería de las Pulgas.[16]

> To the Arroyo Hondo,[17] 3 leagues. From the Estero de San Francisco, 13½ leagues.

Saturday, 18 November.—We traveled for three leagues, and passed through the Valle de los Cursos; we found this village deserted. We halted near a stream of good water,[18] two leagues south of the village, dividing the distance so as to arrive on the following day at the Ranchería de la Casa Grande.[19]

> To the south of the Ranchería de los Cursos, 3 leagues. From the Estero de San Francisco, 16½ leagues.

Sunday, 19 November.—We passed one league from the Ranchería de la Casa Grande, which we likewise found deserted. We halted on a steep rock near the shore, and near a stream of good water, in sight of the Punta de Año Nuevo.[20] We traveled for four leagues.

> To a point south of the Ranchería de la Casa Grande, 4 leagues. From the Estero de San Francisco, 20½ leagues.

Monday, 20 November.—From the Punta de Año Nuevo we went to the Alto del Jamón,[21] a distance of four leagues.

> To the Alto del Jamón, 4 leagues. From the Estero de San Francisco, 24½ leagues.

Tuesday, 21 November.—On this day's march we traveled for two leagues—as far as the place called Las Puentes, where we halted.[22]

---

15. Tunitas Creek.
16. "Village of the Fleas."
17. "Deep Creek."
18. Butano Creek.
19. "Big House Village."
20. At Año Nuevo ("New Year's") Creek.
21. "Ham Height" (Scott Creek), where they had camped on October 19.
22. "The Bridges" (Majors Creek), where they had camped on October 18.

Mataronse en estos dias muchos ansares, siendo imponderable las bandadas que se veían a cada paso de estos animales; de suerte que no se padeció necessidad en el real.

A Las Puentes 2 leguas. Del Estero de San Francisco 26¹/₂ leguas.

Miercoles 22 de Noviembre.—Vadeamos el Rio de San Lorenzo, sin deteneros en aquel parage, y adelantamos la jornada hasta el Arroio del Rosario[23] distante quatro leguas del Alto del Jamon.

Al Rosario 4 leguas. Del Estero de San Francisco 30¹/₂ leguas.

Jueves 23 de Noviembre.—La jornada de este día fué a la Laguna del Corral[24] distante tres leguas y media del Rosario.

A la Laguna del Corral 3 leguas. Del Estero de San Francisco 33¹/₂ leguas.

Viernes 24 de Noviembre.—Desde la Laguna del Corral se apartaron los exploradores para ir reconociendo con nuevo cuidado la costa; por que se internaba algo en la tierra, el camino que havía de seguir la requa, y el resto de la gente: paramos una legua mas adelante del Rio del Paxaro,[25] sobre una laguna que se llamó del Macho.[26]

Al sur del Pajaro ó Laguna del Macho 2 leguas. Del Estero de San Francisco 35¹/₂ leguas.

Savado 25 de Noviembre.—Con motibo de rexistrar la costa con prolixidad, y cuidado se hizo descanso en la Laguna del Macho.

Los exploradores volvieron en la noche sin noticia de considerazion: solo dixeron haverse desengañado en no ser cibolos el rastro que se

---

23. "Rosary Creek" (Porter Gulch), el campamento del 16 de octubre.
24. "Corral Lake." College Lake, al norte de Watsonville, donde habían descansado desde el 10 hasta el 15 de octubre.
25. "Bird River."
26. "Mule Lake," cerca de San Miguel Canyon Road y Hall Road.

During these days we killed many geese; it was impossible to estimate the number of flocks of these birds, which were seen at every step; so no lack of food was felt in the camp.

To Las Puentes, 2 leagues. From the Estero de San Francisco, 26½ leagues.

Wednesday, 22 November.—We forded the Río de San Lorenzo without stopping there, and continued the day's march as far as the Arroyo del Rosario,[23] a distance of four leagues from the Alto del Jamón.

To El Rosario, 4 leagues. From the Estero de San Francisco, 30½ leagues.

Thursday, 23 November.—This day's march brought us to the Laguna del Corral,[24] a distance of three leagues and a half from El Rosario.

To the Laguna del Corral, 3 leagues. From the Estero de San Francisco, 33½ leagues.

Friday, 24 November.—From the Laguna del Corral the scouts set out to examine the country with renewed care, since the road which it was necessary for the animals and men to follow extended somewhat inland. We halted one league farther on than the Río del Pájaro,[25] near a pond, which was called Laguna del Macho.[26]

To the south of the Río del Pájaro, or to the Laguna del Macho, 2 leagues. From the Estero de San Francisco, 35½ leagues.

Saturday, 25 November.—With the object of examining the coast with minuteness and care, we rested at the Laguna del Macho.

The scouts returned at night without any important information. They only said that they had found out that the tracks that we had seen

---

23. "Rosary Creek" (Porter Gulch), where they had camped on October 16.
24. "Corral Lake." College Lake, north of Watsonville, where they had rested from October 10 to 15.
25. "Bird River."
26. "Mule Lake," near San Miguel Canyon Road and Hall Road.

havía visto a la ida para el Puerto de San Francisco pero sí de ciervos mui grandes, y de hechura extraordinaria de que vieron una manada de veinte y dos cerca de la marina: decian que tenian estos animales la caveza armada de llaves mui altas, ramosas y corpulentas, su color desde los pechos hasta la barba blanco lo restante del cuerpo castaño claro, menos los quartos traseros que tambien eran blancos.

Domingo 26 de Noviembre.—De la Laguna del Macho fuimos á parar a nuestro antiguo campamento del rio que se creyó del Carmelo[27] distante cinco leguas y media de la Laguna del Macho.

Al Rio Carmelo 5½ leguas. Del Estero de San Francisco 41 leguas.

Lunes 27 de Noviembre.—Subimos el rio cosa de una legua y lo vadeamos en parage, donde sus aguas, sin mescla de las del mar permitían el paso: tomamos el rumbo del sudoeste por camino llano enmontado de matorrales y algo escaso de pastos, con algunas cejas de monte de encinos de poco cuerpo. Descavezamos una lagunilla mediana, pasando por encima de unos meganos entre ella y la mar: sentamos el real a vista de la Punta de Pinos,[28] reconocida antecedentemente conforme se dijo. El aguage era una laguna pequeña cuia agua hallamos algo gruesa, havía pasto, y leña en abundancia.

Aqui con la immediacion de la sierra perdimos de vista los ansares cuio socorro duró hasta este día: fué la jornada de cinco leguas.

A la Punta de Pinos 5 leguas. Del Estero de San Francisco 46 leguas.

Martes 28 de Noviembre.—Movimos en la mañana nuestro real, y la costa en la mano, fuimos suviendo la loma de pinos: empezaba ya el pinal antes de coger su falda. Pasamos del otro lado de ella, en el que se forma nueva ensenada con abrigo del norte, y noroeste, porque dicha punta tendida del lesueste para el oesnoroeste sirve de resguardo

---

27. En Salinas River, cerca de Blanco.
28. "Point of Pines," ahora Point Pinos. Acamparon donde ahora se encuentra Monterey.

on the way to the port of San Francisco were not those of bison, but of very large deer, of an extraordinary appearance; they had seen a herd of twenty-two near the shore. They said that these animals had high branching and heavy horns; that their color, from the breast to the chin, was white, the rest of the body a light chestnut, excepting the hindquarters, which likewise were white.

Sunday, 26 November.—From the Laguna del Macho we came to our old camping-place at the river that was thought to be the Carmelo,[27] a distance of five leagues and a half from the Laguna del Macho.

To the Río Carmelo, 5½ leagues. From the Estero de San Francisco, 41 leagues.

Monday, 27 November.—We ascended the river about a league, and forded it at a place where its waters, before mixing with those of the sea, permitted the crossing. We directed our course to the southwest over a level country covered with thickets, without much pasture, with some clumps of small live oaks. We rounded a fair-sized pond, passing over some sand dunes between it and the sea. We pitched our camp in sight of the Punta de Pinos,[28] which, as we have said, had previously been examined. The watering-place was a small lake, which was found to be muddy. There was pasture and firewood in abundance.

Here, when we came near the mountain range, we lost sight of the geese—a resource that had lasted up to this time. The day's march was five leagues.

To the Punta de Pinos, 5 leagues. From the Estero de San Francisco, 46 leagues.

Tuesday, 28 November.—We broke camp in the morning, and, keeping near the coast, began to ascend the hill of pines. The pine wood began before we reached the skirt of the hill. We passed to the other side of the hill where another bay lies sheltered to the north and northwest, because the point, extending from east-southeast to west-

---

27. At the Salinas River, near Blanco.
28. "Point of Pines," now Point Pinos. They camped on the site of Monterey.

contra dichos vientos. Tiene esta ensenada a la parte del sur otra punta que la defiende del sur, y sudoeste.[29] No podemos asegurar que el fondeadero al abrigo de dichas puntas sea bueno, antes se ven dentro del agua, y sobre la costa muchas lajas y piedras, sin plaia alguna, si no es de la vanda del leste, por donde se introduce un estero de agua salada que recibe las de un riachuelo bastante copioso, que sale de una cañada que se mira al mismo rumbo.[30] Tampoco podemos afirmar qual sea la calidad del fondo de esta ensenada, ni qual sea su braseaje.

Pasamos el estero y campamos sobre la lengua del agua á la parte del sur de la ensenada no lexos de un arroyuelo de mui buena agua.[31]

A la Ensenada de Pinos[32] *1¹/₂ leguas. Del Estero de San Francisco 47¹/₂ leguas.*

Miercoles 29 de Noviembre.—Se destinó este día al descanso de la gente y de la requa que bien lo necesitaban; pero los hombres lo pasaban en este parage much peor que los animales por que la tierra abundante en pasto para los ultimos, escaseaba todo a los primeros. No era menos ingrata la mar, que ni ofrecía siquiera una almeja; aunque abundaba en gaviotas y alcatrazes unicos pescadores de estas plaias, y a quienes nuestra gente no daba partido porque comían a quantos mataban.

Jueves 30 de Noviembre.—Bajo del proprio paralelo se halla la Plaza y Bahía de Cadiz.

Observose en este día la altura meridiana del sol con el octante ingles de cara al astro y fué la de su limbo inferior   31° 23

---

29. Carmel Bay, protegida al norte por Pescadero Point y al sur por Point Lobos.
30. Carmel River. El nombre de Río del Carmelo se lo dió Vizcaíno el 3 de enero de 1603, aparentemente la razón fue que tres frailes carmelitas formaban parte de la expedición. Los miembros de la expedición de Portolá continuaron pensando que el río Salinas era el río Carmel.
31. San Jose Creek.
32. "Bight of Pines."

northwest, is a protection from those winds. This bay has, to the south, another point which protects it from the south and southwest.[29] We cannot say that the anchorage protected by these points is good, since many flat stones and rocks can be seen in the water and on the shore. There is no beach, except on the eastern side, where an estuary of salt water enters. This receives the waters of a small river of considerable flow coming from a canyon that can be seen in the same direction.[30] Nor can we say what the character of the bottom of this bay is, nor what its depth may be.

We crossed the estuary and camped at the edge of the water on the southern part of the bay, not far from a small stream of very good water.[31]

To the Ensenada de Pinos,[32] *1½ leagues. From the Estero de San Francisco, 47½ leagues.*

Wednesday, 29 November.—Today was taken to rest the men and animals, since they were very much in need of it. At this place, however, the men were much worse off than the animals, for the land had plenty of pasture for the latter but lacked everything necessary for the former. The sea, which did not yield even a single mussel, was no less barren, although it abounded in sea gulls and pelicans—the only fishermen on these shores—to which our people gave no truce, for they ate as many as they killed.

Thursday, 30 November.—The town and bay of Cadiz is situated under this parallel.

Today, the meridian altitude of the sun was observed with
   the English octant, facing the sun, and the altitude of its
   lower limb was found to be   31° 23′

---

29. Carmel Bay, protected on the north by Pescadero Point and on the south by Point Lobos.
30. The Carmel River. The name *Rio del Carmelo* was given by Vizcaíno on January 3, 1603, apparently because three Carmelite friars were on the expedition. The Portolá expedition members continued to think that the Salinas was the Carmel.
31. San Jose Creek.
32. "Bight of Pines."

Semidiametro addictivo	16	
Correccion sibstractiva por razonde la altura del		
ojo del observador sobre el nivel del mar	3	
Resfraccion astronomica substractiva	2	11

Altura del centro del astro	31	34
Su distancia al zenith	58	26
Su declinazion	21	50
Latitud de la Ensenada de Pinos[33]	36	36

El frio se daba a sentir con rigor y havía dos dias que duraba el viento terral al norte bastante recio: suelen durar sus colladas conforme ibamos experimentando quarenta y ocho horas sin interrupcion mas ó menos. La costa desde la expresada punta al sur de la bahía, sigue al sur quarta al sueste.

---

33. La desembocadura de San Jose Creek queda a 36° 31′ 25″. Por lo tanto, la latitud que dió Costansó está a unas 5.2 millas demasiado al norte.

Semidiameter to be added	16′	
Correction in consequence of the elevation of the observer's eye above sea level, subtract	3′	
Astronomical refraction, subtract	2′	11′

Altitude of the center of the sun	31° 34′
Zenith distance	58° 26′
Its declination	21° 50′

Latitude of the Ensenada de Pinos[33]	36° 36′

The cold began to be felt intensely, and for two days the land wind from the north was very strong. As we were learning by experience, this wind usually blows without interruption for forty-eight hours, more or less. The coast, from the above mentioned point to the south of the bay, extends south by east.

---

33. The mouth of San Jose Creek is at 36° 31′ 25″. Thus Costansó's position is roughly 5.2 miles too far north.

Viernes 1⁰ de Diziembre.—Despacharonse los exploradores en la
mañana de este día en numero de diez hombres: fué personalmente con
ellos el capitan del Presidio de Californias don Fernando de Rivera con
seis indios gastadores: llevaronse provision de tortillas para algunos
dias; y aunque se mató una mula para racionar la gente, pocos comieron
de ella á excepcion de algunos soldados europeos y los indios amigos.

Savado 2 de Diziembre.—Dos mulatos arrieros que havía tres dias
que faltaban del real, haviendo pedido licencia para salir á cazar, y no
parecían aún, nos tenian con gran cuidado, presumiendo no huviesen
recivido algun daño de parte de los gentiles, ó que se huviesen desertado.

Domingo 3 de Diziembre.—El tiempo se mantubo sereno mientras
duraron los terrales: pero se nos cambió al sur en la tarde de este día
con nuves y agua.

Lunes 4 de Diziembre.—Llegaron en la noche los exploradores cansados de la aspereza de la sierra que tuvieron que andar a pié lo mas del
camino hasta donde llegó su rexistro: lo que se sacó de este
reconocimiento fué cerciorarse que la dicha sierra es la de Santa Lucía
por las señas que hallaron conformes con las que cita el derrotero del
piloto Cabrera Bueno; quales son las de un mogote alto y blanco algo
tendido en la costa que puede verse muchas leguas mar afuera, y la de
un morro de figura de trompa que parece farallon,[1] y dista como seis
leguas de la Punta de Pinos.
Refirieron haverseles desertado dos indios californios de los seis
que llevaron.

Martes 5 de Diziembre.—No savíamos que pensar a vista de lo que
nos pasaba. Un puerto tan famoso como el de Monterrey tan celebrado
y ponderado a su tiempo por unos hombres de caracter, habiles,
inteligentes, y practicos navegantes, que expresamente vinieron á
reconocer estas costas, de orden del monarca, que entonces regía las

---

1. Point Sur.

Friday, 1 December.—Ten scouts were sent out this morning. The captain of the presidio of the Californias, Don Fernando de Rivera, himself went with them, with six native pioneers. They carried a supply of *tortillas* to last for some days. Although a mule was killed to provide rations for the men, few ate of its meat except some European soldiers and the friendly Indians.

Saturday, 2 December.—We felt great apprehension about two mulatto muleteers who, having requested permission to go out hunting, had been absent from the camp for three days, and who had not yet appeared. We suspected that they had suffered some injury from the natives, or that they had deserted.

Sunday, 3 December.—The weather remained clear while the land wind continued, but in the afternoon of this day the wind changed to the south, bringing clouds and rain.

Monday, 4 December.—The scouts arrived during the night tired out from the ruggedness of the mountain range, over which they had to travel on foot the greater part of the way, as far as their exploration took them. What they obtained from this inspection was to assure themselves that this mountain range was that of Santa Lucía—judging from the indications that they found coinciding with those mentioned in the sailing-directions of the pilot Cabrera Bueno. These signs are a high white rock jutting out somewhat from the coast—it can be seen for many leagues out to sea—and a headland in the shape of a trumpet, which looks like a rocky islet[1] and is about six leagues from the Punta de Pinos.

They reported that two of the six California Indians who had accompanied them had deserted.

Tuesday, 5 December.—We did not know what to think of the situation. A port so famous as that of Monterey, so celebrated, and so talked of in its time, by energetic, skillful, and intelligent men, expert sailors who came expressly to reconnoiter these coasts by order of the

---

1. Point Sur.

Españas ¿cabe decir que no se ha encontrado despues de las mas esquisitas y vivas dilixencias, practicadas á costa de muchos sudores, y fatigas? ¿ó será licito pensar que se ha cegado, y destruido con el tiempo?

Citan las relaciones del general Sebastian Vizcaíno, y los historiadores sus contemporaneos al Puerto de Monterrey por treinta y siete grados de latitud norte; y nosotros no tan solamente no vimos señas de él pero ni posibilidad siquiera, de que por tal altura haia existido semejante puerto; porque allí está la costa bordada de cerros altisimos en cordillera tajados al mar, como veran los navegantes.

A la verdad no sería de estrañar que huviesemos hallado al Puerto de Monterrey por maior ó menor latitud que la que citan las relaciones antiguas (defecto ó yerro que hemos reparado en quasi los mas parages de la costa desde la Isla de Cerros hasta el Puerto de San Francisco y que debe atribuirse a la insuficiencia de los instrumentos de que usaban en aquel tiempo los navegantes para observar la altura orizontal de los astros: la ballestilla era el mas comun, y el que generalmente empleaban los pilotos en la mar; instrumento basto de dificil manejo, y que solo puede servir para tomar alturas de espaldas al astro, porque de cara es la observazion mas grosera aun, y de ningun recurso en la practica. Pero sobre unas costas que no franquean orizonte al norte (como sucede en estas costas de que hablamos) no se puede tomar, si fuese el sol ú otro astro, cuia declinacion sea menor que la latitud del parage en que se halla el observador, de otro modo que de cara al mismo; luego semejante observacion echa con la ballestilla debe necesariamente inducir a error. Prescindase de aquellos errores que pueden provenir del uso de malas tablas de declinazion; y quien duda que en estos ultimos tiempos tenemos calculadas, y aberiguadas las declinaciones y ascensiones rectas de los astros con maior precision y exactitud que dos siglos hace, tanto por razon de los progresos de la astronomía hechos en el discurso de dicho tiempo, como por la mejor fabrica y precision de los instrumentos modernos).

Conque diremos afirmatibamente que el Puerto de Monterrey. no existe por la latitud indicada en los derroteros antiguos de treinta y siete grados ni desde los mismos treinta y siete grados para el norte hasta los treinta y siete grados quarenta y quatro minutos en que juzgámos se halla la Punta de los Reies; haviendonos sucedido encontrar primero el Puerto de San Francisco con las señas sin discrepar

monarch who at that time governed the Spains—is it possible to say that it has not been found after the most careful and earnest efforts, carried out at the cost of much toil and fatigue? Or, is it admissible to think that it has been filled up, or destroyed in the course of time?

The accounts of General Sebastián Vizcaíno, and his contemporary historians, give the port of Monterey as being in 37° north latitude. We not only saw no signs of it, but not even the possibility that such a port had ever existed that high up, for there the coast is bordered by a range of very high hills terminating in the ocean, as the navigators may see.

In truth, it would not be strange if we found the port of Monterey at a greater or less latitude than that given in the old accounts (a defect or error that we have noted at nearly all of the places along the coast from the Isla de Cerros to the port of San Francisco, and which should be ascribed to the inadequacy of the instruments used by the navigators of that time in observing the horizontal altitude of the stars. The forestaff was the commonest, and the one generally used by the pilots at sea; it is a crude instrument, difficult to handle, and can only be used to take altitudes with the back to the star, since, facing it, the observation is still more inaccurate and of no practical use. On some coasts, however, which do not give an opportunity for observing the northern horizon (as is the case on these coasts of which we speak), the altitude of the sun, or other heavenly body, whose declination is less than the latitude of the place in which the observer is, can be taken in no other way than by facing it. Therefore, such an observation made with the forestaff must necessarily lead to error, leaving aside the mistakes that may arise from the use of imperfect tables of declination—and who doubts that in these later days we have calculated and ascertained the declinations and right ascensions of the stars with greater precision and exactness than two centuries ago, as much because of the astronomical progress made during this space of time as on account of the better construction and precision of modern instruments?)

Now, then, we will say positively that the port of Monterey does not exist in the latitude (37°) indicated in the old sailing-directions; nor between 37° as far north as 37° 44', in which, as we believe, lies the Punta de los Reyes. It happened that we found the port of San Francisco first, according to the signs, which, without the slightest variation (as far as we were able to see and judge) agreed with those

un apice (en quanto logramos ver, y pudimos juzgar) de las que cita el piloto Cabrera Bueno: y como dicho Puerto de San Francisco se halla segun dicho piloto, y los demas que han rexistrado estas costas al norte del de Monterrey, ¿que esperanzas quedan ya de que este pueda hallarse mas á barlovento? Tampoco existe este puerto desde el mismo paralelo de treinta y siete grados para el sur ya sea en la Sierra de Santa Lucía, ó fuera de ella; pues haviendo reconocido toda la costa paso á paso, no nos queda el menor recelo de que pueda haber escapado a nuestra dilixencia é indagaciones.[2]

Hemos de decir tambien, que tierras mas despobladas que las situadas por las alturas expresadas maiormente al salir de la Sierra de Santa Lucía, no las hemos visto en todo el viage, ni gente mas bronca, ni mas salbage, que sus naturales: ¿Que es pues de lo populoso que tanto ponderan los antiguos, y de la suma docilidad de sus moradores?

De buelta del reconocimiento de la sierra expuso nuestro comandante a sus oficiales la situacion triste en que nos veíamos, sin mas viveres que diez y seis costales de arina, sin esperanzas de hallar el puerto, ni por consiguiente embarcacion que pudiese socorrernos para mantenernos en la tierra, y los llamó á consejo.

Miercoles 6 de Diziembre.—Había de tenerse la junta en este día pero se difirió para el siguiente, á fin de dar a cada uno mas lugar, y tiempo para pensar en asunto de tanta importancia.

Jueves 7 de Diziembre.—Fueron algunos de dictamen en la junta de conservarse en la Punta de Pinos hasta consumir enteramente las provisiones existentes, y de tomar por ultimo la buelta, despues de

---

2. Los hombres de Portolá continuaban desconcertados por la magnitud de la bahía de Monterey. A pesan de haber pasado allí mucho tiempo aun no les parecía que ésta era la misteriosa bahía que andaban buscando. Los cálculos que habían hecho Cabrera Bueno y otros pilotos antes que él sobre la latitud del área no habían sido exactos pero tampoco demasiado errados. Si se acepta que la bahía de Monterey está limitada al sur por Point Pinos a 36° 38′ 20″ y al norte por Point Santa Cruz a 36° 57′ 05″, Cabrera Bueno no estaba tan lejos de la realidad. El comentario de Costansó de que la bahía de Monterey no estaba localizada al sur de la latitud 37° sólo refleja la imagen de la bahía que tenía en mente la expedición de Portolá y no la realidad, o sea que dicha bahía sí se encuentra ligeramente al sur de los 37°.

given by the pilot Cabrera Bueno. And since this port of San Francisco, according to the pilot mentioned, and the others who have examined these coasts, lies to the north of Monterey, what hopes remain now that this port may be found farther north? Neither is this port south of the parallel of 37°, either in the Sierra de Santa Lucía, or out of it; for, having examined the whole coast, step by step, we have not the least fear that it may have escaped our diligence and search.[2]

We should say, moreover, that on the entire journey we have not seen lands more completely uninhabited than those situated in the latitude above mentioned, especially at the place where one emerges from the Sierra de Santa Lucía, nor have we seen a rougher or more savage people than its inhabitants. Where, then, is its numerous population upon which the old [voyagers] laid so much stress, and what of the extreme docility of its inhabitants?

On the return [of the party] from the examination of the mountain range, our commander laid before his officers the unhappy plight in which we were placed—without provisions other than sixteen sacks of flour, without hope of finding the port and consequently of finding the ship that might aid us in maintaining ourselves in the country—and called them together in council.

Wednesday, 6 December.—The council was to be held today, but it was postponed until tomorrow in order to give everyone more opportunity and time to consider such an important manner.

Thursday, 7 December.—There were some at the meeting who thought it best to remain at the Punta de Pinos until the provisions on hand should be entirely consumed, and finally to start upon the return

---

2. The Portolá party remained baffled by the sheer size of Monterey Bay. No matter how much time they spent there, it still did not appear to them to be the mysterious bay they sought. Cabrera Bueno and other early pilots were somewhat off in their observations of latitude, but not hopelessly. If one will allow that Monterey Bay is defined by Point Pinos on the south at 36° 38 ′ 20″, and by Point Santa Cruz on the north at 36° 57′ 05″, then Cabrera Bueno was not far wrong. Costansó's statement that Monterey Bay was not south of latitude 37° reflects only the Portolá expedition's mental image of what Monterey Bay should look like rather than the reality—which is that Monterey Bay does indeed lie just south of 37°.

consumidas; ateniendose a comer mula lo restante del viage: pero con-
sideradas las cosas, visto lo poco que quedaba, los frios excesibos que
hacian, y sobre todo las nieves que empezaban ya a cubrir la serranía
nuestro comandante resolvio por si la retirada discurriendo que de
cerrarsenos el paso de la sierra era necesario que perecieramos todos.

En la tarde se levantó un viento sur violento que causó gran borras-
ca en la mar, y nos maltrató bastante en tierra.

Viernes 8 de Deziembre.—Siguió el tiempo crudo y tempestuoso sin
permitirnos mover del parage.

Savado 9 de Diziembre.—Duraba aun el temporal, y no aclaró el
tiempo hasta la noche.

Domingo 10 de Diziembre.—Antes de dexar esta ensenada erigimos
una cruz sobre la plaia con un letrero gravado en la propria madera que
decía: escarba: al pié hallarás un escrito. Este era el que insertamos
aquí copiado al pié de la letra.

La expedicion de tierra que salió de San Diego el dia 14 de Julio de
1769 años á las ordenes del Governador de Californias don Gaspar de
Portolá, entró en la Canal de Santa Barbara el dia nueve de Agosto:
pasó la Punta de la Concepcion el dia veinte y siete del mismo: llegó al
pié de la Sierra de Santa Lucía el día treze de Septiembre: entró en la
sierra dicha el diez y siete del proprio mes: acabó de pasar la sierra ó
de descabezarla del todo el día primero de Octubre; y avistó el proprio
dia la Punta de Pinos: el siete del mismo, reconocida ya la Punta de
Pinos, y las ensenadas a la banda del norte, y sur de ella, sin ver señas
del Puerto de Monterrey, resolvió pasar adelante en busca de el: a
treinta de Octubre dió vista a la Punta de los Reyes, y farallones del
Puerto de San Francisco en numero de siete. Quiso llegar a Punta de
los Reies la expedicion; pero unos esteros inmensos, que internan
extraordinariamente en la tierra, y le precisaban a dar un rodeo sumamente grande, y otras dificultadas (siendo la maior la falta de viveres)
la precisaron á tomar la buelta, creyendo que el Puerto de Monterrey

march when these provisions were exhausted, submitting to the necessity of eating mule's meat for the rest of the journey. All these things, however, having been considered—in view of the few provisions that remained, the excessive cold, and, above all, the snow that was beginning to cover the mountain range—our commander himself resolved upon the return, believing that if the passage over the mountains became impossible we should all perish.

During the afternoon a violent south wind sprang up, which caused a great tempest on the sea and treated us very badly on land.

Friday, 8 December.—The raw and tempestuous weather continued, without permitting us to move from the place.

Saturday, 9 December.—The storm still continued, and the weather did not clear up until night.

Sunday, 10 December.—Before leaving this bay we erected a cross upon the beach with an inscription cut upon the wood, which said: "Dig! At the foot thou wilt find a writing." This writing is hereinafter transcribed word for word.

"The land-expedition that set out from San Diego on 14 July 1769 under the command of the Governor of California, Don Gaspar de Portolá, entered the Canal de Santa Bárbara on 9 August; it passed the Punta de la Concepción on the 27th of the same month; and reached the foot of the Sierra de Santa Lucía on 13 September; it entered the mountain range on the 17th of the same month; it completed the passage of the mountain range, going completely round it, on 1 October; and on the same day came in sight of the Punta de Pinos. On the 7th of the same month, having already examined the Punta de Pinos, and the bays to the north and south of it, without finding any indications of the port of Monterey, it decided to go forward in search of the port. On 30 October the expedition came in sight of the Punta de los Reyes, and the seven Farallones of the port of San Francisco. The expedition endeavored to reach the Punta de los Reyes, but some immense estuaries, which extend inland an extraordinary distance, and which forced it to make a very wide circuit, and other difficulties (the greatest being the lack of provisions), made it necessary for the expedition to turn back, believing that the port of Monterey might possibly be found

podría tal vez, hallarse dentro de la Sierra de Santa Lucía; y temien-
dose haver pasado sin haverlo visto: dió la buelta desde lo ultimo del
Estero de San Francisco en onze de Noviembre. Pasó por la Punta de
Año Nuevo el diez el nueve del dicho; y llegó otra vez á esta Punta y
Ensenada de Pinos en veinte y siete del mismo: desde dicho día hasta
el presente nueve de Diziembre practicó la diligencia de buscar el
Puerto de Monterrey dentro de la cerranía, costeandola por la mar
a pesar de su aspereza, pero en vano: por ultimo desengañada ya,
y desesperando encontrarlo despues de tantas dilixencias, afánes
y trabajos, sin mas víveres que catorze costales de arina, sale hoi de
esta ensenada para San Diego. Pide a Dios topopoderso la guie, y a
ti navegante quiera llevarte su Divina Providencia a puerto de sal-
vamento.

En esta Ensenada de Pinos a nueve de Diziembre de mil setecientos
sesenta y nueve años.

Nota: El ingeniero don Miguel Costanso observó la latitid de varios
parages de la costa siendo los principales los siguientes.

San Diego en el real que ocupó en tierra la expedicion	32°	42
El pueblo de gentiles mas oriental en la Canal de Santa Barbara	34	13
La Punta de la Concepcion	34	30
El principio de la Sierra de Santa Lucía hacia el sur	35	45
Su fin en esta ensenada de la Punta de Pinos	36	36
La Punta de Año Nuevo que es baja y de arrecífes de piedra	37	04
En tierra cerca del Puerto de San Francisco teniendo los farallones al oeste quarta al noroeste	37	35
Juzgo la Punta de los Reies que miraba al oesnoroeste desde el mismo sitio por	37	44

Se les suplica a los señores comandantes de los pacabotes, ya sea de
San Joseph, ó del Principe que si a pocos dias despues de la fecha de
este escrito abordaren á esta plaia; enterados de su contenido y del
triste estado de la expedicion procuren arrimarse a la costa y seguirla
para San Diego a fin de que si la expedicion tuviese la dicha de avistar
a una de las dos embarcaciones y les pudiese dar á entender con señas
de banderas ó tiros de fusil el parage en que se halle la socorra con
viberes si posible fuese.

Alabado sea Dios.

within the Sierra de Santa Lucía, and fearing that the port might have been passed without having been seen. The expedition turned back from the farthest point of the Estero de San Francisco on 11 November; it passed the Punta de Año Nuevo on the 19th of the same month; and arrived again at this Punta and Ensenada de Pinos on the 27th of the same month. From that day to the present—9 December—the expedition was engaged in searching within the mountains for the port of Monterey, skirting the side towards the sea, in spite of its ruggedness—but in vain. Finally, now disappointed and despairing of finding the port, after so many endeavors, labors, and hardships, and without other provisions than fourteen sacks of flour, the expedition sets out today from this bay for San Diego. Pray thou Almighty God to guide it, and, sailor, may his Divine Providence take thee to a port of safety.

"At this Ensenada de Pinos, on the 9th day of December 1769.

"*Note:* The engineer, Don Miguel Costansó, observed the latitude of various places along the coast, of which the following are the most important:

San Diego: at the camp on shore occupied by the expedition	32° 42'
The easternmost native town on the Canal de Santa Bárbara	34° 13'
La Punta de la Concepción	34° 30'
The beginning of the Sierra de Santa Lucía towards the south	35° 45'
Its end at this bay of the Punta de Pinos	36° 36'
La Punta de Año Nuevo, which is low and composed of reefs	37° 04'
Inland near the port of San Francisco, having the Farallones west by north	37° 35'
I estimate the Punta de los Reyes, which stood to the west-northwest from the same place, as	37° 44'

"The commanders of the packets—whether the *San Joseph* or *El Príncipe*—are requested, that if within a few days after the date of the writing they should land on this shore, and inform themselves of its contents, and of the unhappy circumstances of the expedition, they should sail close to the shore, and follow it to San Diego, so that if the expedition should have the good fortune to catch sight of one of the two vessels, and should be able, by means of signals made by flags or gunshots, to indicate the place where the expedition may be, it might aid them with provisions, if that were possible.

"May God be glorified."

Nos pusimos en marcha con el tiempo sereno y frio anduvimos legua y media, y campamos del otro lado de la Punta de Pinos[3] caminamos una y media leguas.

Al Pinar[4] 1½ leguas. De la Ensenada de Pinos[5] 1½ leguas.

Lunes 11 de Diziembre.—Tomamos el camino de la llanura rumbo del nordeste hasta el rio que vadeamos: sentamos el real algo mas arriba del vado en el proprio campo que havíamos ocupado en treinta de Septiembre[6] se mataron muchos ansares con lo qual remediamos todos la necessidad.

La jornada fué de quatro leguas.

Al Rio Carmelo 4 leguas. De la Ensenada de Pinos 5½ leguas.

Martes 12 de Deziembre.—Movimos el real, y siguiendo la cañada rio arriba paramos á las tres leguas y media en el proprio sitio que ocupamos en veinte y nueve de Septiembre llamado de los Cazadores.[7]

A los Cazadores 3½ leguas. De la Ensenada de Pinos 9 leguas.

Miercoles 13 de Diziembre.—De los Cazadores hizimos jornada al Real Blanco[8] distante tres leguas y media de aquel parage: se mataron muchos ansares y vimos grandes manadas de berrendos.

Al Real Blanco 3 leguas. De la Ensenada de Pinos 12 leguas.

---

3. En el sitio de Monterey.
4. "The Pine-wood."
5. "The Bight of Pines."
6. Salinas River, al sur de Old Hilltown.
7. "The Hunters," cerca de Chualar.
8. "White Camp," cerca de Camphora, donde habían acampado el 28 de septiembre.

We set out on the march, the weather being clear and cold. We proceeded for a league and a half, and pitched our camp on the other side of the Punta de Pinos.[3] We traveled for a league and a half.

To El Pinar,[4] *1¹/₂ leagues. From the Ensenada de Pinos,*[5] *1¹/₂ leagues.*

Monday, 11 December.—We took the road to the northeast over the level country, as far as the river, which we forded. We pitched our camp somewhat above the ford, at the camping-place which we had occupied on 30 September.[6] Many geese were killed, with which we all satisfied our needs.

The day's march was four leagues.

To the Río Carmelo, 4 leagues. From the Ensenada de Pinos, 5¹/₂ leagues.

Tuesday, 12 December.—We broke camp and followed the canyon up the river. After a march of three leagues and a half we halted at the same place we occupied on 29 September, called Los Cazadores.[7]

To Los Cazadores, 3¹/₂ leagues. From the Ensenada de Pinos, 9 leagues.

Wednesday, 13 December.—From Los Cazadores we made a day's march to the Real Blanco,[8] a distance of three and a half leagues from that place. Many geese were killed, and we saw large herds of antelopes.

To the Real Blanco, 3 leagues. From the Ensenada de Pinos, 12 leagues.

---

3. At the site of Monterey.
4. "The Pine-wood."
5. "The Bight of Pines."
6. Salinas River, below Old Hilltown.
7. "The Hunters," near Chualar.
8. "White Camp," near Camphora, where they had camped on September 28.

Jueves 14 de Diziembre.—Anduvimos quatro leguas hasta el Real del Alamo.[9] Se dejaron ver algunos gentiles que nos ofrecieron atole hecho de bellotas.

Al Real del Alamo 4 leguas. De la Ensenada de Pinos 16 leguas.

Viernes 15 de Diziembre.—Del Alamo pasamos al Real del Chocolate[10] distante quatro leguas del antecedente.

Al Real del Chocolate 4 leguas. De la Ensenada de Pinos 20 leguas.

Savado 16 de Diziembre.—Dejamos la cañada del rio, ganando ya para la Sierra de Santa Lucía, por otro cañada abierta de nordeste á suduoeste en que estaba la Ranchería del Palo Cahído,[11] que hallamos al presente desploblada: la jornada fué de quatro leguas; paramos junto a un aguage mui corto, en que no pudieron bever las vestias.

Al Palo Cahído 4 leguas. De la Ensenada de Pinos 24 leguas.

Domingo 17 de Diziembre.—Caminamos al proprio rumbo del suduoeste: al salir de la cañada que seguiamos atravesamos otra mas espaciosa que tiene un arroio de agua corriente: campamos dentro de la sierra sobre el Rio de las Truchas[12] en el proprio parage que en veinte y uno de Septiembre.

Hacían unos frios crueles, y en la noche de este día caío una helada fuerte.

Al Rio de las Truchas 2 leguas. De la Ensenada de Pinos 26 leguas.

---

9. "Cottonwood Camp," al norte de Metz, donde habían acampado el 27 de septiembre.
10. "Chocolate Camp," cerca de King City, donde habían acampado el 26 de septiembre.
11. "Fallen Tree Village," por donde habían pasado el 26 de septiembre.
12. "Trout River," que es ahora Nacimiento River.

Thursday, 14 December.—We proceeded for four leagues as far as the Real del Alamo.[9] Some natives were seen, and they offered us some *atole* made of acorns.

To the Real del Alamo, 4 leagues. From the Ensenada de Pinos,
16 leagues.

Friday, 15 December.—From the [Real del] Alamo we passed to the Real de Chocolate,[10] a distance of four leagues from the former place.

To the Real del Chocolate, 4 leagues. From the Ensenada de Pinos,
20 leagues.

Saturday, 16 December.—We left the canyon of the river, entering now the Sierra de Santa Lucía through another canyon, open from the northeast to the southwest. In this was situated the Ranchería del [Palo] Caído,[11] which we found deserted. The day's march was four leagues.

We halted near a very small watering-place, in which the animals could not drink.

To the [Ranchería del] Palo Caído, 4 leagues. From the Ensenada de
Pinos, 24 leagues.

Sunday, 17 December.—We traveled in the same direction, towards the southwest, On leaving the canyon which we had been following, we crossed another larger one, containing a stream of running water. We pitched our camp in the mountain range by the side of the Río de las Truchas,[12] in the same place as on 21 September.

It was cruelly cold during the night, and heavy frost fell.

To the Río de las Truchas, 2 leagues. From the Ensenada de Pinos,
26 leagues.

---

9. "Cottonwood Camp," above Metz, where they had camped on September 27.
10. "Chocolate Camp," near King City, where they had camped on September 26.
11. "Fallen Tree Village," which they had passed on September 26.
12. "Trout River." Now the Nacimiento River.

Lunes 18 de Diziembre.—La jornada de este día fué solo de una legua hasta el real angosto de los Piñones:[13] corrian ya los arroios de la sierra, de resulta de las nieves que caieron a principios del mes de suerte que hallamos agua en abundancia, en este parage.

Al Real de los Piñones 1 legua. De la Ensenada de Pinos 27 leguas.

Martes 19 de Diziembre.—Fué penosa la jornada por la maior aspereza de la sierra, y fué tambien el tramo que a la venida nos dió mas que hacer por que lo mas del camino se abrió á fuerza de azadon, y barra. Hallamos en este parage á los gentiles que nos havian obsequiado tanto la vez pasada, y no hizieron menos en esta ocasion.

A la Hoia de Santa Lucía[14] 2 leguas. De la Ensenada de Pinos
29 leguas.

Miercoles 20 de Diziembre.—La requa venía tan maltratada, y deteriorada que fué necessario darle descanso. Quedabannos ya poquisimos viveres, y como huviese por esta razon algun desman entre los soldados, haviendose atrevido diferentes á hurtar la arina de los costales, resolvió el comandante repartirles la que sobraba, y que cada qual se governase conforme la parte que le cupiese: asi se puso por obra, y quedaron todos iguales, y contentos. A los padres misioneros, y a los oficiales se les repartió un poco de viscocho y chocolate con un jamon a cada uno para lo restante del viage.

Jueves 21 de Diziembre.—En la mañana movimos el real, y por el proprio camino que habiamos abierto acabamos de salir de la sierra: bajamos á la plaia que seguimos por espacio de legua y media paramos cerca de una ranchería de gentiles que salieron a recibirnos, prevenidos ya por los serranos de nuestro arribo: dieronnos á entender

---

13. "Narrow Pinenut Camp," el campamento del 20 de septiembre en Los Burros Creek.
14. "Santa Lucia Hollow," en Wagner Creek, el campamento del 17 al 19 de septiembre.

Monday, 18 December.—This day's march was only one league, as far as the Real Angosto de los Piñones.[13] The streams from the mountain range were already running as a result of the snow that had fallen during the early part of the month, so that we found water in abundance at this place.

> To the Real de los Piñones, 1 league. From the Ensenada de Pinos,
> 27 leagues.

Tuesday, 19 December.—This day's march was difficult because of the greater ruggedness of the mountain range. It was also the stretch that had caused us the hardest work on our outward journey, because the greater part of the road had to be opened up by dint of pickaxe and crowbar. At this place we found the natives who had treated us so well the last time we passed, and they did no less on this occasion.

> To the Hoya de Santa Lucía,[14] 2 leagues. From the Ensenada de
> Pinos, 29 leagues.

Wednesday, 20 December.—The animals had become so worn out and exhausted that it was necessary to give them a rest. We now had but a very small quantity of provisions remaining and, since, for this reason, there had been some misconduct among the soldiers—different ones having had the audacity to steal the flour from the sacks—the commander decided to divide among them what remained, that each one should maintain himself from his own share. This was done, and all had an equal portion and were content. Each of the missionary fathers and the officers received a small quantity of biscuits and chocolate, with a ham to each for the remainder of the journey.

Thursday, 21 December.—In the morning we broke camp, and, following the road we had opened, we finally emerged from the mountain range. We descended to the beach, which we followed for a distance of a league and a half. We halted near an Indian village, of which the inhabitants, advised of our arrival by the mountaineers, came out to

---

13. "Narrow Pinenut Camp," the camp of September 20 on Los Burros Creek.
14. "Santa Lucia Hollow," on Wagner creek, the campsite of September 17–19.

estos indios por señas como tenian hospedado a uno de nuestros desertores en su ranchería en donde havía tres dias que estaba descansando:
fuimos allá al punto y él hizo lo que pudo para ahorrarnos parte del
camino luego que nos avistó con salir a recibirnos: trahía los pies
inchados, y caminaba con trabajo.

Preguntado por que motibo havía desertado respondió: que su
animo nunca havía sido desertarse, sino que haviendo salido a tirar a
los ansares por la costa, le propuso su compañero ir siguiendo la sierra
por la marina, para descubrir los primeros el Puerto de Monterrey, y
ganar las albricias en bolviendo al real con la noticia: que anduvieron
todo aquel día y el siguiente pareciendoles al descubrir una punta que
detras de ella hallarían el puerto: que haviendo hecho tanto como
ausentarse dos dias del real sin licencia se persuadieron a que no les
havían de dar maior castigo por etrar otros quatro ú [ó] cinco sin
bolver, y que si tenían la fortuna de descubrir el puerto las disimularían
la falta, y de mas á mas recibirían las albricias; y assi determinaron en
proseguir su jornada hasta ver el fin de la sierra, que lograron pasar
con imponderable trabajo y fatiga, rodando tal vez por alguna cuesta
abajo.

Preguntado por su compañero, y los dos indios californios que
havían desertado tambien, respondió: que havía quedado mas
maltratado que él, su compañero, de la caminata; y que havía persuadido a los indios californios de mantenerse en su compañia entre
unos serranos pescadores que vivian arranchados a la entrada de la
sierra, hasta tanto que el pudiera valerse de sus pies para seguir
adelante la buelta de San Diego, hacia donde se dirigía tambien el
exponente, porque no se sentian en animo de repasar la sierra en busca
de nosotros, tanto por el medio [miedo] del castigo, como por el que
havían cobrado, maior aun a la aspereza de la sierra.

Anduvimos tres leguas en esta jornada.

welcome us. These Indians gave us to understand, by means of signs, that they had kept one of the deserters in their village where he had been resting for three days. We went there immediately and he did what he could to save us a part of the distance, for, as soon as he caught sight of us he came out to meet us; his feet were swollen, and he walked with difficulty.

Asked what his motive was for deserting, he replied that his intention had never been to desert, but that he had gone out shooting geese along the coast, and his companion had proposed to him that they should follow the mountain range along the coast in order to be the first to discover the port of Monterey, and so gain the reward upon returning to the camp with the news; that they had walked all that day and the following one, since it appeared to them that upon discovering a point they would find the port behind it; that, having absented themselves for two days from the camp without permission, they felt sure that they would not be given any more severe punishment because of their being absent four or five more days without returning; and that if they should have the good fortune to discover the port, the offense would be excused, and, furthermore, they would receive the reward. And so they determined to continue their journey until they saw the end of the mountain range, which, with inexpressible toil and labor they succeeded in passing, at times even rolling down a hillside.

Asked concerning his companion and the two Californian Indians who had also deserted, he replied that his companion on the trip was in worse condition than himself, and that he had persuaded the Californian Indians to remain with him among some fishermen from the mountains, who lived together in a village at the beginning of the mountain range, until such time as he might be able to use his feet to continue the return to San Diego, where the speaker was also bound, not having the courage to cross the mountains again in search of us, both from fear of the punishment and from having a yet greater fear of the ruggedness of the mountain range.

We traveled for three leagues on this day's march.

A la Ranchería del Arriero[15] *3 leguas. De la Ensenada de Pinos*
32 leguas.

Viernes 22 de Diziembre.—Amaneció el dia mui nebuloso por cuio
motibo no fué dable seguir la marcha.

Savado 23 de Diziembre.—Movimos nuestro campo en la mañana
aunque el tiempo estaba amenazando agua, pero tuvimos la dicha de
que no nos lloviese hasta llegar al parage conocido con el nombre del
Arroio del Laurel, que se le dió por haver visto el primero de estos
arboles en dicho sitio.

Hallamos en esta ocasion sobre el arroio, una corta ranchería de
gentiles, que nos dieron de sus pinoles y semillas; sentamos el real
sobre una loma, en la immediacion de este aguage: llovio copiosamente
en la tarde, y noche de esta día: caminamos tres leguas por camino mas
recto que el que seguimos á nuestra venida.

Al Arroio del Laurel[16] *3 leguas. De la Ensenada de Pinos 35 leguas.*

Domingo 24 de Diziembre.—Del Arroio del Laurel fuimos al Real
del Osito[17] que havíamos ocupado en diez de Septiembre, y dista tres
leguas de aquel parage. Un paso que nos habíamos avierto por un cantil
de la plaia a nuestra venida lo havian robado las aguas dexandolo
impracticable: fuenos preciso buscar otro por una cañada montuosa con
el machete en la mano.

Al Real del Osito 3 leguas. De la Ensenada de Pinos 38 leguas.

Lunes 25 de Diziembre.—Antes que salieramos del Real de los
Pinos[18] vinieron mas de doscientos gentiles de uno y otro sexo, muchos

---

15. "The Muleteer's Village," cerca del actual Arroyo del Oso.
16. "Laurel-tree Creek." Probablemente Little Pico Creek, unas 1.5 millas al sur
de San Simeon.
17. "Little Bear Camp," en Santa Rosa Creek, un poco al este de Cambria.
18. Aparentemente una equivocación. Debe ser «Real del Osito».

To the Ranchería de Arriero,[15] *3 leagues. From the Ensenada de Pinos, 32 leagues.*

Friday, 22 December.—The day broke very cloudy, for which reason it was not possible to continue the march.

Saturday, 23 December.—We broke camp in the morning, although it was threatening rain, but we had the good fortune not to have rain until we arrived at the place known as the Arroyo del Laurel; this name was given it because at this place we had seen the first of these trees.

On this occasion we found, by the side of the stream, a small Indian village, the inhabitants of which gave us some of their *pinoles* and seeds. We pitched our camp on a low hill near this watering-place. It rained very heavily during the afternoon and night. We traveled for three leagues over a more direct road than that we had followed in coming.

To the Arroyo del Laurel,[16] *3 leagues. From the Ensenada de Pinos, 35 Leagues.*

Sunday, 24 December.—From the Arroyo del Laurel we went to the Real del Osito,[17] which we had occupied on 10 September, and which is three leagues from the former place. A passage, which on our outward journey we had opened over a cliff along the shore, had been washed out by the water, leaving it impassable. It was necessary for us to seek another passage, through a canyon covered with thickets, with our machetes in our hands.

To the Real del Osito, 3 leagues. From the Ensenada de Pinos, 39 leagues.

Monday, 25 December.—Before we set out from the Real de los Pinos[18] more than two hundred natives of both sexes came to the camp.

---

15. "The Muleteer's Village," near the present Arroyo del Oso.
16. "Laurel-tree Creek," which is probably Little Pico Creek, 1.5 miles down the coast from San Simeon.
17. "Little Bear Camp," on Santa Rosa Creek just east of Cambria.
18. Apparently a mental lapse. It should read "Real del Osito."

de ellos con bateas de pinole, y algun pescado de que nos surtimos, dandoles en cambio sartas de vidrio, que tienen ya mucha estimazion por estos parages.

La marcha de este día, fué de tres leguas y media; y paramos un poco mas al sur del Real del Estero,[19] junto a una corta ranchería de indios pescadores, a quienes compramos bastante pescado, con que se remedío algo la gente. Acudieron en brebe gran numero de gentiles al real con bateas de pinole y atole.

A la Ranchería de los Indios Pescadores[20] *3¹/₂ leguas. De la Ensenada de Pinos 41¹/₂ leguas.*

Martes 26 de Diziembre.—De la Ranchería de los Pescadores pasamos a la Cañada de los Osos, y ocupamos el proprio sitio que en ocho de Septiembre[21] nos llovió toda la marcha y hallamos el camino bien penoso andubimos quatro leguas.

A la Cañada de los Osos[22] *4 leguas. De la Ensenada de Pinos 45¹/₂ leguas.*

Miercoles 27 de Diziembre.—Veníamos con grandes deseos de llegar á esta cañada con animo de matar algunos osos, discurriendo hallar otros tantos como la vez pasada. Dispusose la montería mui de mañana cogieron cavallos los soldados y llebabanlos de diestro para ensillarlos y montarlos en la ocasion: mas al empezar la marcha se soltó un aguacero mui recio, que duró todo el día y la noche siguiente sin parar.

Estaba ya cargada la requa, y no era tiempo de perder jornada hallandonos sin viveres, por lo que seguimos la marcha suviendo por la cañada arriba hizimos tres leguas hasta llegar a un arroio corto, sobre cuia orilla sentamos el real.[23] Havía leña y pasto en abundancia.

---

19. "Estuary Camp," donde habían parado el 9 de septiembre. Esa noche estaban al sudeste de la desembocadura de Ellysly Creek, al norte de Estero Bay.
20. "Indian Fishermen's Village."
21. Aquí habían acampado el 7, no el 8 de septiembre.
22. "Bear Canyon," cerca del actual Los Osos School.
23. Al sureste de San Luis Obispo, en dirección al pueblo de Edna.

Many of them brought trays of *pinole* and some fish, with which we supplied ourselves, giving them glass beads in return, which have already become highly valued in these parts.

Today's march was three leagues and a half.

We halted a little to the south of the Real del Estero,[19] near a small village of Indian fishermen, from whom we bought a considerable quantity of fish, which somewhat relieved the people. In a short time a large number of natives came to the camp with trays of *pinole* and *atole*.

> To the Ranchería de los Indios Pescadores,[20] *3¹/₂ leagues. From the*
> *Ensenada de Pinos, 41¹/₂ leagues.*

Tuesday, 26 December.—From the Ranchería de los Pescadores we passed on to the Cañada de los Osos and occupied the same place as on 8 September.[21] It was raining during the whole march, and we found the road very difficult. We traveled for four leagues.

> To the Cañada de los Osos,[22] *4 leagues. From the Ensenada de*
> *Pinos, 45¹/₂ leagues.*

Wednesday, 27 December.—We were very desirous of arriving at this canyon, having the intention of killing some bears, thinking that we would find as many as on the previous occasion. Preparations were made for the hunt very early in the morning; the soldiers took horses and led them by the bridle in order that they might saddle and mount them when necessary. On beginning the march, however, a very heavy rain set in and lasted, without stopping, all day and the following night.

The animals were already loaded, and since we were without provisions it was not a time to lose a day's march. We therefore continued our march, ascending the canyon for a distance of three leagues until we arrived at a small stream, and on its bank we pitched our camp.[23] There was plenty of firewood and pasture.

---

19. "Estuary Camp," where they stopped on September 9. This night they were southeast of the mouth of Ellysly Creek, at the north end of Estero Bay.
20. "Indian Fishermen's Village."
21. This was where they camped on 7 September, not the 8th.
22. "Bear Canyon," near the present Los Osos Schoolhouse.
23. Southeast of San Luis Obispo, in the direction of the town of Edna.

El Arroio Corto[24] *3 leguas. De la Ensenada de Pinos 48½ leguas.*

Jueves 28 de Diziembre.—Descansó la gente en este parage porque se havía mojado y trasnochado y para que se secara bien el hato.

Viernes 29 de Diziembre.—Si desde la Cañada de los Osos huviesemos intentado seguir el mismo camino que a la venida, huvieramos tenido no pocas dificultades que vencer, en el paso de un ramo de la sierra que se estiende hasta la mar: pero reconocimos que sin rodeo, antes bien ganando tierra la evitariamos subiendo por la cañada y que iríamos á salir al Plan de los Berros,[25] ó Ranchería del Buchon;[26] assi lo conseguimos con gran dificultad no ofreciendose otro mal paso que el de un arroio cubierto de juncos que derramaba sus aguas entre unas lomas formando un pantáno considerable, al que sin embargo hallamos paso, la jornada fué de tres leguas.

El cazique Buchon apenas supo de nuestra venida que vino a visitarnos al real con abundante regalo de pinole, atole, y unos tamales mui buenos que parecian hechos de maíz que la hambre hizo hallar deliciosos: correspondimos a su regalo con diges y cuentas de vidrio que estimó en mucho y lo despedimos.

A la Ranchería del Buchon 3 leguas. De la Ensenada de Pinos 51 leguas.

Savado 30 de Diziembre.—Antes de salir del parage recibimos nueba visita del cazique Buchon que conociendo sin duda nuestra necesidad trajo segundo regalo mas copioso y abundante que el del día antes: repartiose entre la gente y cupo buena racion a cada uno.

---

24. "Small Stream."
25. "Watercress Flat."
26. "Goiter Village." En Price Canyon, al norte de Pismo Beach, donde habían acampado el 4 de septiembre.

To the Arroyo Corto,[24] *3 leagues. From the Ensenada de Pinos,*
48¹/₂ leagues.

Thursday, 28 December.—Since the men had been wet through, and kept awake, they rested at this place in order that they might fully dry their clothes.

Friday, 29 December.—If, from the Cañada de los Osos, we had attempted to follow the same road as on our outward journey, there would have been not a few difficulties to overcome in traversing a spur of the range that extends into the sea. We found, however, that without making a circuit—even shortening the distance—we could avoid the mountain range by ascending the canyon, and that we would come out at the Plan de los Berros,[25] or Ranchería del Buchon.[26] We succeeded in doing this without any difficulty, the only bad passage that presented itself being that of a small stream, covered with rushes, which emptied itself between some low hills, forming a marsh of considerable extent; over this, however, we found a passage. The day's march was three leagues.

As soon as the cacique Buchon knew of our arrival he came to visit us at the camp, bringing an abundance of *pinole, atole,* and very good *tamales,* which appeared to have been made of corn, and which, on account of our hunger, we found delicious. In return, we gave him some trinkets and glass beads, which he greatly valued, and sent him away.

To the Ranchería del Buchon, 3 leagues. From the Ensenada de
Pinos, 51 leagues.

Saturday, 30 December.—Before setting out from this place we received another visit from the cacique Buchon, who, without doubt knowing our necessity, brought a second present, larger and more abundant than that of yesterday. This was divided among the men, and from it each one drew a good portion.

---

24. "Small Stream."
25. "Watercress Flat."
26. "Goiter Village." In Price Canyon, north of Pismo Beach, where they had camped on September 4.

La jornada de este día fué de dos leguas y media a la Laguna del Megano[27] que acortamos considerablemente por el camino de la plaia no ofreciendose otra dificultad que la de un estero, cuio vado, nos indicaron los indios, y evitamos los rodeos inescusables por el de la tierra adentro que es un laberinto de lagunas, y esteros.

A la Laguna del Megano 2¹/₂ leguas. De la Ensenada de Pinos
53¹/₂ leguas.

Domingo 31 de Diziembre.—Vinieron en la mañana algunos gentiles al real con regalo de pinole, atole, y tamales que nos vendieron a trueque de abalorios: tomamos despues el camino de la Laguna Larga,[28] jornada de tres leguas.

Vinieron al real los indios de las rancherias immediatas con regalo semejante al que recibimos en la Laguna Redonda.

A la Laguna Larga 3 leguas. De la Ensenada de Pinos 56¹/₂ leguas.

---

27. "Dune Lake." Ahora es Oso Flaco Lake, donde habían acampado el 2 y el 3 de septiembre, cuando lo habían llamado Laguna Redonda ("Round Lake").
28. "Long Lake," que es ahora Guadalupe Lake, donde acamparon el 1⁰ de septiembre.

Today's march, which we shortened by following the road along the beach, was two leagues and a half to the Laguna del Megano.[27] We encountered no other difficulty than an estuary, the ford of which the Indians pointed out to us; we thus escaped the unavoidable circuits of the road inland, which is a labyrinth of ponds and estuaries.

To the Laguna del Megano, 2¹/₂ leagues. From the Ensenada de Pinos, 53¹/₂ leagues.

Sunday 31 December.—In the morning, some of the natives came to the camp bringing presents of *pinole, atole,* and *tamales,* which they sold to us in exchange for glass beads. We afterwards took the road to the Laguna Larga,[28] a distance of three leagues.

The natives of the surrounding villages came to the camp bringing presents like those we received at the Laguna Larga.

To the Laguna Larga, 3 leagues. From the Ensenada de Pinos, 56¹/₂ leagues.

---

27. "Dune Lake." This is Oso Flaco Lake ("Lean Bear Lake"), where they camped on September 2 and 3, at which time they called it *Laguna Redonda* ("Round Lake").
28. "Long Lake." Now Guadalupe Lake, their campsite of September 1.

Lunes 1⁰ de Henero de 1770.—Del valle de la Laguna Larga, hizimos jornada al real del Baile de las Indias[1] distante tres leguas de aquel parage pero ya no hallámos la ranchería de gentiles que nos obsequiaron tanto la vez primera.

No faltan osos en la tierra: por el camino descubrieron los soldados entre unos matorrales una osa grande con tres cachorros que la seguían: ensillaron luego cavallos, y se destacaron algunos a darle caza: consiguieron matar a la madre y a un cachorrito, con cuia provision huvo grande fiesta en el real.

La carne de estos animales es de buen sabor y gusto pero en aquel entonces pareció mejor que la mas rica ternera.

Al Baile de las Indias 3 leguas. De la Ensenada de Pinos 59¹/₂ leguas.

Martes 2 de Enero.—Del Baile de las Indias marchamos a la Cañada Seca con la precaucion de cargar agua en el Rio de San Verardo[2] en donde no nos detuvimos, por ser parage escaso de leña es jornada de tres leguas.

A la Cañada Seca[3] 3 leguas. De la Ensenada de Pinos 62¹/₂ leguas.

Miercoles 3 de Enero.—De mañana vinieron unos gentiles del Rio de San Verardo con algun refresco de pinole y atole: movimos luego el real para la Punta de los Pedernales[4] jornada de dos leguas.

Desde la Punta de los Pedernales se descubre: la de la Concepcion la mas occidental de la Canal de Santa Barbara al sueste ocho grados este; la punta mas al oeste de la Isla de San Bernardo al sur treinta y

---

1. "Camp of the Dancing Indian Women," el campamento del 31 de agosto, en San Antonio Creek.
2. Ahora Santa Ynez River.
3. "Dry Canyon," al sur del pueblo de Surf, donde habían acampado el 29 de agosto, probablemente junto a Bear Creek.
4. "Point of the Flints" que hoy día se llama Rocky Point o la punta que no tiene nombre y que queda a 0.3 de milla al sudeste de Rocky Point. Este no es el sitio que actualmente se conoce como Point Pedernales.

Monday, 1 January 1770.—From the Valle de la Laguna Larga we marched to the Real del Baile de las Indias,[1] a distance of three leagues from the former; now, however, we did not find the party of Indians, which had treated us so well the first time.

Bears are to be met with in this district. On the way, the soldiers discovered among some thickets a very large she-bear with three cubs following her. Horses were immediately saddled, and some of the soldiers went to give chase. They succeeded in killing the mother and one little cub, and with this provision there was a great feast in the camp.

The meat of these animals has a very good flavor and taste, but at that time it seemed better than the best veal.

To the Baile de las Indias, 3 leagues. From the Ensenada de Pinos, 59½ leagues.

Tuesday, 2 January.—From the Baile de las Indias we marched to the Cañada Seca, taking the precaution to carry some water from the Río de San Verardo,[2] where we did not stop because this is a place without firewood; the distance is three leagues.

To the Cañada Seca,[3] 3 leagues. From the Ensenada de Pinos, 62½ leagues.

Wednesday, 3 January.—Early in the morning some natives from the Río de San Verardo came to the camp, bringing some provision of *pinole* and *atole*. We then moved our camp to the Punta de los Pedernales,[4] a distance of two leagues.

From the Punta de los Pedernales, the Punta de la Concepción—the most westerly point of the Canal de Santa Bárbara—can be seen to the southeast, 8° east; the most westerly point of the Isla de San Bernardo,

---

1. "Camp of the Dancing Indian Women," the campsite of August 31, on San Antonio Creek.
2. Now the Santa Ynez River.
3. "Dry Canyon," south of the community of Surf, where they had camped on August 29—probably at Bear Creek.
4. "Point of the Flints," which is the present Rocky Point—or the unnamed point three-tenths of a mile southeast of Rocky Point—rather than the present Point Pedernales.

tres grados este; la de Santa Cruz en su punta occidental al sueste franco.

A la Punta de los Pedernales 2 leguas. De la Ensenada de Pinos 64 leguas.

Jueves 4 de Enero.—Salimos de los Pedernales: pasamos sin detenernos por la Ranchería de la Espada[5] y llegamos al Pueblo del Temí ó Cazique Cojo[6] distante quatro leguas y media de aquel parage.

Los indios de este pueblo nos regalaron cantidad de pescado fresco, y seco, mucha sardina y bonito, de suerte que empezamos gracias a Dios a ver reynar la abundancia en el real.

Por otra parte la tierra cubierta de hermosa ierva verde, ofrecía excelentes pastos á la cavallada, con lo que teníamos la satisfaccion de ver que se reforzaba cada día sensiblemente.

El tiempo desde que salimos de la Cañada de los Osos, se estableció mui sereno: las noches solamente eran frias, pero los dias eran mas de primavera que de invierno.

DEMARCACIONES DE LAS ISLAS DESDE ESTE SITIO.[7]

San Bernardo su punta occidental	S.	12°	S.E.
la oriental	S.	17°	S.E.
Santa Cruz su punta occidental	S.	30°	S.E.
la oriental	S.	41°	S.E.
Santa Barbara su punta occidental	S.E.	8°	E.
la oriental	S.E.	22°	E.

La Isla de San Bernardo en lengua de estos naturales se llama Thoa: la de Santa Cruz Lotolic: la de Santa Barbara Anajup.

---

5. "Sword Village," donde habían acampado el 27 de agosto.
6. "The Crippled Chief's Town," donde habían acampado el 26 de agosto y que aun se llama Cañada del Cojo.
7. Las tres islas principales del canal de Santa Barbara tienen nombres diferentes en la actualidad. *San Bernardo* es hoy día San Miguel Island; a *Santa Cruz* se la llama ahora Santa Rosa Island y *Santa Bárbara* es Santa Cruz Island en la actualidad.

to the south, 33° east; the westerly point of the Isla de Santa Cruz, directly to the southeast.

To the Punta de los Pedernales, 2 leagues. From the Ensenada de Pinos, 64 leagues.

Thursday, 4 January.—We left Los Pedernales. We passed the Ranchería de la Espada[5] without stopping, and arrived at the pueblo del Temí or Cacique Cojo,[6] a distance of four and a half leagues from the former place.

The Indians of the town gave us a quantity of fresh and dried fish, many sardines, and bonitos, so that, thanks to God, we begin to see abundance in the camp.

For another thing, the country, covered with beautiful green grass, offered excellent pasture for the horses, so that we had the satisfaction of seeing them growing appreciably stronger every day.

The weather, from the time we left the Cañada de los Osos, had been very clear. Only the nights were cold; the days were more like those of spring than of winter.

POSITIONS OF THE ISLANDS FROM THIS PLACE.[7]

San Bernardo:	western point	S	12°	SE
	eastern point	S	17°	SE
Santa Cruz:	western point	S	30°	SE
	eastern point	S	41°	SE
Santa Bárbara:	western point	SE	8°	E
	eastern point	SE	22°	E

The island of San Bernardo, in the language of the natives, is called *Thoa;* that of Santa Cruz is called *Lotolic;* that of Santa Bárbara, *Anajup.*

---

5. "Sword Village," where they camped on August 27.
6. "The Crippled Chief's Town," where they had camped on August 26. Still named Cañada del Cojo.
7. These names for the three major islands in the Santa Barbara Channel are not the present ones. *San Bernardo* is the present San Miguel Island; *Santa Cruz* is the present Santa Rosa Island; and *Santa Bárbara* is the present Santa Cruz Island.

Al Pueblo de Cojo 4$\frac{1}{2}$ leguas. De la Ensenada de Pinos 68$\frac{1}{2}$ leguas.

Viernes 5 de Enero.—Dejamos en la mañana el Pueblo del Cojo o Concepcion de la Punta: hizimos dos leguas á levante y paramos cerca del pueblo que recibió nombre de San Zeferino Papa.[8]

Hubo suficiente pescado en esta ranchería para toda la gente.

DEMARCACIONES DE LAS ISLAS.

San Bernardo su punta occidental	S.	5°	S.O.
la oriental	S.	1°	S.O.
Santa Cruz su punta occidental	S.	5°	S.E.
la oriental	S.	25°	S.E.
Santa Barbara su punta occidental	S.	35°	S.E.
la oriental	S.E.	9°	E.
Falsa Vela su medianía[9]	S.E.	28°	E.

A ponerse el sol se demarcó con la propria aguja el centro del astro al oeste 36° suduoeste su declinacion era de 22 grados 32 minutos en aquella hora con corta diferencia la altura ó latitud del lugar por observacion hecha en 25 de Agosto es de 34 grados 30 minutos y por tanto la amplitud obsidua del astro será de 27 grados 42 minutos que restada de la magnetica resulta la variacion de la aguja sobre estas costas de ocho grados diez y ocho minutos.

A San Zeferino 2 leguas. De la Ensenada de Pinos 70$\frac{1}{2}$ leguas.

Sabado 6 de Enero.—De San Zeferino Papa ai dos leguas cortas á San Luis Rey hizimoslas antes de medio día y paramos en el proprio lugar que la vez pasada.[10]

---

8. En el Arroyo El Bulito, el campamento del 25 de agosto.
9. "False Sail," una isla alta y estrecha, que a primera vista parecía la vela de un barco, en el horizonte. Hoy día se llama Anacapa Island.
10. Gaviota, el campamento del 24 de agosto.

To the Pueblo del Cojo, 4^{1}/$_{2}$ leagues. From the Ensenada de Pinos,
68^{1}/$_{2}$ leagues.

Friday, 5 January.—In the morning we left the Pueblo del Cojo or Punta de la Concepción. We traveled for two leagues to the east, and halted near the town that was given the name of San Zeferino Papa.[8] There was enough fish in this village for all the men.

POSITIONS OF THE ISLANDS.

San Bernardo: western point	S	5°	SW
eastern point	S	1°	SW
Santa Cruz: western point	S	5°	SE
eastern point	S	25°	SE
Santa Bárbara: western point	S	35°	SE
eastern point	SE	9°	E
Falsa Vela:[9] middle point	SE	28°	E

At sunset, with the same compass, the center of the sun was ascertained to be west, 36° southwest; its declination was 22° 32′ at that hour, with a slight difference. The altitude or latitude of the place, by observation made on 25 August, is 34° 30′, and consequently the western amplitude of the sun would be 27° 42′; this being subtracted from the magnetic amplitude gives the variation of the compass on these coasts of 8° 18′.

To San Zeferino, 2 leagues. From the Ensenada de Pinos, 70^{1}/$_{2}$
leagues.

Saturday, 6 January.—From San Zeferino Papa it is two short leagues to San Luis Rey. We covered the distance before noon and halted at the same place as on the former occasion.[10]

---

8. At Arroyo El Bulito, the campsite of August 25.
9. "False Sail," a high, narrow island that, when first seen, appeared to be the sail of a ship on the horizon. Anacapa Island.
10. San Luís, king of France, where they had camped on August 24—at Gaviota, "Seagull."

DEMARCACIONES DE LAS ISLAS EN ESTE SITIO.

San Bernardo su extremo occidental	S.	23°	S.O.
el oriental	S.	8°	S.O.
Santa Cruz su extremidad occidental	S.	3°	S.O.
la oriental	S.	8°	S.E.
Santa Barbara su extremidad occidental	S.	13°	S.E.
la oriental	S.E.	2°	E.
La Punta de la Combersion[11]	S.E.	23°	E.

A San Luis 2 leguas. De la Ensenada de Pinos 72½ leguas.

Domingo 7 de Enero.—De San Luis Rey pasamos al Pueblo de San Guido[12] jornada de dos leguas cortas y de mal camino, que hizímos en la mañana.

DEMARCACIONES.

La Punta de la Cancepcion al	O.	5°	S.O.
San Bernardo su extremidad occidental	S.	28°	S.O.
la oriental	S.	22°	S.O.
Santa Cruz su extremo occidental	S.	12°	S.O.
la oriental	S.	10°	S.E.
Santa Barbara su extremidad occidental	S.	21°	S.E.
la oriental al			S.E.

A San Guido 2 leguas. De la Ensenada de Pinos 76 leguas.

Lunes 8 de Enero.—Por la mañana movimos el real del paraje de San Guido al de San Luis Obispo[13] distante tres leguas cortas del primero.

---

11. "Conversion Point," que ahora se llama Coal Oil Point, unas dos millas al oeste de la universidad de California en Santa Barbara.
12. Tajiguas Creek, el campamento del 23 de agosto.
13. En Dos Pueblos ("Two Towns") Canyon cerca de Naples, el campamento del 21 y el 22 de agosto.

POSITIONS OF THE ISLANDS FROM THIS PLACE.

San Bernardo: western end	S	23°	SW
eastern end	S	8°	SW
Santa Cruz: western end	S	3°	SW
eastern end	S	8°	SE
Santa Bárbara: western end	S	13°	SE
eastern end	SE	2°	E
Punta de la Conversión[11]	SE	23°	E

To San Luis, 2 leagues. From the Ensenada de Pinos, 72½ leagues.

Sunday, 7 January.—From San Luis Rey we passed to the town of San Guido,[12] a distance of two short leagues over a bad road; this was covered in the morning.

POSITIONS.

Punta de la Concepción to the	W	5°	SW
San Bernardo: western end	S	28°	SW
eastern end	S	22°	SW
Santa Cruz: western end	S	12°	SW
eastern end	S	10°	SE
Santa Bárbara: western end	S	21°	SE
eastern end to the			SE

To San Guido, 2 leagues. From the Ensenada de Pinos, 76 leagues.

Monday, 8 January.—In the morning we moved our camp from San Guido to San Luis Obispo,[13] a distance of three short leagues from the former place.

---

11. "Conversion Point." Now named Coal Oil Point, about two miles west of the University of California at Santa Barbara.
12. Tajiguas Creek, the campsite of August 23.
13. At Dos Pueblos ("Two Towns") Canyon near Naples, their campsite of August 21 and 22.

DEMARCACIONES.

La Punta de la Concepcion al	O.	1°	S.O.
San Bernardo su extremidad occidental			
al oriental			
Santa Cruz extremidad occidental	S.	25°	S.O.
la oriental	S.	4°	S.O.
Santa Barbara su extremidad occidental	S.	2°	S.E.
la oriental	S.	42°	S.E.
La Falsa Vela al	S.E.	2°	E.
Punta de la Conversion	E.	26°	S.E.

A San Luis Obispo 3 leguas. De la Ensenada de Pinos 79½ leguas.

Martes 9 de Enero.—De San Luis Obispo fuimos á los Pueblos de la Isla[14] jornada de dos leguas y media de camino algo penoso por terrenos poblados de ensinos y otros arboles: paramos a la parte de levante de dichos pueblos en paraje despejado y abierto.

Al Pueblo de la Isla 2 leguas. De la Ensenada de Pinos 81½ leguas.

Miercoles 10 de Enero.—Salimos de los Pueblos de la Isla con deseos de alcansar el de la Carpintería distante cinco leguas y media con la mira de dejar atras todos los embarazos de la canal, mientras la tierra se mantenía seca y oreada: pasamos sin detenernos por el Pueblo de la Laguna,[15] y llegamos ya tarde al Pueblo de la Carpintería,[16] en cuia immediacion ocupamos el proprio campo, que en diez y siete de Agosto al subir por estas tierras.

Ni en este pueblo ni en el de la Laguna huvo pescado, ya sea que los indios no se huviesen dedicado á la pesca ó que esta costa sea escasa de él, por este tiempo.

---

14. "The Island Towns," donde habían acampado el 20 de agosto un poco al sur de Goleta.
15. "Lake Town," hoy día es Santa Barbara.
16. "Carpenter-shop Town." Todavía persiste el nombre, Carpinteria.

POSITIONS.

Punta de la Concepción to the	W	1°	SW
San Bernardo: western end			
eastern end			
Santa Cruz: western end	S	25°	SW
eastern end	S	4°	SW
Santa Bárbara: western end	S	2°	SE
eastern end	S	42°	SE
Falsa Vela to the	SE	2°	E
Punta de la Conversión	E	26°	SE

To San Luis Obispo, 3 leagues. From the Ensenada de Pinos, 79½ leagues.

Tuesday, 9 January.—From San Luis Obispo we went to the Pueblos de la Isla,[14] a distance of two leagues and a half, over a somewhat difficult road and through a country covered with live oaks and other trees. We halted to the east of these towns in a clear and open place.

To the Pueblos de la Isla, 2 leagues. From the Ensenada de Pinos, 87½ leagues.

Wednesday, 10 January.—We set out from the Pueblos de la Isla, desirous of reaching the Pueblo de la Carpintería, five leagues and a half distant, with the purpose of leaving behind all the obstructions along the channel while the ground was dried by sun and wind. We passed through the Pueblo de la Laguna[15] without stopping, and arrived quite late at the Pueblo de la Carpintería,[16] near which we occupied the same camping-place as on 17 August, when on our way up the country.

There was no fish either in this town or in the Pueblo de la Laguna; it may be that the Indians have not applied themselves to fishing, or that this coast is without fish at this season.

---

14. "The Island Towns," where they had camped on August 20. They camped just south of Goleta.
15. "Lake Town"—present-day Santa Barbara.
16. "Carpenter-shop Town," which is still named Carpinteria.

Al Pueblo de la Carpintería 5 leguas. De la Ensenada de Pinos
86½ leguas.

Jueves 11 de Enero.—De la Carpintería pasamos a la Asunta[17] ultimo pueblo de la canal; cruzamos por el Pueblo del Bailarín sin detenernos.[18] Todos estos que á nuestra venida tenían cantidad de pescado, y nos regalaron mucho, estaban ahora sin el, y conocimos que padecían harta necessidad: de suerte que a no haber hecho alguna provision en los de atras quedabamos mui mal todos: esta jornada fué de cinco leguas.

Desde este sitio ya no podian divisarse las islas mas occidentales de la canal: la de Santa Barbara, solamente se demarcó la de este nombre.

Su punta occidental al	S.O.	22°	O.
la oriental al	S.	35°	O.
La Falsa Vela al	S.	6°	O.
Las mesitas[19] en numero de tres al	S.	4°	E.
Una punta baja de arena a distancia de tres millas al	S.	33°	E.

Nota: Las mesitas son unos islotes de mediana elevacion sobre las aguas y planos por encima al oeste [este] de la Falsa Vela, que es otro islote de maior elevacion que nos pareció embarcacion la primera vez que lo avistamos.

A La Asumpta 5 leguas. De la Ensenada de Pinos 91½ leguas.

Viernes 12 de Enero.—Al salir de la Canal de Santa Barbara entramos en la Cañada de Santa Clara que atravesamos rumbo del sueste, para entrar en la Sierra de la Conversion[20] con la mira de ir á cojer la Cañada de los Robles ó Encinos por otro nombre de Santa

---

17. La Asunción de Nuestra Señora (cuya fiesta se celebra el 15 de agosto) donde habían acampado el 14 de agosto en el sitio que hoy día se llama Ventura.
18. "The Dancer's Town," el campamento del 16 de agosto. Recorrieron en un sólo día lo que habían demorado tres días en recorrer cuando iban hacia el norte.
19. "The Little Tablelands." Ahora se llama Pilgrim Banks.
20. Atravesando el valle de Santa Clara River hacia la Sierra de la Conversión (en sentido religioso). Ahora se llama Santa Monica Mountains.

To the Pueblo de la Carpintería, 5 leagues. From the Ensenada de Pinos, 86¹/₂ leagues.

Thursday, 11 January.—From La Carpintería we passed to La Asumpta,[17] the last town on the channel. We passed through the Pueblo del Bailarín without stopping.[18] All these towns, which on our outward journey had plenty of fish and furnished us with much of it, were now without any, and we saw that they were in great need, so that, had we not made some provisions at the towns behind, we should all have been badly off. This day's march was five leagues.

From this place the most westerly islands of the channel could no longer be seen. That of Santa Bárbara was the only one observed.

Its western end was to the	SW	22°	W
Its eastern end was to the	S	35°	W
Falsa Vela to the	S	6°	W
Las Mesitas,[19] three in number, to the	S	4°	E
A low point of sand, at a distance of three miles to the	S	33°	E

Note: Las Mesitas are small islands of moderate elevation above the sea, and level on top, to the west [east] of La Falsa Vela, another islet of greater elevation, which, the first time we saw it, appeared to us to be a vessel.

To La Asumpta, 5 leagues. From the Ensenada de Pinos, 91¹/₂ leagues.

Friday, 12 January.—Upon leaving the Canal de Santa Bárbara we entered the Cañada de Santa Clara, through which we passed in a southeasterly direction in order to enter the Sierra de la Conversión,[20] it being our intention to reach the Cañada de los Robles or Encinos,

---

17. "The Assumption" (of Our Lady)—which is celebrated on August 15—where they had camped on August 14 on the site of present-day Ventura.
18. "The Dancer's Town," the campsite of August 16. The party covered three days' march of the outward journey in one day.
19. "The Little Tablelands." Now named Pilgrim Banks.
20. Crossing the Santa Clara River valley toward "The Conversion Mountains"—in the sense of being converted religiously. Now the Santa Monica Mountains.

Catalina[21] parecíanos, que havíamos de pasar la sierra por una abra que estabamos mirando al proprio rumbo.

Badeamos el Rio de Santa Clara y tomamos un guía de la ranchería de gentiles que se halla cerca de sus orillas junto á la qual havíamos campado en trece de Agosto:[22] seguimos una lomería baja y Caímos a un plan de bastante extencion que por la banda del oeste se terminaba al mar, y por la del leste contra otras lomas que encumbramos, entrando despues por una cañada espaciosa, que seguimos tirando para el sueste, y paramos junto á una ranchería de gentiles de sesenta almas poco mas ó menos, mui pobres, y desmedrados. Havía en este parage agua, leña y pasto suficiente,[23] la jornada fué de seis leguas.

A la Sierra de [la] Conversion 6 leguas. De la Ensenada de Pinos 97 1/2 leguas.

Savado 13 de Enero.—Tomamos guía de la ranchería dicha que nos llebó por un abra mui transitable, por donde atravesamos gran parte de la sierra: subimos despues una cuesta, por la que se despeñaba un arroio cuio nacimiento era un ojo mui grande cubierto de berros: encumbrada esta cuesta, nos hallamos de pié llano en otra cañada mui bistosa cubierta de pastos y arboledas de encinos remataba dicha cañada en otra cuesta algo penosa y al pié de ella, havía una corta ranchería cuios moradores nos dieron mescales tlatelmados á trueque de abalorios: toda esta tierra tiene vistosos y alegres paisages, con agua en abundancia: suvimos la cuesta, y de lo alto de ella divisamos otro plan mui hermoso en el que havía otra ranchería de gentiles, junto

---

21. San Fernando Valley.
22. Cerca de Saticoy. La expedición logró acortar su viaje de regreso encaminándose hacia el sudeste y el este por la ruta de la carretera U.S. 101 llamada Ventura Freeway.
23. En Pleasant Valley cerca de Camarillo.

otherwise called Santa Catalina.[21] It appeared to us that we must pass over the mountain range through an opening that we saw in the same direction.

We forded the Río de Santa Clara and took a guide from the Indian village that is near its banks, close to which we had encamped on 13 August.[22] We followed a low ridge and descended to a plain of considerable extent which, on its western side, terminated in the sea, while to the east it extended to some other low hills, which we ascended. We afterwards entered a very large canyon trending to the southeast, which we followed. We halted near an Indian village containing somewhat more or less than sixty people, very poor and thin. At this place there was sufficient water, firewood, and pasture.[23] The day's march was six leagues.

> *To the Sierra de la Conversión, 6 leagues. From the Ensenada de Pinos, 97½ leagues.*

Saturday, 13 January.—We took a guide from this village who led us through an opening that was very easy of passage, by which we crossed a large part of the mountain range. We afterwards ascended a slope down which a stream ran; its source was a very large spring, covered with watercress. Having ascended this slope we found ourselves on level ground in another very beautiful canyon, covered with grass and live oaks. This canyon ended in another slope, somewhat difficult of passage, and at the foot of it there was a small Indian village where the inhabitants gave us roasted mescales in exchange for glass beads. All this country has beautiful scenery and plenty of water. We ascended the slope, and from its summit we saw another very beautiful plain, on which there was another Indian village near which we halted. Close by

---

21. The San Fernando Valley.
22. Near Saticoy. In a successful attempt to shorten the distance of their return journey, the party went southeast and east, generally along the route now followed by U.S. 101, the Ventura Freeway.
23. In Pleasant Valley near Camarillo.

á la qual paramos. Tuvimos á mano mucha agua, leña, y pasto abundante para la cavallada la jornada fué de dos leguas y media.[24]

> *Por la propria sierra 2 leguas. De la Ensenada de Pinos 99½ leguas.*

Domingo 14 de Enero.—Dos gentiles de los mas viejos del pueblo ofrecieron servirnos de guias para sacarnos de la sierra tomaron el rumbo del sueste a la salida que era el que mas hacía a nuestro intento para la maior brebedad del camino: pero á media legua, ó poco mas del real nos fueron metiendo por lo mas aspero é intrincado de la cerranía. Reconocimos aunque tarde que no podríamos pasar con la requa por aquellos breñales: retrocedimos entonces y pasando por cerca de su ranchería tomamos otros guias que nos llevaron por mejor camino; siguiendo un rumbo mui distinto a la verdad que era el nordeste: llevaronnos por entre unas lomas accesibles, y al transponer de ellas cojimos para el leste tierra llana:[25] a las dos leguas escasas paramos en la immediacion de una ranchería corta, cuia gente nos hizo instancia para que nos quedaramos y no pasasemos adelante por estar lejos el aguage y ser tarde para llegar a él con sol.

No nos pesó hacer alto en este sitio que se nombró del Triunfo:[26] es un plan de grande amenidad y extencion: mateado por todos lados de enzinos y robles con mucho pasto y agua.

> *Al Triunfo 2 leguas. De la Ensenada de Pinos 101½ leguas.*

---

24. El guía indio los condujo por Conejo Grade a la extremidad occidental de Conejo Valley, y luego hacia el sur para entrar en Potrero Valley. Crespi: «Llamé á este sitio *El Triunfo del Dulcísimo Nombre de Jesus*».
25. Habían regresado a la ruta U.S. 101 en Newbury Park.
26. "The Triumph." Casi el mismo nombre que el del día anterior. Crespi: «El Triunfo del Nombre de Jesus». El nombre aun existe en Triunfo Canyon, Triunfo Corner, Triunfo Lookout y Triunfo Pass. Ahora es el Russell Valley. Triunfo Canyon se abre por el lado sur del valle.

this there was much water, and firewood, and an abundance of pasture for the animals. The day's march was two leagues and a half.[24]

Through the same mountain range, 2 leagues. From the Ensenada de Pinos, 99½ leagues.

Sunday, 14 January.—Two of the oldest natives of the town offered to serve us as guides to lead us out of the mountain range. In setting out they took a course to the southeast which was the direction that best suited us, it being the shortest way. After traveling half a league or a little more from the camp, they began, however, to lead us through the most rugged and intricate part of the range. We found out, although late, that we could not pass through those brambles with the pack-animals. We then turned back, and, passing near their village, took other guides who led us over a better road, following, it is true, an entirely different direction, which was to the northeast. They led us over some accessible low hills and, after leaving them behind, we reached level country to the east.[25] At a distance of two short leagues we halted near a small village; the inhabitants insisted that we remain with them, [saying] that we should not pass on, because the watering-place was far off and it was now too late to reach it before sunset.

We were not disappointed at stopping at this place, which was called El Triunfo.[26] It is a plain of great beauty and extent, overgrown on all sides with live oaks and white oaks, and having much pasture and water.

To El Triunfo, 2 leagues. From the Ensenada de Pinos, 101½ leagues.

---

24. The Indian guide led the party over Conejo Grade into the west end of Conejo Valley, and then south into Potrero Valley. Crespi: "I called this spot El Triunfo del Dulcísimo Nombre de Jesús." (The triumph of the sweet name of Jesus.)
25. This brought the party back to the route of U.S. 101 at Newbury Park.
26. "The Triumph." Almost a duplication of the previous day's name. Crespi: "El Triunfo del Nombre de Jesús." (The Triumph of the Name of Jesus.) The name has survived on Triunfo Canyon, Triunfo Corner, Triunfo Lookout, and Triunfo Pass. The location was in Russell Valley. Triunfo Canyon opens into the south side of the valley.

Lunes 15 de Enero.—Tomamos guias en el Triunfo, hasta otra ranchería corta distante legua y media; en esta nos dieron otros, que llevandonos por el nordeste nos daban harta inquietud; pero por mas señas que les hacíamos de que guiaran por el leste ó por el sueste siempre se resistieron diciendonos que era el terreno intransitable por aquellos rumbos; no tuvimos que arrepentirnos de haverlos creido: cogieron poco despues á lebante subiendo una cuesta larga pero tendida: de lo alto de ella[27] descubrimos lo que buscabamos; esto es el Valle de los Robles, ó de Santa Catalina,[28] bajamos á él, y caminando al sueste, llegamos ya tarde, á nuestro antiguo Real de los Robles, que ocupamos en cinco y seis de Agosto:[29] la jornada fué de seis leguas y media.

Al Real de los Robles 6 leguas. De la Ensenada de Pinos 107¹/₂ leguas.

Martes 16 de Enero.—Veniamos con maior conocimiento del terreno y sabiendo a donde ibamos discurríamos con mas certidumbre acerca del rumbo que havíamos de seguir, fuera de que las sierras nos ofrecían puntos y parages señalados que nos servían de balisa para reconocernos, y assi abrebiamos mucho el camino.

Desde los Robles sin salir del propria valle seguimos al sueste, y en vez de pasar la sierra que lo ciñe por la banda de lebante, y por el camino que la vez pasada; la cortamos por el sueste, sin perder terreno,[30] ayudonos tambien la fortuna, haciendonos hallar un abra que sin dificultad nos franqueó paso al llano del Ojo de Agua de los Alisos;[31] libres ya de todos los embarazos de serranias porque desde aquí sigue tierra llana hasta San Diego: hizimos tres leguas y media en esta jornada, y paramos entre unas lomas á la salida de la sierra, algo

27. Unas dos millas al oeste de Calabasas.
28. San Fernando Valley.
29. "White-oak Camp." En el viaje al norte lo habían llamado *Valle de los Encinos*, "Live Oak Valley"; localizado en los manantiales de agua de Los Encinos State Historical Park en Encino.
30. Salieron de Encino y siguieron el curso de Los Angeles River cruzando hacia el sudeste sobre Cahuenga Pass.
31. "Alder (or Sycamore) Springs." Lo nombraron así el 3 de agosto.

Monday, 15 January.—We took guides at El Triunfo [to lead us] as far as another small village, a league and a half distant. At this village they gave us other guides who, leading us to the northeast, caused us great uneasiness. In spite of all the signs we made to them to lead us east or southeast they, however, persisted in refusing, telling us that the country was impassable in those directions, and we had no reason to regret having believed them. A short time afterwards, they turned to the east, ascending a long but gradual slope. From its summit[27] we discovered what we were looking for, that is, the Valle de los Robles or Santa Catalina.[28] We descended to it and, traveling to the southeast, arrived late at our old camping-place at the Real de los Robles which we had occupied on 5 and 6 August.[29] Today's march was six leagues and a half.

> To the Real de los Robles, 6 leagues. From the Ensenada de Pinos, 107 1/2 leagues.

Tuesday, 16 January.—We now proceeded with a better knowledge of the country, and, knowing where we were going, we discussed the direction we had to follow with greater certainty; besides this, the mountains furnished us points and determined places that served as landmarks to ascertain our position. Thus we greatly shortened our road.

From Los Robles, without leaving the same valley, we continued to the southeast, and, instead of passing in an easterly direction over the mountain range that borders it, and over the road we followed on our outward journey, we cut across the mountain range in a southeasterly direction without losing any ground.[30] Fortune also aided us, allowing us to find a gorge that permitted our passage without difficulty to the plain of the Ojo de Agua de los Alisos.[31] We were now free of all the obstructions of the mountains, since from this point the country is level

---

27. About two miles west of Calabasas.
28. San Fernando Valley.
29. "White-oak Camp," which on the outward journey they had called *Valle de los Encinos*, "Live Oak Valley"—at the springs at the Los Encinos State Historical Park in Encino.
30. From Encino they followed the course of the Los Angeles River, then cut to the southeast over Cahuenga Pass.
31. "Alder (or Sycamore) Springs," which was given its name on August 3.

distante de un arroio corto, que nó lejos de su nacimiento muere entre sus proprias arenas.[32]

Al llano del Ojo de Agua de los Alisos 3½ leguas. De la Ensenada de Pinos 111 leguas.

Miercoles 17 de Enero.—Al entrar en el llano vimos hacia lebante un cordillera de sierras cubiertas de nieve que divisamos tambien al entrar en la cañada de Santa Clara.

Descubriamos tambien el Rio de la Porciúncula, desde las lomas que dejabamos: ó á lo menos la ceja de arboleda que viste sus orillas,[33] con que no huvo mas que dirigirse á él atravesando el llano para el sueste: llegamos y lo badeamos, hechando de ver por sus arenas, basura, arboles caidos, y posas de los costados que pocos dias antes havía tenido alguna crecida grande, con que havía salido de madre. Pasamos otras tres leguas adelante hasta el Valle de San Miguel y allí parámos en el proprio lugar que en treinta de Julio havíamos ocupado.[34]

Al Valle de San Miguel 5 leguas. De la Ensenada de Pinos 116 leguas.

Jueves 18 de Enero.—Salimos por el boquete del Valle de San Miguel que es mui poblado de arboleda. Seguimos largo rato al suduoeste, costeando el rio, que naciendo de un copioso ojo de agua en el mismo boquete, merece ya el nombre que le damos: su vega está cubierta de sauces, y algunos alamos de poco cuerpo. Vadeamos el rio, y cogimos tierra llana la buelta del sueste hasta el Rio de los Temblores, que vadeamos tambien trahía mas agua que el de la Porciúncula hizímos en esta jornada seis leguas largas.[35]

---

32. Acamparon cerca del lugar donde Hollywood Freeway cruza Franklin Avenue.
33. Los Angeles River.
34. Junto a San Gabriel River, cerca de Bassett.
35. Esta ruta es diferente a la que siguieron en rumbo hacia el norte. En lugar de atravesar Puente Hills, bordearon las colinas por el oeste y el sur y llegaron a Santa Ana River cerca de Olive donde habían acampado el 28 de julio.

as far as San Diego. We made three leagues and a half on this day's march and halted among some low hills on the edge of the mountain range, a little way from a stream that sinks into the sand not far from its source.[32]

> To the plain of the Ojo de Agua de los Alisos, 3¹/₂ leagues. From the Ensenada de Pinos, 111 leagues.

Wednesday, 17 January.—On entering the plain we saw towards the east a chain of mountains covered with snow, which we had also seen on entering the Cañada de Santa Clara.

From the low hills that we were leaving we likewise saw the Río de la Porciúncula or, at least, the fringe of trees lining its banks.[33] Hence it was only necessary to direct our course towards it, crossing the plain towards the southeast. We reached the river and forded it, observing from the sand, rubbish, fallen trees, and pools on both sides that there had been, a few days before, a great freshet that had caused it to overflow its banks. We proceeded for three leagues more, as far as the Valle de San Miguel, and halted there in the same place we had occupied on 30 July.[34]

> To the Valle de San Miguel, 5 leagues. From the Ensenada de Pinos, 116 leagues.

Thursday, 18 January.—We set out through the mouth of the Valle de San Miguel, which is very thickly wooded. For a long time we continued to the southwest, following the river, which, rising in a large spring in the same opening, merits the name we gave it. Its banks are covered with willows and some small poplars. We forded the river and reached level ground, traveling to the southeast as far as the Río de los Temblores; this we likewise forded. It carried more water than the Porciúncula. We covered six long leagues on this day's march.[35]

---

32. They camped in the vicinity of where the Hollywood Freeway crosses Franklin Avenue.
33. The Los Angeles River.
34. On the San Gabriel River, near Bassett.
35. This is a variation from the outward journey. Rather than crossing the Puente Hills, they went around the hills on the west and south and wound up on the Santa Ana river near Olive, where they had camped on July 28.

Al Rio de los Temblores 6 leguas. De la Ensenada de Pinos
122 leguas.

Viernes 19 de Enero.—Del Rio de los Temblores fuimos al Aguage del Padre Gomez:[36] todo el camino es por llanura; tiene poca leña este parage, fué jornada de quatro leguas.

Al Aguage del Padre Gomez 4 leguas. De la Ensenada de Pinos
126 leguas.

Sabado 20 de Enero.—Desde el Aguage del Padre Gomez el camino es de lomería hasta San Francisco Solano, que dista tres leguas. Tiene este parage un arroio que trahía mucha agua quando pasamos en veinte y quatro de Julio, y nos quedamos admirados de verlo ahora totalmente seco, despues de haber llovido bastante por toda la comarca atribuióse a que este arroio debe de recibir las aguas nieves, de algunas de las sierras nevadas que vimos tierra adentro; y no correrá probablemente sino en los tiempos que estas se derriten. No huvo para que deternerse á vista de esto: seguimos dos leguas mas adelante hasta la cañada que se llamó del Incendio, ó de Santa Maria Magdalena,[37] cuio arroio se havía tambien secado, pero tenía sus pozas, en que huvo suficiente agua para la gente y caballada. En la noche de este día se agrabaron bastante algunos soldados que venian enfermos de cursos, y tenesmos: hai en este parage leña suficiente.

A Santa Maria Magdalena 5 leguas. De la Ensenada de Pinos
131 leguas.

Domingo 21 de Enero.—De Santa María Magdalena ó Cañada del Incendio fuimos á la Cañada del Bautismo[38] hallamos el aguage seco, y hubimos de seguir adelante en busca de agua: hallamosla en un arroyo

---

36. "Padre Gómez's Watering-place." Tomato Spring en Santiago Hills, donde habían acampado el 26 de julio.
37. "Wildfire Canyon" o "Saint Mary Magdalene Canyon." San Juan Canyon, donde habían acampado el 23 de julio.
38. "Baptism Canyon." Cristianitos Canyon, el campamento del 22 de julio.

To the Río de los Temblores, 6 leagues. From the Ensenada de Pinos,
122 leagues.

Friday, 19 January.—From the Río de los Temblores we went to the
Aguage del Padre Gómez.[36] The whole way is over level country. This
place has little firewood. The day's march was four leagues.

To the Aguage del Padre Gómez, 4 leagues. From the Ensenada de
Pinos, 126 leagues.

Saturday, 20 January.—From the Aguage del Padre Gómez the road
is hilly as far as San Francisco Solano, a distance of three leagues. At
this place there is a stream that carried a great deal of water when we
passed it on 24 July; we marveled greatly on seeing it now completely
dry, after there had been so much rain in the whole district. This we
attributed to the fact that the stream must receive the water of the
snows from some of the snow-capped mountains we saw inland; it
probably does not now flow except when the snow melts. Since there
was no object in remaining in sight of this, we continued for two
leagues farther until we reached the canyon called Cañada del Incendio
or Cañada de Santa María Magdalena.[37] The stream in this canyon had
also dried up, but pools remained in which there was sufficient water
for the men and horses. During the night some of the soldiers who were
sick with diarrhea and tenesmus became seriously ill. There is plenty
of firewood in this place.

To Santa María Magdalena, 5 leagues. From the Ensenada de
Pinos, 131 leagues.

Sunday, 21 January.—From Santa María Magdalena or Cañada del
Incendio we went to the Cañada del Bautismo.[38] We found the watering-place dried up, and we had to go farther in search of water. We

---

36. "Padre Gómez's Watering-place." Tomato Spring in the Santiago Hills, where
    they camped on July 26.
37. "Wildfire Canyon" or "Saint Mary Magdalene Canyon." San Juan Canyon,
    where they camped on July 23.
38. "Baptism Canyon." Cristianitos Canyon, the campsite of July 22.

dentro de una cañada, á poco mas de una legua del Bautismo con pasto, y leña suficiente.[39]

Jornada al agua 4 leguas. De la Ensenada de Pinos 135 leguas.

Lunes 22 de Enero.—Pasamos por Los Rosales[40] y Cañada de Santa Margarita,[41] sin parar hasta el Valle de San Juan Capistrano;[42] jornada de seis leguas por lomería tendida. Vimos en las cañadas que vienen á terminar al valle diferentes lagunas que no havíamos visto a nuestro paso en Julio del año proximo pasado, formadas de las llubias que en este intermedio havían caido.

Al Valle de San Juan Capistrano 6 leguas. De la Ensenada de Pinos 141 leguas.

Martes 23 de Enero.—De San Juan Capistrano fuimos á San Jacome de la Marca[43] jornada de siete leguas que valió por tres de las que hizimos á nuestra subida cuios tramos son: de San Juan á Santa Sinforosa dos leguas, á San Alejos otras dos, y tres á San Jacome.

A San Jacome 7 leguas. De la Ensenada de Pinos 148 leguas.

Miercoles 24 de Enero.—Ibamos llegando á San Diego, y eran varias las opiniones acerca del estado en que hallaríamos al nuevo establecimiento que dejabamos bien en sus principios mas de seis meses havía. Cada uno discurría segun el genio y humor que le agitaba: quien pensaba hallar en él todo alibio y socorro juzgando favorablemente de las cosas, quien se entristecía considerando la devilidad y pocos medios con que lo havíamos dejado.

---

39. Aparentemente San Onofre Creek.
40. "Rosebush Canyon." Ahora Las Pulgas ("The Fleas") Canyon, el campamento del 21 de julio.
41. El campamento del 20 de julio.
42. El campamento del 18 y del 19 de julio. Véase la nota en la página 6.
43. San Dieguito Creek y Valley al este de Del Mar, donde habían acampado el segundo día del viaje hacia el norte.

found it in a stream within a canyon, a little more than a league from the Cañada del Bautismo. There was enough pasture and firewood.[39]

March to the water, 4 leagues. From the Ensenada de Pinos,
135 leagues.

Monday, 22 January.—We passed through Los Rosales[40] and the Cañada de Santa Margarita,[41] without stopping until we reached the Valle de San Juan Capistrano.[42] It was a march of six leagues over low-lying hills. We saw in the canyons that end in the valley various ponds, which we had not seen on passing in July of last year; these were formed by the rains that had fallen in the intervening period.

To the Valle de San Juan Capistrano, 6 leagues. From the Ensenada
de Pinos, 141 leagues.

Tuesday, 23 January.—From San Juan Capistrano we went to San Jacome de la Marca,[43] a day's march of seven leagues, which was equal to three of those we made when coming. The distances of the latter are, from San Juan to Santa Sinforosa, two leagues; to San Alejos, two more; and three leagues to San Jacome.

To San Jacome, 7 leagues. From the Ensenada de Pinos, 148 leagues.

Wednesday, 24 January.—We were nearing San Diego, and varied were the opinions among us about the condition in which we should find the new settlement that we had left at its very beginning, more than six months ago. Each one discussed the matter according to his temperament and the mood affecting him. Some, seeing things in a favorable light, expected to find there every comfort and help; others grieved, considering its weak state and the few resources we had left it.

---

39. Apparently on San Onofre Creek.
40. "Rosebush Canyon," now Las Pulgas ("The Fleas") Canyon, the campsite of July 21.
41. The campsite of July 20.
42. The campsite of July 18 and 19. See the footnote on page 7.
43. San Dieguito Creek and Valley, east of Del Mar, where they had camped on the second day of the outward journey.

A la verdad todos venian con el recelo de que haviendo durado el rigor de las enfermedades, y la mortandad de la gente, no huviese quedado el establecimiento hecho un paramo: por otra parte havía todo que temer de la perversa indole de los indios dieguinos, cura boracidad en el robo, solo la superioridad, y el respeto pueden contener; y recelabamos que no se hubiesen atrevido á algun desman contra la mision y su pequeña escolta: la ninguna noticia que de los barcos pudímos adquirir sobre las costas, sin embargo de nuestras diligencias á este efecto, nos daba premisos temores de que en San Diego no hallasemos igual falta.

Durando aun en estos pensamientos, y discursos que nos fatigaban días había, recibimos anticipada alegría a vista del rastro reciente de gente y caballada a más de media legua del presidio que descubrimos poco despues.

Luego que vimos la cerca de su palizada, y las humildes fabricas que contenía, la saludamos disparando nuestras armas primer aviso de nuestro arribo para sus moradores que con el maior alborozo salieron luego á recibirnos con los brasos.

A San Diego 6 leguas. De la Ensenada de Pinos 154 leguas.

Hallamos á los reverendos padres misioneros Fray Junipero Serrá Presidente de las Misiones, Fray Juan Viscaino y Fray Fernando Parron, en buen estado, combalecientes el primero, y el ultimo de la comun enfermedad del escorbuto, que todavía afligía á diferentes soldados asi de la tropa veterana que dexamos, como de los del presidio é indios californios cristianos. Supimos de su boca como todos los que dexamos enfermos en sus lechos se los havía llevado Dios, á pocas semanas despues de nuestra salida; pero que a dilixencia del zelo caritativo é incansable del cirujano don Pedro Prat, havían combalecido aquellos, en quienes la enfermedad no se havía radicado tanto, durante el tiempo de la navegacion, y que havían sanado tambien los que subcesibamente caieron que fueron todos, por que el contagio no perdonó á ninguno; acreditando bien la experiencia en este lance quan acertada fué la sabia disposicion de quien embió a un hombre de esta facultad, y de tan recomendables prendas; y quan utiles son tales sugetos en qualesquiera colonia ó nuebo establecimiento.

Refirieronnos tambien como el día quinze de Agosto los indios de las rancherias mas immediatas al real, movidos unicamente de su codicia é

In truth, all of us were returning with a misgiving, lest, through the continued force of the maladies, and the mortality among the people, the settlement had become a place of solitude. On the other hand, there was every reason to fear the evil disposition of the natives of San Diego, whose greediness to rob can only be restrained by superior power and authority, and we feared lest they had dared to commit some outrage against the mission and its small garrison. Since we had obtained no news whatever along the coast concerning the ships, notwithstanding our efforts in that direction, we had fears in anticipation that in San Diego we should meet with a like disappointment.

While we were still engaged with these thoughts and discussions, which for days had been wearying us, we received an unexpected pleasure at the sight of fresh tracks of men and horses at more than half a league from the presidio, which we saw soon afterwards.

As soon as we saw the palisade enclosure and the humble buildings that it contained, we gave a salute, discharging our arms—the first announcement to its occupants of our arrival. They immediately came out with the greatest joy to receive us in their arms.

To San Diego, 6 leagues. From the Ensenada de Pinos, 154 leagues.

We found the missionary fathers, Fray Junípero Serra, president of the missions, Fray Juan Viscaíno, and Fray Fernando Parron, in good health; the first and the last mentioned were still convalescing from the common sickness of scurvy which, even now, afflicted various soldiers—the veterans we had left behind as well as those of the presidio—and christianized Californian Indians. We learned from them how that, a few weeks after our departure, God had taken to Himself all those we had left sick in their beds; but that, through the charitable and tireless devotion of the surgeon, Don Pedro Prat, those in whom the disease had not taken such a firm hold during the sea voyage, had recovered. We also learned that those who had subsequently fallen sick, which included everyone, as the disease spared none, had been restored to health. Experience thus proved, in this instance, how opportune was the wise decision of him who sent a man of this profession and of such commendable ability, and how useful such persons are in any colony or new settlement.

They likewise told us that, on 15 August, the Indians of the villages nearest the camp, influenced solely by their cupidity and desire to rob,

inclinacion al latrocinio aguardaron ocasion oportuna para hecharse sobre él con la mira de robar, y llebarse lo que pudiesen, y que hallando alguna resistencia de parte de la poca gente que á la sazon se hallaba en él, porque la maior parte de la escolta estaba fuera, intentaron usar de violencia valiendose de sus armas: que á la primera descarga de sus flechas mataron a un arriero é hirieron al reverendo padre Fray Juan Vizcaíno, y que entonces los nuestros que se hallaron en estado de tomar las armas, cargaron sobre ellos, matáron á tres de los gentiles é hirieron á diferentes obligandolos á retirarse con este escarmiento; pero que desde entonces no havian dexado de ocasionar algun daño, y que havían muerto alguna bestia de la caballada, y flechado á otras pero de noche y sin ser vistos. Puerto y Real de San Diego siete de febrero de mil setecientos setenta—Miguel Costanso.

took advantage of a favorable opportunity to throw themselves upon the camp with the intention of robbing it, and of carrying away what they could; that upon meeting with some resistance from the few people who were at the time in camp—as the larger part of the garrison was away—they attempted to use violence, having recourse to their weapons; that, at the first discharge of their arrows, they killed a muleteer and wounded the reverend father Fray Juan Viscaíno; that our men who were in a condition to take up arms fired at them, killing three of the natives and wounding several, and obliging them to retire with this punishment. From that time, however, the natives had not ceased to cause some damage, and had killed some horses and wounded others with arrows, but they did this at night and without being seen.

Port and Presidio of San Diego, 7 February 1770.

MIGUEL COSTANSO.

Ruta de la expedición

Es imposible seguir en automóvil toda la ruta que siguió la expedición de Portolá. De hecho hay porciones del trayecto por las cuales no se puede pasar, no importa el medio de transporte, debido a que se encuentran en predios militares qu tienen prohibida la entrada al público. Este capítulo explica de una manera general cómo seguir la ruta; pero en ciertas ocasiones, deja a la persona en libertad de escoger el camino exacto a seguir. La ruta se *podria* seguir usando unicamente un mapa de las carreteras del estado, pero la utilización de mapas más detallados es más conveniente puesto que algunos de los caminos mencionados no aparecen en los mapas que cubren todo el estado. No hay razón para seguir fielmente los caminos indicados aquí; con frecuencia existen más alternativas para ir de un punto a otro. Tampoco es cierto que la ruta que hemos trazado sigue con exactitud las huellas de los exploradores de 1769 puesto que puede que no existan hoy día caminos que sigan con exactitud los que se presume o que se creen siguieron los exploradores.

La letra I. seguida por un número indica una carretera entre estados; las carreteras nacionales se designan como U.S. y los caminos estatales aparecen como S.R.; las rutas del condado se designan con la abreviación Co. y los caminos que no tienen número se los identifica por su nombre.

En San Diego se puede partir del sitio de la misión original en Presidio Park o de la misión San Diego de Alcalá con rumbo hacia el norte por las autopistas I. 5 o I. 805. Como dos millas después de que estas dos autopistas se unen, se toma la salida de Carmel Valley Road. Apenas al este de la base de la salida de la autopista se voltea a la izquierda por El Camino Real siguiendo esta ruta hasta Via de Valle (Co. S6). Allí se voltea a la derecha y después de un recorrido de 0.2 millas se da vuelta a la izquierda nuevamente sobre El Camino Real. Se sigue por El Camino Real hasta La Bajada donde se voltea a la izquierda; poco después este camino cambia de nombre y se convierte en Encinitas Blvd. Se voltea entonces a la derecha para seguir nuevamente por El Camino Real (Co. S11). El Camino conduce hasta San

Route of the Expedition

It is not possible to follow the entire route of the Portolá Expedition by automobile. In fact, you cannot follow some parts of the route no matter what method of transport you employ—significant portions lie within military reservations, and thus are out of bounds to the public. This chapter describes how to trace the route in a general way, with the choice—in some instances—of exactly which road to take being left up to the individual. One *could* follow the route using only a road map of the state, but more detailed maps are highly desirable, since some of the roads mentioned do not appear on maps covering the entire state. One need not slavishly follow the roads that are listed here; there is often more than one way to get from one point to the next. Nor does the suggested route follow exactly in the tracks of the explorers of 1769, since there may not be any roads that precisely trace the way that they are either known or are presumed to have taken.

The letter I. followed by a number designates an Interstate Highway; U.S. numbered highways are done in the same way; state numbered routes are indicated by S.R.; county roads are indicated by Co.; and roads that are not numbered are identified by name.

In San Diego, start at either the site of the original mission in Presidio Park or at Mission San Diego de Alcalá, and head north on I. 5 or I. 805. About two miles after these freeways join, exit at Carmel Valley Road. Just east of the foot of the offramp, turn left onto El Camino Real and follow it to Via de Valle (Co. S6). Turn right, and after 0.2 mile turn left on El Camino Real again. Follow it to La Bajada; go left, the road soon becomes Encinitas Blvd., and you turn right on El Camino Real (Co. S11) once again. El Camino will take you to San

Luis Rey donde se da vuelta a la derecha en Mission Avenue viajando una corta distancia hasta la misión San Luis Rey de Francia.

En este punto Camp Pendleton bloquea la ruta de Portolá y es necesario continuar el viaje por la autopista. Se sigue entonces por Mission Avenue hasta San Diego Freeway (I. 5) con rumbo norte. Se toma la salida Cristianitos Road volteando a la derecha en la base de la la rampa de salida y volteando de inmediato a la izquierda por El Camino Real el cual se puede seguir (siempre y cuando se tenga un mapa pues cambia de nombre un par de veces) hasta misión San Juan Capistrano. Desde aquí se sigue por la autopista I. 5 en dirección norte—se puede también ir por las calles—hasta la salida de El Toro Road. Se voltea a la derecha, hacia el nordeste, por El Toro Road hasta Trabuco Road. Se voltea a la izquierda en Trabuco la cual se convierte en Irvine Blvd. Se sigue por Irvine hasta que termina en Newport Avenue. Desde este punto hasta West Los Angeles no es posible trazar una sucesión de caminos y carreteras que tengan sentido y que se aproximen a la ruta de la expedición; simplemente existen demasiadas alternativas. Si el viajero está resuelto y en posesión de un mapa detallado, puede lograr hacerlo bien. Se sigue entonces en dirección oeste-noroeste hasta cruzar Santa Ana River cerca de Olive. De allí se continua a La Brea Canyon, por el lado norte de Fullerton. Se atravieza Puente Hills por Hacienda Blvd., se pasa por La Habra Heights, Hacienda Heights y Pomona Freeway hasta voltear a la izquierda en Valley Blvd.

En este punto el viajero queda nuevamente por su cuenta. Si lo desea puede seguir por San Bernardino Freeway. Yo prefiero Valley Blvd. a pesar de las luces de tráfico. Se sigue por Valley Blvd. el cual se convierte en Main Street, hasta media cuadra antes de pasar por debajo de Golden Gate Freeway. Allí se voltea a la derecha por Daly Street y se sigue por esta calle cinco cuadras hasta Broadway donde se voltea a la izquierda. Como a media milla, en el sitio donde Broadway cruza Los Angeles River, fue donde cruzó la expedición de Portolá el dos de agosto de 1769. Se sigue en dirección oeste en la forma que se quiera hasta llegar a Wilshire Blvd., se pasa por La Brea Tar Pits en Hancock Park y se voltea a la izquierda en La Cienaga hasta llegar a La Cienaga Park. Desde este punto se puede regresar a Wilshire Blvd. en dirección oeste por varias cuadras hasta pasar San Diego Freeway (I. 405) y voltear a la izquierda una cuadra para llegar a los terrenos de

Luis Rey, where you turn right on Mission Avenue and go a short distance to Mission San Luis Rey de Francia.

At this point the route of Portolá is blocked by Camp Pendleton, and you will have to travel on a freeway again. Go west on Mission Avenue to the San Diego Freeway (I. 5), and head north. Exit at Cristianitos Road, turn right at the foot of the offramp, and immediately turn left on El Camino Real, which you can follow (if you have a map, because it changes names a couple of times) to Mission San Juan Capistrano. From here go north on I. 5—or on surface streets of your own choosing—to the El Toro Road exit. Go right (northeast) on El Toro Road to Trabuco Road. Left on Trabuco, which eventually becomes Irvine Blvd. Follow Irvine until it ends at Newport Avenue. From here to West Los Angeles it is not possible to describe a meaningful succession of roads and freeways that will approximate the expedition's route: there are simply too many choices. If you are determined and have a detailed road map, you can do a good job of it. Go to Santiago Creek Road (Co. S18), northeast of Orange. From there head west-northwest, and cross the Santa Ana River near Olive. From there go to La Brea Canyon, on the north side of Fullerton. Cross the Puente Hills on Hacienda Blvd., past La Habra Heights, past Hacienda Heights, past the Pomona Freeway, and turn left on Valley Blvd.

From here you're on your own again. You can, if you wish, get on the San Bernardino Freeway. My preference is Valley Blvd., traffic lights and all. Follow Valley (which eventually becomes Main Street) until just half a block before it goes under the Golden State Freeway. Turn right here on Daly Street, go five blocks, and turn left on Broadway. In about half a mile, where Broadway crosses the Los Angeles River, is where the Portolá Expedition crossed on August 2, 1769. Go west from here however you desire, eventually get onto Wilshire Blvd., go past the La Brea Tar Pits at Hancock Park, and turn left on La Cienega to reach La Cienega Park. From here you can return to Wilshire Blvd., go west to several blocks past the San Diego Freeway (I. 405), and turn

University High School en Texas Avenue. A partir de este punto la ruta sale de la depresión geográfica en la que se encuentra la ciudad de Los Angeles lo cual reduce la confusión y la necesidad de tomar decisiones.

Se sigue hacia el norte pasando por Sepulveda Canyon ya sea por San Diego Freeway (I. 405) o por Sepulveda Blvd. que era la carretera antes de la contrucción de la autopista. Yo prefiero esta ruta. Poco después de salir del área de las colinas y al entrar a San Fernando Valley, se voltea a la izquierda por Ventura Blvd. y se sigue por este camino unas dos millas hasta Los Encinos State Historical Park en Encino. De allí se toma Balboa Blvd. en dirección norte hasta San Fernando Mission Road donde se voltea a la derecha para llegar a misión San Fernando. Al salir de la misión, se sigue hacia el norte ya sea por I. 405 o I. 5 las cuales se juntan poco después. Unas pocas millas después de la unión de estas dos autopistas se observan los avisos de tráfico hasta encontrar Antelope Valley Freeway (S.R. 14) la cual cruza San Fernando Pass. Un poco más de dos millas más adelante se toma la salida de San Fernando Road (S.R. 126). Se sigue por la carretera 126 pasando por Newhall y Saugus hasta Castaic Junction. Aquí se encuentra el viajero en Golden State Freeway (I. 5) por el cual se viaja durante dos millas pero del cual se sale por la salida siguiente—continuando aun por S.R. 126—en dirección oeste a lo largo de Santa Clara River hasta Ventura. Cuando la carretera 126 se convierte en autopista en Santa Paula, existe la opción de seguir por Telegraph Road, que era anteriormente la carretera principal y que corre paralela a la autopista durante media milla hacia el norte. En Ventura, la autopista se conecta con Ventura Freeway (U.S. 101). Si se ha seguido por Telegraph Road, este camino termina en Ventura Blvd. Voltear a la derecha; aquí la calle se convierte en Main Street por la cual se atravieza el centro de Ventura hasta llegar a misión San Buenaventura en el cruce de las calles Main y Figueroa.

Cuando se sale de Ventura para subir por la costa hacia el norte, la alternativa es U.S. 101 ya que la carretera de dos vías que existía antes la tapó la autopista. U.S. 101 de hecho sigue la ruta de la expedición hasta Gaviota; en este sitio 101 sigue hacia el norte y no hay forma de seguir la ruta de la expedición a lo largo de la costa pasando por Point Conception y Point Arguello. A tres millas al norte de Gaviota se toma la salida a S.R. 1, o sea, Cabrillo Highway. Una vez recorridas 13.7

left one block to reach the University High School grounds on Texas Avenue. From this point the route leaves the Los Angeles Basin, which reduces confusion and decision making.

Go north through Sepulveda Canyon on either the San Diego Freeway (I. 405) or—my preference—Sepulveda Blvd., which was the highway before the freeway was built. Shortly after you get out of the hills and into the San Fernando Valley, turn left on Ventura Blvd. and go about two miles to Los Encinos State Historical Park in Encino. From here go north on Balboa Blvd. to San Fernando Mission Road, turn right, and proceed to Mission San Fernando. When you leave the mission, go north on either I. 405 or I. 5, which soon join. A few miles after this juncture follow the signs to the Antelope Valley Freeway (S.R. 14), which crosses San Fernando Pass. In a little more than two miles exit at San Fernando Road (S.R. 126); follow 126 through Newhall and Saugus to Castaic Junction. You will be on the Golden State Freeway (I. 5) for two miles, but leave it at the next exit—still following S.R. 126—and head west along the Santa Clara River to Ventura. When 126 becomes a freeway, at Santa Paula, you have the option of following Telegraph Road, the former main highway, which parallels the freeway half a mile to the north. At Ventura the freeway connects with the Ventura Freeway (U.S. 101). If you're following Telegraph Road, it ends at Ventura Blvd. Turn right; the road becomes Main Street, which you follow through the center of Ventura to Mission San Buenaventura, at Main and Figueroa streets.

When you leave Ventura to go up the coast there is no alternate to U.S. 101; the former two-lane highway was covered by the freeway. U.S. 101 essentially follows the expedition's route as far as Gaviota, at which place 101 goes north, and there is no way to follow the expedition's trail—along the coast past Point Conception and Point Arguello. Three miles north of Gaviota exit onto S.R.1, the Cabrillo Highway.

millas voltear a la izquierda por Jalama Road y seguir este camino durante 14.3 millas hasta Jalama Beach County Park. La expedición acampó aquí el 27 de agosto de 1769. Volver a S.R. 1 y seguir hacia el norte durante 4.2 millas hasta S.R. 246 (Ocean Avenue) y seguir por 246 hacia el oeste, hasta el mar, en Ocean Beach County Park donde acampó la expedición el 30 de Agosto. Volver a S.R. 1 y seguir rumbo norte hasta cerca de tres millas al norte de Guadalupe donde se voltea por Oso Flaco Lake Road y se sigue este camino hasta que termina en Oso Flaco Lake. La Expedición acampó aquí el 2 y el 3 de septiembre y también el 30 de diciembre en su viaje de regreso.

Volver a S.R. 1 de nuevo hacia el norte hasta Pismo Beach donde 1 vuelve a juntarse con 101. En este punto existe la alternativa de seguir en dirección norte hasta Price Canyon Road para tomar S.R. 227 y voltear a la izquierda pasando por Edna. Esta fue la ruta que siguió la expedición a su regreso. Los estudiosos de mapas que tienen cierto ingenio encontrarán la forma de entrar a Los Osos Valley Road viajando rumbo oeste-noroeste desde San Luis Obispo. Si se entra a la ciudad para visitar misión San Luis Obispo, se puede continuar desde allí hasta Los Osos Valley Road por Higuera Street y Madonna Road. La ruta más sencilla hacia el norte desde Pismo Beach es por la autopista hasta San Luis Obispo. Aquellos con deseo de aventura pueden tomar la primera salida después de que la autopista cruza San Luis Obispo Creek y seguir hacia el oeste hasta See Canyon Road. Si se sigue esta carretera, que después se convierte en Prefumo Canyon Road, se llega a Los Osos Valley Road 14 millas después de haber salido de la autopista. Esta es unicamente una aproximación de la ruta hacia el norte que siguió la expedición, pero es la más cercana. Se viaja hacia el oeste por Los Osos Valley hasta la comunidad de Los Osos y luego rumbo norte pasando Baywood Park hasta Morro Bay State Park. Aquí se toma de nuevo S.R. 1 para subir hacia la costa.

A partir de este punto hasta San Corpoforo Creek localizado a 15 millas al norte de San Simeon, S.R. 1 sigue muy de cerca la ruta de la expedición. Luego la expedición subió a San Carpoforo Creek, cruzó las abruptas montañas Santa Lucía y después de varios días llegó a Salinas River dos millas al sur de King City. Existen dos alternativas: continuar subiendo por S.R. 1 y volver a tomar la ruta en Marina después de Monterey, o seguir hacia el este por U.S. 101. Para llegar a 101, se toma S.R. 41 este, desde Morro Bay hasta Atascadero, o S.R. 46

After 13.7 miles turn left onto Jalama Road, and follow that for 14.3 miles to Jalama Beach County Park. The expedition camped here on August 27, 1769. Return to S.R. 1, go north 4.2 miles to S.R. 246 (Ocean Avenue), and go west on 246 to the ocean, at Ocean Beach County Park, where the expedition camped on August 30. Return to S.R. 1 and continue north to about three miles north of Guadalupe, where you turn left onto Oso Flaco Lake Road and follow it to its end at Oso Flaco Lake—the expedition's campsite of September 2 and 3, and also December 30 on the return journey.

Return to S.R. 1 and go north again, to Pismo Beach, where 1 rejoins U.S. 101. An alternate route from here is to go north up the Price Canyon road to S.R. 227, and go left through Edna. This was the route followed by the expedition on its return trek. Ingenious map readers will figure out how to get onto Los Osos Valley Road, running west-northwest from San Luis Obispo. If you go into the city to visit Mission San Luis Obispo, you can go from there to Los Osos Valley Road via Higuera Street and Madonna Road. The easiest way north from Pismo Beach is on the freeway to San Luis Obispo. The adventurous can take the first exit after the freeway crosses San Luis Obispo Creek, and go west to See Canyon Road. By following this road—which eventually becomes Prefumo Canyon Road—you will reach Los Osos Valley Road 14 miles after you left the freeway. This is only an approximation of the expedition's northward route, but is the nearest thing to it. In Los Osos Valley go west to the community of Los Osos, then north past Baywood Park to Morro Bay State Park. Rejoin S.R. 1 and go up the coast.

From this point to San Corpoforo Creek, about 15 miles north of San Simeon, S.R. 1 closely follows the expedition's route. Then the expedition went up San Carpoforo Creek, crossed the rugged Santa Lucia Mountains, and after several days reached the Salinas River two miles south of King City. You have two choices: either continue up S.R. 1 and rejoin the route at Marina, past Monterey; or go east to U.S. 101. To reach 101, take either S.R. 41 east from Morro Bay to Atascadero, or

sureste desde un poco al norte de Harmony. Seguir 101 hasta un poco al norte de Bradley y tomar la salida de Jolon Road (Co. G18). Continuar por Jolon Road, que se convierte en Co. G14 en Lockwood, a Jolon. Si se desea se puede tomar el camino a la izquierda en este sitio y seguir por Mission Road 5.5 millas hasta misión San Antonio de Padua. Continuar desde Jolon por Jolon Road (Co. G14) para volver a U.S. 101 en King City. Al norte de King City la carretera Co. G15, que corre por el lado este del valle de Salinas River, sigue la ruta de la expedición más de cerca que la autopista. Volver a 101 en Soledad regresando hacia el sur al cruzar el río y tomar de inmediato la salida en Paraiso Road, hasta Fort Romie Road y misión Soledad. Continuar por Fort Romie Road a River Road y seguir rumbo norte por el lado oeste del río. Al cruzar S.R. 68 el nombre cambia a Reservation Road, se puede seguir esta carretera hasta S.R. 1 en Marina.

La forma más sencilla de llegar desde aquí hasta Santa Cruz es por la carretera S.R. 1. No se puede seguir exactamente la ruta pero sí es factible, con la ayuda de un mapa detallado, seguirla en una forma general. Tomar Espinosa Road hasta Espinosa Lake, al noroeste de Salinas. Salir en San Miguel Canyon Road, al norte de Prunedale, de las carreteras U.S. 101 y S.R. 156 que en este punto son un sólo camino y seguir por San Miguel Canyon Road hasta San Juan Road (Co. G11) en Pajaro River Valley. Tomar a la izquierda para Watsonville y salir de Watsonville en dirección noroeste por Freedom Blvd. y seguir por este camino hasta regresar a S.R. 1. Seguir por 1 pasando por Santa Cruz y subiendo por la costa hasta llegar a San Pedro Creek, al norte de Devils Slide y unas cuantas millas al sur de Pacifica. Aquí fue donde la expedición de Portolá dejó la costa y subió a Sweeney Ridge desde donde vieron por primera vez a la Bahía de San Francisco.

Sweeney Ridge se encuentra entre Pacifica y San Bruno y forma parte de Golden Gate National Recreation Area. Para llegar hasta allí hay que subir por un sendero. El sendero más fácil empieza donde termina Sneath Lane en San Bruno. Hay una salida a Sneath Lane desde I. 280, que es Junipero Serra Freeway, pero también se puede entrar a Sneath Lane desde S.R. 35, Skyline Blvd. Hay que hacer un círculo alrededor del extremo norte de Sweeney Ridge porque es imposible atravezarlo en carro. Continuar hacia el norte por S.R. 1 y salir por Sharp Park Road por la que se sigue cruzando las colinas en rumbo noreste hasta Skyline Blvd. Voltear a la derecha en Skyline Blvd; se

S.R. 46 southeast from just north of Harmony. Follow 101 to just north of Bradley, and exit onto Jolon Road (Co. G18). Follow Jolon Road, which becomes Co. G14 at Lockwood, to Jolon. If you are so inclined, take the left fork here and follow Mission Road 5.5 miles to Mission San Antonio de Padua. From Jolon continue on Jolon Road (Co. G14) back to U.S. 101 at King City. North from King City, Co. G15—on the east side of the Salinas River valley—more nearly follows the expedition's route than does the freeway. At Soledad get on 101 and go back south across the river, exit immediately on Paraiso Road, to Fort Romie Road, and to Mission Soledad. Continue on Fort Romie Road to River Road and head on north, staying on the west side of the river. When you cross S.R. 68 the name changes to Reservation Road, which you can follow to S.R. 1 at Marina.

The simple way from here to Santa Cruz is via S.R. 1. You can't follow the expedition's route exactly, but it is possible—with a detailed road map—to follow it in a general way. Go to Espinosa Lake on Espinosa Road, northwest of Salinas. Leave the combined U.S. 101 and S.R. 156 at San Miguel Canyon Road, north of Prunedale, and follow it to San Juan Road (Co. G11) in the Pajaro River Valley. Go left into Watsonville, leave Watsonville headed northwest on Freedom Blvd., and follow that until you come back to S.R. 1. Follow 1 through Santa Cruz and on up the coast all the way to San Pedro Creek, north of Devils Slide and a few miles south of Pacifica. It is from here that the Portolá Expedition left the coast, climbed up onto Sweeney Ridge, and first saw San Francisco Bay.

Sweeney Ridge, between Pacifica and San Bruno, is within the Golden Gate National Recreation Area, and can only be reached by trail. The easiest trail starts from the end of Sneath Lane in San Bruno. There is an exit to Sneath Lane from I. 280, the Junipero Serra Freeway, and you can also turn onto Sneath from S.R. 35, Skyline Blvd. Inasmuch as you cannot drive across Sweeney Ridge, you will need to loop around its northern end. Continue north on S.R. 1, exit at Sharp Park Road, and follow it across the hills to the northeast to Skyline Blvd. Turn right at Skyline Blvd; Sneath Lane is crossed at 1.2 miles.

cruza Sneath Lane a 1.2 millas y se sigue por Skyline hasta que se convierte en I. 280. En este punto se puede escoger Skyline o 280. Cuando Skyline cruza el canal de desague entre las represas alta y baja llamadas Crystal Springs, no se sigue por ese camino sino que se voltea a la izquierda por Canada Road a Woodside Road. Voltear a la izquierda en Woodside hasta la autopista (I. 280) hacia el sur hasta la salida siguiente llamada Sand Hill Road. Seguir rumbo este por Sand Hill hasta Arboretum Drive, poco después de pasar el lado noroeste de Stanford University. Voltear a la derecha por Arboretum Drive a Palm Drive, a la izquierda en Palm y al pasar por debajo de los rieles del ferrocarril quedarse en la vía de la derecha para poder dar una vuelta en un círculo de 270 grados para tomar Alma Street hacia el norte. Continuar cuatro cuadras por Alma y entrar al pequeño El Palo Alto Park poco antes de los rieles del ferrocarril. Este fue el sitio del último campamento de la expedición antes de emprender el viaje de regreso a San Diego. "Historic Tree" que los españoles llamaban Palo Alto se encuentra entre los rieles y San Francisquito Creek. La placa conmemorativa 2 del estado es de bronce y se encuentra sobre una piedra cerca del árbol.

La expedición de Portolá demoró 116 días en viajar a este lugar desde San Diego, la distancia que el motorista contemporáneo puede cubrir en un día.

Continue on Skyline until it comes to I. 280. At this point you can use either Skyline or 280. When Skyline crosses the spillway between the upper and lower Crystal Springs Reservoirs, *don't* follow it. Go left instead, and continue on Canada Road to Woodside Road. Go left on Woodside to the freeway (I. 280), and south on the freeway to the next exit, Sand Hill Road. Go east on Sand Hill to Arboretum Drive, just past the northwest side of Stanford University. Go right on Arboretum Drive to Palm Drive, left on Palm, and as you go under the railroad tracks stay in the right lane so that you can make a 270-degree loop onto northbound Alma Street. Go four blocks on Alma, and enter tiny El Palo Alto Park, just before the railroad tracks. This was the expedition's final campsite before starting on the return journey to San Diego. The "Historic Tree," called the *Palo Alto* by the Spanish, stands between the tracks and San Francisquito Creek. State Registered Landmark 2 is a bronze tablet on a boulder near the tree.

The Portolá Expedition took 116 days to travel to this place from San Diego, a distance the contemporary motorist can cover in one day.

Campsites/Campamentos

The letters SRL stand for State Registered Landmark. Information on how to reach the actual or approximate sites will be found in the chapter, "Route of the Expedition." Costansó's diary, of course, provides the details of daily travel and precise descriptions of the location and appearance of the campsites. This chapter, "Route of the Expedition," and the index will provide you with all the information about any named place.

Las letras SRL (State Registered Landmark) se refieren a las placas conmemorativas del estado. La información para llegar a los sitios exactos o cercanos se encuentra en el capítulo, «Ruta de la expedición». El diario de Costansó da los detalles de cada jornada y las descripciones precisas de la localización y de los campamentos mismos. Este capítulo, «Ruta de la expedición» y el índice proveen información sobre los lugares cuyo nombre aparece en el texto.

July 14	Rose Canyon, north of University City.
July 15	San Dieguito Creek and Valley, east of Del Mar.
July 16	San Marcos Creek, east of Batiquitos Lagoon.
July 17	Buena Vista Creek, northeast of Carlsbad.
July 18–19	San Luis Rey River (SRL 239).
July 20	Santa Margarita River.
July 21	Las Pulgas Canyon.
July 22	Cristianitos Canyon, north of San Onofre (SRL 562).
July 23	San Juan Canyon (SRL 200).
July 24–25	Aliso Creek, near the town of El Toro.
July 26	Tomato Spring, edge of the Santiago Hills.
July 27	Santiago Creek, northeast of Orange.
July 28	Santa Ana River, near Olive.
July 29	La Brea Canyon, north of Fullerton.
July 30	At or near Bassett, on the San Gabriel River.
July 31–Aug. 1	North of the Whittier Narrows.
Aug. 2	Los Angeles River, at North Broadway (SRL 655, in Elysian Park).

Aug. 3	La Cienega Park, on La Cienega Blvd. between Olympic Blvd. and Gregory Way. (SRL 665).
Aug. 4	Grounds of University High School, West Los Angeles (SRL 522).
Aug. 5–6	Los Encinos State Historical Park in Encino (SRL 689).
Aug. 7	Northwest of Mission San Fernando (SRL 157).
Aug. 8–9	Near Castaic Junction.
Aug. 10	Two miles east of Piru (SRL 624, Warring Park, Piru).
Aug. 11	Sespe Creek, just west of Fillmore.
Aug. 12	Near Santa Paula (SRL 727).
Aug. 13	Near Saticoy.
Aug. 14	Ventura (SRL 310, Mission San Buenaventura).
Aug. 15	Near Pitas Point.
Aug. 16	At Rincon Point near Rincon Creek.
Aug. 17	Carpinteria.
Aug. 18	Santa Barbara (historic marker at the southwest corner of the grounds of the courthouse).
Aug. 19	West side of Santa Barbara, at or near Arroyo Burro.
Aug. 20	South of Goleta.
Aug. 21–22	Dos Pueblos Canyon, at Naples.
Aug. 23	Tajiguas Creek.
Aug. 24	The stream in Cañada de la Gaviota.
Aug. 25	Arroyo El Bulito.
Aug. 26	East of Cañada del Cojo.
Aug. 27	Jalama Beach County Park.
Aug. 28	Oil Well Canyon.
Aug. 29	Bear Creek.
Aug. 30	Santa Ynez River, at Ocean Beach County Park.
Aug. 31	San Antonio Creek.
Sept. 1	Guadalupe Lake.
Sept. 2–3	Oso Flaco Lake.
Sept. 4	Price Canyon, north of Pismo Beach.
Sept. 5–6	Gragg Canyon.
Sept. 7	Vicinity of Los Osos schoolhouse, west of San Luis Obispo.
Sept. 8	Near the mouth of Chorro Creek, at Morro Bay State Park (Morro Rock, SRL 821).
Sept. 9	Ellysly Creek.
Sept. 10	Coast Union High School, one mile east of Cambria.
Sept. 11	Pico Creek.
Sept. 12	Headwaters of Arroyo Laguna, near Arroyo de la Cruz.

Sept. 13–15	San Carpoforo Creek, near Ragged Point.
Sept. 16	Juncture of San Carpoforo and Dutra creeks, Santa Lucia Mountains.
Sept. 17–19	Wagner Creek, Santa Lucia Mountains.
Sept. 20	Los Burros Creek, Santa Lucia Mountains.
Sept. 21–23	Nacimiento River.
Sept. 24	San Antonio River, near Jolon.
Sept. 25	Upper Jolon Valley.
Sept. 26	Salinas River, two miles south of King City.
Sept. 27	Salinas River, near Metz.
Sept. 28	Salinas River, southwest of Camphora.
Sept. 29	Salinas River, near Chualar.
Sept. 30	Salinas River, below Old Hilltown.
Oct. 1–6	Salinas River, near Blanco.
Oct. 7	Espinosa Lake, northwest of Salinas.
Oct. 8–9	Pajaro River, east of Watsonville.
Oct. 10–14	College Lake, north of Watsonville.
Oct. 15	Corralitos Lagoon on Freedom Boulevard.
Oct. 16	Porter Gulch.
Oct. 17	San Lorenzo River at Santa Cruz.
Oct. 18	Majors Creek.
Oct. 19	Molino Creek and Scott Creek.
Oct. 20–22	Waddell Creek.
Oct. 23	Whitehouse Creek (SRL 23).
Oct. 24–26	San Gregorio Creek, just west of San Gregorio (SRL 26).
Oct. 27	Purisima Creek (SRL 22).
Oct. 28–29	Pilarcitos Creek (SRL 21).
Oct. 30	Martini Creek (SRL 25).
Oct. 31–Nov. 3	San Pedro Creek (SRL 24).
Nov. 4	The Discovery Site on Sweeney Ridge (SRL 394). Campsite now covered by San Andreas Lake (SRL 27, on Skyline Blvd).
Nov. 5	Campsite under Upper Crystal Springs Reservoir (SRL 94).
Nov. 6–10	San Francisquito Creek in Menlo Park (SRL 2).

THE RETURN JOURNEY
Dates in parentheses are camps at the same places on their way north.

EL VIAJE DE REGRESO
Las fechas en parentesis se refieren a los sitios de los campamentos que
habían utilizado cuando iban el norte hacia.

Nov. 11	North of Woodside (SRL 92).
Nov. 12	San Andreas Lake (Nov. 4).
Nov. 13	San Pedro Creek (Oct. 31–Nov. 3).
Nov. 14–15	Martini Creek (Oct. 30).
Nov. 16	Pilarcitos Creek (Oct. 28–29).
Nov. 17	Tunitas Creek (SRL 375).
Nov. 18	Butano Creek.
Nov. 19	Año Nuevo Creek.
Nov. 20	Molino Creek and Scott Creek (Oct. 19).
Nov. 21	Majors Creek (Oct. 18).
Nov. 22	Porter Gulch (Oct. 16).
Nov. 23	College Lake (Oct. 10–14).
Nov. 24–25	A lake near San Miguel Canyon Road and Hall Road.
Nov. 26	Salinas River, near Blanco (Oct. 1–6).
Nov. 27	At the site of Monterey.
Nov. 28–Dec. 9	San Jose Creek, where it flows into Carmel Bay.

Dec. 10	At the site of Monterey.
Dec. 11	Salinas River, below Old Hilltown (Sept. 30).
Dec. 12	Salinas River, near Chualar (Sept. 29).
Dec. 13	Salinas River, southwest of Camphora (Sept. 28).
Dec. 14	Salinas River, near Metz (Sept. 27).
Dec. 15	Salinas River, two miles south of King City (Sept. 26).
Dec. 16	Jolon Valley.
Dec. 17	Nacimiento River (Sept. 21–23).
Dec. 18	Los Burros Creek (Sept. 20).
Dec. 19–20	Wagner Creek (Sept. 17–19).
Dec. 21–22	Near Arroyo del Oso.
Dec. 23	Little Pico Creek.
Dec. 24	Santa Rosa Creek, east of Cambria (Sept. 10).
Dec. 25	Ellysly Creek (Sept. 9).
Dec. 26	Near the Los Osos schoolhouse (Sept. 7).
Dec. 27–28	Southeast of San Luis Obispo, in the direction of Edna.
Dec. 29	Price Canyon, north of Pismo Beach (Sept. 4).

Dec. 30	Oso Flaco Lake (Sept. 2–3).
Dec. 31	Guadalupe Lake (Sept. 1).
Jan. 1	San Antonio Creek (Aug. 31).
Jan. 2	Bear Creek (Aug. 29).
Jan. 3	Rocky Point.
Jan. 4	Cañada del Cojo (Aug. 26).
Jan. 5	Arroyo El Bulito (Aug. 25).
Jan. 6	Gaviota (Aug. 24).
Jan. 7	Tajiguas Creek (Aug. 23).
Jan. 8	Dos Pueblos Canyon, near Naples (Aug. 21–22).
Jan. 9	Just south of Goleta.
Jan. 10	Carpinteria (Aug. 17).
Jan. 11	Ventura (Aug. 14).
Jan. 12	Near Camarillo.
Jan. 13	Potrero Valley.
Jan. 14	Russell Valley.
Jan. 15	Los Encinos State Historical Park (Aug. 5–6).
Jan. 16	Near the Hollywood Freeway and Franklin Avenue.
Jan. 17	San Gabriel River, near Bassett (July 30).
Jan. 18	Santa Ana River, near Olive (July 28).
Jan. 19	Tomato Spring (July 26).
Jan. 20	San Juan Canyon (July 23).
Jan. 21	San Onofre Creek.
Jan. 22	San Luis Rey River (July 18–19).
Jan. 23	San Dieguito Creek and Valley (July 15).
Jan. 24	Return to San Diego.

Index/Indice

Cover design by Larry Van Dyke
Text Typeface: Century Expanded 10/13
Printed on 60-lb. Glatfelter Natural, B-16, acid-free